FRIEDRICH CLEVER

Ermessensmißbrauch und détournement de pouvoir nach dem Recht der Europäischen Gemeinschaften

Schriften zum Völkerrecht

Band 4

Ermessensmißbrauch und détournement de pouvoir nach dem Recht der Europäischen Gemeinschaften

im Licht der Rechtsprechung ihres Gerichtshofes

Von

Dr. Friedrich Clever

DUNCKER & HUMBLOT / BERLIN

Gedruckt 1967 bei Buchdruckerei Bruno Luck, Berlin 65
Printed in Germany
D 6

Inhaltsverzeichnis

Zweites Kapitel

Drittes Kapitel

Abkürzungsverzeichnis

ABl.	= Amtsblatt
ABlEG	= Amtsblatt der Europäischen Gemeinschaften, bis zum 19. April 1958 Amtsblatt der Europäischen Gemeinschaft für Kohle und Stahl
AFDI	= Annuaire Français de Droit International
AöR	= Archiv des öffentlichen Rechts
ArchVR	= Archiv des Völkerrechts
AWD	= Außenwirtschaftsdienst des Betriebsberaters
bad	= badisch
bay	= bayerisch
Bay VBl.	= Bayerische Verwaltungsblätter
BB	= Der Betriebs-Berater
BBG	= Bundesbeamtengesetz
berl. VGG	= Gesetz über die Verwaltungsgerichtsbarkeit für West-Berlin
BGBl.	= Bundesgesetzblatt
BGHZ	= Entscheidungen des Bundesgerichtshofes in Zivilsachen, Amtliche Sammlung
brem.	= bremisch
BSGE	= Entscheidungen des Bundessozialgerichts, Amtliche Sammlung
BVerfGE	= Entscheidungen des Bundesverfassungsgerichts, Amtliche Sammlung
BVerwG	= Bundesverwaltungsgericht
BVerwGE	= Entscheidungen des Bundesverwaltungsgerichts, Amtliche Sammlung
BVerwGG	= Gesetz über das Bundesverwaltungsgericht
b - w	= baden - württembergisch
CE	= Conseil d'Etat français
CECA	= Communauté européenne du Charbon et de l'Acier
concl.	= conclusions du commissaire de gouvernement
D.	= Recueil Dalloz, Recueil Hebdomadaire de Jurisprudence / Recueil périodique et critique de Jurisprudence, de Législation et de Doctrine (zitiert nach Jahr, Teil und Seite)
DA. J.	= Dalloz, Recueil Analytique Jurisprudence (zitiert nach Jahr und Seite)
D. J.	= Recueil Dalloz et Recueil Sirey de Doctrine, de Jurisprudence et de Législation Hebdomadaire - / Jurisprudence (zitiert nach Jahr und Seite)

DöV	=	Die öffentliche Verwaltung
DRiZ	=	Deutsche Richterzeitung
DVBl.	=	Deutsches Verwaltungsblatt
EA	=	Europa-Archiv
EDCE	=	Conseil d'Etat — Etudes et Documents
EGKS	=	Europäische Gemeinschaft für Kohle und Stahl
ESVGH	=	Entscheidungen des Hessischen und des Württemberg-Badischen Verwaltungsgerichtshofs, Amtliche Sammlung
EuR	=	Europarecht
EuratomV	=	Vertrag zur Gründung der Europäischen Atomgemeinschaft (EURATOM)
EWG	=	Europäische Wirtschaftsgemeinschaft
EWGV	=	Vertrag zur Gründung der Europäischen Wirtschaftsgemeinschaft
GG	=	Grundgesetz für die Bundesrepublik Deutschland
GVBl.	=	Gesetz- und Verordnungsblatt
GWB	=	Gesetz gegen Wettbewerbsbeschränkungen
hess	=	hessisch
h. M.	=	herrschende Meinung
HMRRspr.	=	Handbuch des gesamten Mietrechts und des Baurechts / Rechtsprechungsbeilage
JböffR	=	Jahrbuch des öffentlichen Rechts der Gegenwart
JZ	=	Juristenzeitung
JR	=	Juristische Rundschau
MDR	=	Monatsschrift für deutsches Recht
MRVO 165	=	Verordnung Nr. 165 — Verwaltungsgerichtsbarkeit in der britischen Zone
MV	=	Vertrag über die Gründung der Europäischen Gemeinschaft für Kohle und Stahl
Nds. Rpfl.	=	Niedersächsische Rechtspflege
NJW	=	Neue Juristische Wochenschrift
OVG	=	Oberverwaltungsgericht
pr. PVG	=	preußisches Polizeiverwaltungsgesetz
RDP	=	Revue du droit public et de la science politique en France et à l'étranger
Rec.	=	Recueil des arrêts du Conseil d'Etat statuant au contentieux / des décisions du Tribunal des Conflits et de la Cour des Comptes
RGZ	=	Entscheidungen des Reichsgerichts in Zivilsachen, Amtliche Sammlung
rhpf	=	rheinland-pfälzisch
rhpf. VGG	=	Landesgesetz über die Verwaltungsgerichtsbarkeit für Rheinland-Pfalz
RsprGH	=	Sammlung der Rechtsprechung des Gerichtshofes der Europäischen Gemeinschaften, bis zum vierten Band des Gerichtshofes der Europäischen Gemeinschaft für Kohle

		und Stahl (zitiert nach Band und Seite, in Band XI S. 1 bis 108 nach Band, Heft und Seite. Verbundene Rechtssachen sind in der Anmerkung durch den Zusatz: verb. gekennzeichnet. Bei Urteilen mit gleichlautenden Entscheidungsgründen ist nur jeweils eine Fundstelle angegeben.)
S.	=	Recueil général des lois et des arrês — Fondé par J.-B. Sirey (zitiert nach Jahr, Teil und Seite)
saarl. VGG	=	Gesetz über die Verwaltungsgerichtsbarkeit für das Saarland
SJZ	=	Süddeutsche Juristen-Zeitung
südd. VGG	=	Gesetz über die Verwaltungsgerichtsbarkeit in der ehemaligen amerikanischen Zone
ÜA	=	Abkommen über die Übergangsbestimmungen zum Vertrag über die Gründung der Europäischen Gemeinschaft für Kohle und Stahl
VerfGH	=	Verfassungsgerichtshof
VerwArch	=	Verwaltungsarchiv
VerwRspr.	=	Verwaltungsrechtsprechung in Deutschland
VG	=	Verwaltungsgericht
VGH	=	Verwaltungsgerichtshof
VGHE n.F.	=	Sammlung von Entscheidungen des Bayerischen Verwaltungsgerichtshofs mit Entscheidungen des Bayerischen Verfassungsgerichtshofs Neue Folge
VOBl.	=	Verordnungsblatt
VwGO	=	Verwaltungsgerichtsordnung
w - b	=	württemberg - badisch
ZaöRV	=	Zeitschrift für ausländisches öffentliches Recht und Völkerrecht
ZHR	=	Zeitschrift für das Gesamte Handelsrecht und Wirtschaftsrecht

Einleitung

Die Problemstellung

Der Gerichtshof der Europäischen Gemeinschaften steht nunmehr im 15. Jahr seiner Tätigkeit. Die ersten Urteile wurden am 21. 12. 1954 verkündet. Die bisher zur Entscheidung vorgelegten Rechtssachen haben mit wenigen Ausnahmen Nichtigkeitsklagen im Sinne von Art. 33 MV und Art. 173 EWGV zum Gegenstand. Die weitaus häufigsten Klagen richten sich gegen allgemeine (Verordnungen, Richtlinien) und individuelle Entscheidungen der Hohen Behörde der Montanunion. In steigendem Maße werden aber auch Organakte der EWG-Kommission und des EWG-Rates vor dem Gerichtshof in Luxemburg angefochten. Dagegen ist noch kein Rechtsstreit aus Anlaß einer Entscheidung auf Grund des Euratomvertrages entstanden.

Innerhalb der Rechtsprechung des Gerichtshofs spielt der Klagegrund des Ermessensmißbrauchs eine bedeutende Rolle. Immer wieder ist dieser Vorwurf gegen die Gemeinschaftsorgane erhoben worden, und der Gerichtshof hat sich in seinen Urteilen damit auseinandersetzen müssen. Er hat jedoch bisher erst in einem Falle eine angefochtene Entscheidung ausdrücklich aus diesem Grunde aufgehoben. Im allgemeinen hat er einen Ermessensmißbrauch entweder als nicht gegeben oder häufig auch als nicht bewiesen abgelehnt. In mehreren Rechtssachen hat er ferner den Vortrag der Kläger für nicht ausreichend substantiiert angesehen. Schließlich gibt es Urteile, in denen er überhaupt nicht darauf eingegangen ist, da er der Klage aus anderen Gründen stattgegeben hat[1].

Diese Tatsache ist unter zwei Gesichtspunkten erstaunlich:

Einerseits zeigt die bisherige Rechtsprechung des Gerichtshofs, daß er sich nicht scheut, Entscheidungen der Gemeinschaftsorgane wegen anderer Fehler für nichtig zu erklären. Auf der anderen Seite ist es in der Praxis deutscher Verwaltungsgerichte keine Besonderheit, daß ein Verwaltungsakt wegen Ermessenmißbrauchs aufgehoben wird.

---

[1] Die These *Jaenickes* (in ZaöRV Bd. 14 [1951/52] S. 781), es handele sich um den Hauptaufhebungsgrund, hat sich somit nicht bestätigt.

Unter diesen Umständen drängt sich die Frage auf, ob der Ermessensmißbrauch im Rahmen der Gemeinschaftsverträge einen anderen Inhalt oder doch wenigstens eine andere Bedeutung hat als im deutschen Recht.

Es spricht prima facie gegen die Möglichkeit eines solchen Unterschieds, daß der Begriff des Ermessensmißbrauchs als Aufhebungsgrund für Entscheidungen der Gemeinschaftsorgane in die deutsche Fassung der Verträge aufgenommen worden ist, die, soweit es sich um die Verträge von Rom handelt, Verbindlichkeit besitzt. Zwar fehlt der deutschen Fassung des Montanvertrages diese Verbindlichkeit, jedoch erscheint auch hier als Übersetzung des französischen Begriffs détournement de pouvoir die Bezeichnung Ermessensmißbrauch[2]. Die bewußte Verwendung eines gängigen Terminus des deutschen Verwaltungsrechts zeigt, daß die Verfasser der Verträge davon ausgegangen sind, der Begriff Ermessensmißbrauch werde innerhalb des Gemeinschaftsrechts dieselbe Bedeutung haben wie im nationalen Recht[3]. Dennoch kann gerade hier eine erste Ursache für Abweichungen liegen. Denn bei der Ausgestaltung der Nichtigkeitsklage im Rahmen des Montanvertrages, der am Anfang der jüngsten europäischen Entwicklung steht, hat der französische recours pour excès de pouvoir als Vorbild gedient[4]. Dabei handelt es sich um die Übernahme eines Systems[5]. In diesem System hat auch das détournement de pouvoir seinen Platz. Dieser Begriff ist somit ebenfalls zur Grundlage der Regelung des Art. 33 MV geworden. Sein Inhalt ist also in erster Linie maßgebend dafür, was innerhalb des Montanvertrages unter Ermessensmißbrauch verstanden werden muß[6]. Dies gilt gleichermaßen für die

---

[2] Gesetz betr. den Vertrag vom 18. April 1951 über die Gründung der Europäischen Gemeinschaft für Kohle und Stahl vom 29. April 1952, BGBl. II S. 445 ff. auf S. 455.

[3] Vgl. *Becker*, Der Einfluß des franz. Verwaltungsrechts auf den Rechtsschutz in den Europ. Gemeinschaften S. 3.

[4] *Cartou*, Der Gemeinsame Markt und das öffentl. Recht S. 76; *Daig* in AöR 83/174; *v. d. Groeben-v. Boeckh*, Kommentar zum EWGV 2. Bd. Art. 173 Anm. 4 u. 8; *Lagrange* in den Schlußanträgen zur Rechtssache 3/54, RsprGH I/158; *Rivero* in AFDI 1958/308; *Steindorff*, Nichtigkeitsklage S. 53 mit weiteren Nachweisen; *Stern*, Ermessen und unzulässige Ermessensausübung S. 9; *Valentine*, The Court of Justice of the Europ. Communities I S. 123 f.; *Wall*, The Court of Justice of the Europ. Communities S. 97 f.

[5] *Cartou* a.a.O.

[6] *Breitner*, Der Gerichtshof der Montangemeinschaft und seine Anrufung bei fehlerhaften Organakten S. 59; *L'Huillier* in D. 1953 Chronique XII S. 63 ff.; *Jerusalem*, Das Recht der Montanunion S. 54 f.; *Lagrange* a.a.O.; *Münch* in Festschrift für Laun zu seinem 70. Geb. S. 129 ff.; *Schlochauer* in ArchVR Bd. 3 (1951/52) S. 402 f.; *Steindorff* a.a.O. S. 77 ff. u. 158; einschränkend *Daig* in JZ 1955/369.

Verträge von Rom, denn sie übernehmen nur die Regelung des Montanvertrages und gestalten sie weiter aus[7].

Angesichts des bedeutenden Einflusses des französischen Verwaltungsrechts auf die Ausgestaltung der Legalitätskontrolle von Maßnahmen der Gemeinschaftsorgane stellt sich die Frage, ob das deutsche Recht ein im wesentlichen gleiches System kennt und ferner, in welchem Verhältnis deutsches und französisches Recht im einzelnen zueinander stehen. Eine Antwort hierauf soll im ersten Teil der vorliegenden Abhandlung gefunden werden, bei dem es sich also um eine rechtsvergleichende Untersuchung der Begriffe Ermessensmißbrauch und détournement de pouvoir handelt. Er soll daher gleichzeitig ein gewisser Beitrag sein zur Entwicklung der Rechtsvergleichung auf dem Gebiet des Verwaltungsrechts, die im Augenblick ständig an Aktualität zunimmt[8].

Außer der dominierenden Rolle des französischen Rechtes ist aber noch eine zweite Ursache in ihren Auswirkungen auf den Begriff des Ermessensmißbrauchs innerhalb des Gemeinschaftsrechts zu untersuchen: die Eigengesetzlichkeit der Gemeinschaftsverträge.

Während die oben aufgeworfene Frage von einer Betrachtung ex ante ausgeht und sich mit vorvertraglichen Verhältnissen beschäftigt, die in die Verträge Eingang gefunden haben, müssen nunmehr die besonderen Gegebenheiten der Europäischen Gemeinschaften geprüft werden, um festzustellen, ob die Übernahme des französischen Systems insoweit effektiv geworden ist oder ob es seinerseits im Verlaufe seiner bisherigen Anwendung Veränderungen erfahren hat. Für die Art und Weise dieser Prüfung ist entscheidend, daß eine Definition des Begriffs Ermessensmißbrauch in den Verträgen fehlt, seine inhaltliche Bestimmung somit der Rechtsprechung des Gerichtshofes zugefallen ist. Wie der Gerichtshof diese Aufgabe bisher gelöst hat, soll im zweiten Teil dieser Arbeit untersucht werden. Dabei werden nicht rechtstheoretische Erörterungen im Vordergrund stehen[9], sondern es wird — ex post — in erster Linie der Versuch unternommen werden,

---

[7] Vgl. *Reuter* in Revue du Marché Commun 1958 S. 7 f.; a.A. sind *Wohlfahrt-Everling-Glaesner-Sprung,* Die EWG — Kommentar zum Vertrag Art. 173 Anm. 9, die sich jedoch ausschließlich auf die Gleichwertigkeit der Vertragstexte stützen.

[8] Vgl. *Schnur* in DVBl. 1958/806 f.

[9] So die oben in Anm. 4 zitierte Untersuchung von *Steindorff,* in der der Verfasser versucht, die verschiedenen Klagegründe des Art. 33 MV im Wege der Betrachtung ex ante aus den besonderen Verhältnissen des Vertrages und dem Willen der Vertragsschöpfer zu begreifen. Die Berechtigung einer solchen historischen Interpretation ist neuerdings von *Börner* in Zweifel gezogen worden (Die Entscheidungen der Hohen Behörde S. 174 ff.).

Inhalt und Bedeutung des Ermessensmißbrauchs im Gemeinschaftsrecht aus der Rechtsprechung des Gerichtshofes abzuleiten. Diese gilt es im Hinblick auf die Besonderheiten der Verträge ebenso wie im Verhältnis zu dem französischen System als dem Ausgangspunkt für das Recht der Europäischen Gemeinschaften und zu der deutschen Regelung als dem Beziehungspunkt dieser Arbeit zu analysieren. Auf diese Weise wird der Begriff des Ermessensmißbrauchs im Rahmen der Verträge aus deutscher Sicht zu bestimmen und zu erklären versucht werden.

Eine solche Untersuchung sieht sich freilich den Schwierigkeiten gegenüber, die sich daraus ergeben, daß jede Rechtsprechung als Rechtsquelle infolge ihres evolutiven Charakters Unsicherheitsfaktoren in sich birgt. Dies gilt in noch größerem Maße für den Gerichtshof der Europäischen Gemeinschaften, da er ein Rechtsprechungsorgan vollkommen neuer Art darstellt[10]. Bei einer Interpretation seiner Urteile ist daher besondere Vorsicht geboten. Andererseits kann jedoch festgestellt werden, daß hinsichtlich des aufgeworfenen Problems die Rechtsprechung des Gerichtshofs eine gewisse Festigung erreicht hat[11], so daß ihre Analyse zum gegenwärtigen Zeitpunkt einigen Gewinn verspricht.

---

[10] *Roblot* in Droit Social 1958/2.

[11] Schon im Jahre 1961 hat *Boulouis* (in AFDI 1961/279) ausgeführt, daß auf diesem Gebiet die „questions de fond“ gegenüber den „questions de procédure“ mehr und mehr an Bedeutung verloren hätten.

Erster Teil

Rechtsvergleichende Untersuchung der Begriffe Ermessensmißbrauch und détournement de pouvoir

In der Einleitung wurde bereits darauf hingewiesen, daß der Begriff des détournement de pouvoir innerhalb eines Systems, des recours pour excès de pouvoir, zu betrachten ist. Diese Feststellung trifft in demselben Maße auch für den deutschen Begriff Ermessensmißbrauch zu. Er ist in die Lehre von den Ermessensfehlern eingebettet und muß in einem weiteren Rahmen als Bestandteil der das deutsche Verwaltungsrecht beherrschenden Problematik von Freiheit und Gebundenheit der Verwaltung gesehen werden. Daher kann die folgende Untersuchung nicht in einer Begriffsvergleichung bestehen, sondern sie muß Systemvergleichung sein. Der jeweilige Zusammenhang, in dem die Begriffe stehen, ist von entscheidender Bedeutung. Es ist dies eine Bestätigung der These, daß Rechtsvergleichung als autonome Wissenschaft sich nicht in der Gegenüberstellung einzelner Institutionen verschiedener Rechtsordnungen erschöpft, sondern eine Vergleichung von Regeln in ihrer jeweiligen Rechtsgesamtheit ist[1].

Die gewollte Rezeption des französischen Systems in den Gemeinschaftsverträgen hat zur Folge, daß dieser Teil der Untersuchung mit einer Darstellung des détournement de pouvoir innerhalb des recours pour excès de pouvoir beginnen muß. Anschließend soll im zweiten Kapitel der Ermessensmißbrauch im Rahmen des verwaltungsgerichtlichen Rechtsschutzes in Deutschland kritisch geprüft werden. Schließlich wird sich ein weiteres Kapitel mit dem Verhältnis der Lösungen beider Rechtsordnungen befassen.

---

[1] *Rodière*, Introduction au droit comparé, cours polycopié de la Faculté Intern. pour l'Enseignement du Droit Comparé S. 40 ff.

Erstes Kapitel

Der Klagegrund des détournement de pouvoir innerhalb des französischen recours pour excès de pouvoir

A. Überblick über Entstehung und historische Entwicklung: der recours pour excès de pouvoir als Schöpfung des Conseil d'Etat[2]

Die Idee, daß jede rechtswidrige Verwaltungsentscheidung der Aufhebung durch einen Richter unterliegen muß, hat sich in Frankreich wie auch in Deutschland schrittweise verwirklicht. Diese Entwicklung zeigt in Frankreich einige bemerkenswerte Besonderheiten. Sie wird herkömmlicherweise in drei Perioden eingeteilt:

In der ersten, die von 1790 bis zum Dekret vom 2. November 1864 dauert, bleibt die Frage des excès de pouvoir[3] vollständig von dem daneben bestehenden Problem der violation de la loi getrennt. In der zweiten, die bis 1906 geht, wird der recours pour violation de la loi Bestandteil des recours pour excès de pouvoir. In der dritten geht es um das Verhältnis, das sich innerhalb des recours zwischen den Begriffen excès de pouvoir und violation de la loi bildet.

I. Die Zeit von 1790 bis 1864

Am Anfang der Entwicklung des recours pour excès de pouvoir steht das Gesetz vom 7.—14. Oktober 1790, das aus Anlaß eines Kompetenzstreites zweier Verwaltungsbehörden erging und in dem es heißt: „Les réclamations d'incompétence à l'égard des corps administratifs ne sont en aucun cas du ressort des tribunaux et doivent être

---

[2] Es wird im wesentlichen die sehr übersichtliche Darstellung von *Hauriou*, Précis S. 387 f. und *Vedel*, Droit administratif S. 413 ff. übernommen. — Einen guten Überblick geben auch: *Auby - Drago*, Traité de contentieux administratif II S. 416 ff.; ferner *Laun*, Das freie Ermessen und seine Grenzen S. 118 ff. Für die Zeit von 1872—1900 siehe die ausführliche Darstellung von *Imbert*, L'évolution du recours pour excès de pouvoir. Über die Entwicklung der franz. Verwaltungsgerichtsbarkeit im allgemeinen *Lederer* in AöR 81/449 ff. und *Merk*, Deutsches Verwaltungsrecht S. 252 f.

[3] Im Deutschen etwa mit Zuständigkeits- oder Machtüberschreitung zu übersetzen. Mit dieser Bezeichnung hat *Otto Mayer* den Begriff in das deutsche Verwaltungsrecht eingeführt (Theorie des franz. Verwaltungsrechts S. 137).

portées devant le roi, chef de l'Administration générale." Die Ablehnung der Zuständigkeit der ordentlichen Gerichte erklärt sich aus dem tiefen Mißtrauen der Revolutionsbewegung gegenüber den „parlements" des Ancien Régime. Stattdessen wurde durch das Gesetz klargestellt, daß die dort genannten Beschwerden nur vor den Staatschef gebracht werden konnten. Dieser entschied jedoch nicht selber, sondern bediente sich dazu zunächst des Ministerrates und seit der Verfassung des Jahres VIII (Art. 52) des neu geschaffenen Conseil d'Etat. Der Conseil d'Etat war jedoch nur beratendes Organ des Staatsoberhauptes. Er bereitete — und das dauerte formell bis zum Jahre 1872 — die Entscheidungen nur vor. Man spricht in diesem Zusammenhang in Frankreich von der „justice retenue". Der recours pour excès de pouvoir ist daher im Ursprung kein Rechtsmittel der streitigen Gerichtsbarkeit, sondern eine hierarchische Verwaltungsbeschwerde. Das Gesetz von 1790 eröffnete keinen Rechtsweg, sondern den Verwaltungsweg. Nur ganz allmählich änderte sich dieser Charakter in dem Maße, wie sich aus dem Conseil d'Etat die „section du contentieux" herausbildete. Diese echte rechtsprechende Funktion konnte sich deshalb ohne Schwierigkeiten entfalten, da das Staatsoberhaupt die Erkenntnisse des Conseil d'Etat von Anfang an ohne Änderungen annahm und seine Unterschrift dadurch mehr und mehr zu einer Formalie wurde, andererseits aber das Ansehen des Conseil d'Etat ständig wuchs. Die formelle Aufgabe der „justice retenue" und ihre Ersetzung durch die „justice déléguée" auf Grund des Gesetzes vom 24. Mai 1872 ist daher nur der folgerichtige Abschluß einer tatsächlichen Entwicklung. Art. 9 dieses Gesetzes lautet: „Le Conseil d'Etat statue souverainement sur les demandes d'annulation pour excès de pouvoir formées contre les actes des diverses autorités administratives."

Die ursprünglich rein beratende Funktion des Conseil d'Etat innerhalb einer Verwaltungsbeschwerde ist für die im Rahmen dieser Abhandlung zu behandelnden Probleme von großer Bedeutung. Dies wird im einzelnen später zu zeigen sein[4]. Nur soviel sei hier gesagt, daß sich daraus der, wie *Hauriou* sagt[5], „caractère prétorien de la jurisprudence" des Conseil d'Etat erklärt. Gemeint ist damit der rechtsbildende Charakter seiner Rechtsprechung. Er ist entscheidend darauf zurückzuführen, daß der Conseil d'Etat als ursprünglich übergeordnete Verwaltungsbehörde sich nicht nur von rechtlichen, sondern gerade auch von Zweckmäßigkeitserwägungen leiten ließ. *Hauriou*[6] spricht in

---

[4] Siehe dazu 1. Teil, 1. Kap. B. III. a) a. E. und 3. Kap. 2. Abschn. A. I. b).

[5] A.a.O. S. 384 f.

[6] A.a.O. S. 385.

diesem Zusammenhang von einer Mischung zwischen Rechtsprechung und Ermessen, die bis heute bestehengeblieben sei. Daher verwundert es nicht, wenn man im französischen Verwaltungsrecht keinen eigentlichen Gegensatz zwischen Legalität und Opportunität findet.

Die zweite Erkenntnis, die wir aus dem zitierten Gesetz von 1790 gewinnen, ist die, daß der erste Fall, der erste „cas d'ouverture", des recours pour excès de pouvoir der Vorwurf der incompétence (= Unzuständigkeit) war: „Les réclamations d'incompétence..." Sie liegt vor, wenn der Urheber „excède ses pouvoirs"[7]. Diesem Umstand verdankt der ganze recours seinen Namen.

Nun hielt es der Conseil d'Etat in der Folgezeit nicht für notwendig, seine Kompetenz bei jedem Rechtsstreit auf das Gesetz von 1790 zu gründen und sich bei der Aufhebung von Verwaltungsentscheidungen auf den Fall der incompétence zu beschränken. Das Gesetz geriet daher schnell in Vergessenheit. Es taucht erst in dem arrêt vom 15. Juli 1832, Garde nationale de Paris, wieder auf. Inzwischen entwickelte der Conseil d'Etat aus dem Geist der Gesetzgebung und der Natur der Sache weitere Annullierungsgründe. Der incompétence folgte als nächster der vice de forme (= Verletzung von Formvorschriften), und zwar aus der Überlegung, daß es eine Art Unzuständigkeit sei, wenn der Urheber des Verwaltungsaktes die vorgeschriebenen Formen nicht beachte. Immer noch ausgehend von dem Gesichtspunkt der Unzuständigkeit bildete sich dann gegen 1840 der Klagegrund des détournement de pouvoir heraus[8], mit dem die Abweichung des Organwalters von den Zielen einer guten Verwaltung sanktioniert werden sollte.

II. Die Zeit von 1864 bis 1906

Am 2. November 1864 erging ein Dekret, das vom Advokatenzwang und den hauptsächlichen Kosten befreite „les recours portés devant le Conseil d'Etat, en vertu de la loi du 7—14 octobre 1790, contre les actes des autorités administratives, pour incompétence ou excès de pouvoir". Dieses Dekret hatte den offen zugestandenen Sinn, die praktische Bedeutung des recours zu erhöhen, was auch innerhalb kurzer Zeit erreicht wurde. Dabei entstand jedoch für den Conseil d'Etat das Problem, zunächst zu entscheiden, ob eine anhängig gemachte Klage

---

[7] *Vedel* a.a.O. S. 413.

[8] *Vedel* a.a.O.; *Hauriou* a.a.O. dagegen legt seine Entstehung in die zweite Periode. Der Streit ist nicht sehr wesentlich, da jedenfalls die Bezeichnung détournement de pouvoir nach einhelliger Auffassung erst viel später auftaucht.

überhaupt eine solche wegen excès de pouvoir war, so daß die finanziellen Vergünstigungen des Dekretes von 1864 gewährt werden konnten. Dies mußte deshalb zu erheblichen Schwierigkeiten führen, weil neben dem recours pour excès de pouvoir schon immer ein weiterer recours bestand, der die Nichtigkeitserklärung von Verwaltungsakten zum Gegenstand hatte: der recours pour violation de la loi et des droits acquis. Um diese Schwierigkeiten auszuräumen und gleichzeitig, um einen einfachen und einheitlichen Weg zu schaffen, mit dessen Hilfe der Bürger sich gegen Verwaltungsakte wenden konnte, machte der Conseil d'Etat den alten recours pour violation de la loi zum vierten Klagegrund innerhalb des recours pour excès de pouvoir. Damit waren die vier klassischen cas d'ouverture entwickelt.

Diese Integration löste jedoch eine langjährige Krise aus, die erst im Jahre 1906 beseitigt wurde. Der recours pour violation de la loi hatte nämlich andere Voraussetzungen. Wie aus seiner vollständigen Bezeichnung hervorgeht, war er nur im Falle der Verletzung eines „droit acquis“ möglich, eines wohlerworbenen, also subjektiven Rechtes. Demgegenüber genügte für den ursprünglichen recours pour excès de pouvoir das „intérêt froissé“, das heißt die Verletzung — berechtigter — Interessen in einem sehr weiten Sinn. Es war daher in den Jahren nach 1864 die Frage, ob die Voraussetzung des droit acquis auch auf die übrigen Klagegründe ausgedehnt und der recours damit hinsichtlich seiner Zulässigkeit zu einem subjektiven gemacht werden würde oder ob diese Voraussetzung ganz ausgelöscht werden könnte. Die Lösung zeichnete sich bereits in den arrêts „Lot“ und „Molinier“ im Jahre 1903 ab[9]. Die endgültige Entscheidung, daß ein „intérêt“ für die Eröffnung aller vier Klagegründe genüge, fiel im arrêt „Alcindor“ am 1. Juni 1906[10].

III. Die Zeit seit 1906

Seit 1906 entwickelte sich der recours pour excès de pouvoir sprunghaft. Der Conseil d'Etat begünstigte diese Tendenz durch weitere Erleichterungen hinsichtlich der Zulässigkeitsvoraussetzungen. Er dehnte den Bereich der seiner Jurisdiktion unterliegenden Akte erheblich aus, indem einerseits der Begriff reiner und damit unüberprüfbarer Ermessensakte verschwand und andererseits der Bereich der bekannten „actes de gouvernement“ eingeschränkt wurde. Außerdem ging er dazu über, seine Nachprüfungsmethoden zu verfeinern. Seit

---

[9] CE 11. 12. 1903, S. 1904. 3. 113 (116).

[10] CE 1. 6. 1960, Rec. 516.

den Jahren 1910 bis 1920 entwickelte sich die Kontrolle von Verwaltungsakten unter dem Gesichtspunkt der „inexactitude des motifs“[11].

Mit der im Jahre 1906 vollzogenen äußerlichen Vereinigung des recours pour violation de la loi mit dem recours pour excès de pouvoir war jedoch das Verhältnis der sie tragenden Begriffe nicht geklärt worden. Die Neuordnung der vier Klagegründe nach ihrem Gehalt, ihre inhaltliche Abgrenzung und Systematisierung wurde zwar als notwendig erkannt[12] und immer wieder unternommen, indessen wird ihre Darstellung zeigen, daß ein lückenloses System bis heute nicht gefunden werden konnte.

B. Die Darstellung des Systems der Klagegründe: les cas d'ouverture

Alle Systematisierungsversuche haben mit der Schwierigkeit zu kämpfen, die sich aus der Entstehungsgeschichte des recours pour excès de pouvoir und aus der überragenden Rolle ergeben, die der Conseil d'Etat dabei gespielt hat und auch heute noch spielt. Wie die historische Betrachtung gezeigt hat, ist diese Entwicklung nicht unter logisch systematischen Gesichtspunkten erfolgt, sondern es ging dem Conseil d'Etat stets darum, ein einfaches und wirksames Mittel möglichst weitgehender Überprüfung von Verwaltungsakten zu schaffen[13]. Die der Rechtslehre vorbehaltene Systematisierung muß sich mithin an einem echten case law orientieren. Sie kann nicht selbständige Entwicklung sein, sondern erschöpft sich in einer wissenschaftlichen Analyse des Inhaltes dieses case law. Die Rechtslehre bleibt hier im wesentlichen Kommentar der Rechtsprechung des Conseil d'Etat.

I. Die Zurückführung der cas d'ouverture auf die Elemente der Rechtshandlung[14]

Die systematische Erfassung der Klagegründe als der möglichen Fehlerarten eines Verwaltungsaktes beruht auf der Zerlegung der Rechtshandlung in fünf Wesenselemente: Urheber, Form, Objekt, Ziel und „motif“. Jedem dieser fünf Elemente entspricht eine Fehlerquelle, nämlich Rechtswidrigkeit in bezug auf die Eigenschaft des Urhebers des Verwaltungsaktes, die vorgeschriebenen Formen, den geregelten Gegenstand, das verfolgte Ziel und die „exactitude des motifs“. Hier-

---

[11] Siehe unten 1. Teil, 1. Kap. B. III.

[12] So sehr klar *Hauriou* a.a.O. S. 389.

[13] *Vedel* a.a.O. S. 414.

[14] *Auby - Drago* a.a.O. S. 529 f.; *Duverger*, Droit public S. 277 ff.; *de Laubadère*, Manuel S. 86 f. und Traité S. 477 f.; *Waline*, Droit administratif S. 451.

von ausgehend ist nun zu fragen, wie sich diese Arten von Fehlern, die materiellrechtlich gesehen einem Verwaltungsakt anhaften können, zu den prozeßrechtlichen cas d'ouverture verhalten. Dabei ist, wie zu zeigen sein wird, der zuletzt genannte Fall in einem besonderen Abschnitt zu betrachten.

II. Die vier klassischen Klagegründe

Es bereitet keine Schwierigkeiten, die ersten vier Fehlerquellen den historisch entwickelten, als klassisch bezeichneten Klagegründen zuzuordnen. Dabei wird zunächst eine weitere Klassifikation eingeführt, nämlich die Einteilung in formelle und materielle Fehler[15]. Unter Mitberücksichtigung dieses Gesichtspunktes ergibt sich folgendes Bild:

a) *Unzuständigkeit — incompétence*

Dieser Klagegrund bezieht sich auf das Wesenselement Urheber. Ein Verwaltungsakt ist rechtswidrig, wenn er von einem anderen Urheber erlassen worden ist als von demjenigen, den die staatliche Kompetenzverteilung dafür vorgesehen hat[16]. Sein Inhalt bietet gegenüber dem deutschen Begriff keine Besonderheiten.

Das gilt im wesentlichen auch für den folgenden Klagegrund:

b) *Formfehler — vice de forme*

Er knüpft an das zweite Element, die Form des Verwaltungsaktes, an. Hierzu ist lediglich zu bemerken, daß nicht die Verletzung jeder Formvorschrift zur Aufhebung des Verwaltungsaktes führt, sondern daran sind zur Vermeidung eines reinen Formalismus zusätzliche Anforderungen zu stellen[17]. Die Formvorschrift muß insbesondere eine wesentliche sein und gerade im Interesse des Betroffenen bestehen. Ihre Verletzung muß ferner die Entscheidung beeinflußt haben können. Sie kann unter Umständen durch nachträgliche Erfüllung geheilt werden.

Unzuständigkeit und Formfehler werden zu den formellen Mängeln zusammengefaßt, denen die beiden übrigen Klagegründe als Fälle materieller Rechtswidrigkeit gegenübergestellt werden. Damit wird

---

[15] *Vedel* a.a.O. S. 438 f.

[16] *De Laubadère,* Manuel S. 111.

[17] *De Laubadère* a.a.O. S. 113.

der historisch unmittelbare Zusammenhang zwischen den Begriffen incompétence und détournement de pouvoir systematisch auseinandergerissen.

c) *Rechtsverletzung*[18] — *violation de la loi*

Hier steht der Gegenstand der getroffenen Entscheidung, wie er sich aus ihrem Tenor ergibt, im Widerspruch zum geltenden Recht[19]. Der Klagegrund entspricht dem, was man in Deutschland im allgemeinen unter Fehlen der Ermächtigungsgrundlage versteht. Die Bezeichnung violation de la loi ist unglücklich, da darunter auch Verstöße gegen Verordnungen und die gewohnheitsrechtlichen oder von der Rechtsprechung entwickelten allgemeinen Rechtsgrundsätze (= principes généraux du droit) fallen, die in Frankreich eine ungleich bedeutendere Rolle spielen als in Deutschland[20]. Der Klagegrund der violation de la loi stellt die *objektive* Seite der inhaltlichen Kontrolle des angegriffenen Verwaltungsaktes dar[21].

d) *Détournement de pouvoir*

Demgegenüber wird das détournement de pouvoir durch die Anknüpfung an das vom Urheber der Maßnahme verfolgte Ziel als der *subjektive* Tatbestand der inhaltlichen Rechtswidrigkeit angesehen[22]. Die Formulierungen in der Rechtsprechung des Conseil d'Etat und die Definition der Literatur zum détournement de pouvoir weichen nur in der Terminologie zum Teil voneinander ab. In der Sache selbst besteht Einigkeit. Der Begriff des détournement de pouvoir wird folgendermaßen definiert:

---

[18] *Steindorff*, Nichtigkeitsklage, spricht auf S. 55 von Rechtswidrigkeit. Das ist irreführend, da alle vier Klagegründe Fälle von Rechtswidrigkeit darstellen.

[19] *De Laubadère* a.a.O. S. 116.

[20] Die neuere franz. Literatur zieht daher den Ausdruck violation de la règle de droit vor. *Auby - Drago* III S. 3 f.; *Fournier et Braibant* in Dalloz Encycl. Juridique, Répertoire de droit public et adm. S. 724; *Odent*, Contentieux administratif III S. 827; *Waline* a.a.O. S. 462.

[21] *Vedel* a.a.O.; ebenso schon *Alibert*, Le contrôle juridictonnel de l'administration S. 260. Über die Entwicklung und Bedeutung der principes généraux du droit in der Rechtspr. des CE im einzelnen die Studie von *Letourneur* in EDCE Nr. 5 (1951) S. 19 ff.

[22] *Lemasurier* in RDP 1959/42; *Vedel* a.a.O.; *Waline* a.a.O. S. 480; a. A.: *Duguit*, der jegliches subjektive Element aus dem recours pour excès de pouvoir ausschaltet — Traité de droit constitutionnel I S. 270, II S. 374 ff. und III S. 718 ff. —, und im Anschluß daran *Bondil*, Le détournement de pouvoir en droit international public S. 15 ff. und S. 33 ff. Diese Auffassung kann hier unberücksichtigt bleiben, da vom herrschenden franz. System auszugehen ist.

„Le détournement de pouvoir consiste dans le fait pour une autorité administrative d'user de ses pouvoirs en vue d'un but autre que celui pour lequel ils lui ont été conférés[23], [24]."

Demnach besteht der Grund für die Rechtswidrigkeit des Verwaltungsaktes in der Fehlerhaftigkeit des von der Verwaltungsbehörde verfolgten Zieles, ihrer rechtswidrigen Willensrichtung[25]. Nicht um die Feststellung eines objektiven, äußerlich erkennbaren Fehlers handelt es sich, sondern es muß untersucht werden, ob die subjektiven, zumeist verborgenen Beweggründe, die „mobiles", rechtlich gesehen einwandfrei sind[26]. Dadurch nimmt das détournement de pouvoir einen in einem doppelten Sinne subsidiären Charakter an. Denn einmal setzt es eine an sich ordnungsmäßig vorgenommene Maßnahme voraus[27], einen „acte régulier en apparence[28], en se conformant à la lettre de la loi[29]"; zum andern hat die sich für den Richter ergebende Notwendigkeit, bei seinen Untersuchungen bis in die Intimsphäre der Verwaltung vorzudringen, dazu geführt, daß der Conseil d'Etat diesen Klagegrund im allgemeinen an letzter Stelle prüft und es, soweit möglich, vorzieht, die angefochtene Entscheidung wegen eines objektiven Fehlers aufzuheben[30].

Aus der Definition selbst ergibt sich ferner, daß ein détournement de pouvoir nicht schon vorliegt, wenn der Verwaltungsakt objektiv nicht mit dem Zweck des angewandten Gesetzes vereinbar ist oder ihm widerspricht[31] — etwa, weil ein ungeeignetes Mittel gewählt

---

[23] *Vedel* a.a.O. S. 456.

[24] *Alibert* a.a.O. S. 236; *Auby - Drago* a.a.O. S. 84; *Berthélemy*, Traité élémentaire de droit adm. S. 1131; *Duez - Debeyre*, Traité de droit adm. S. 391; *Duguit* a.a.O. II S. 292; *Hauriou* a.a.O. S. 419; *Jèze*, Les principes généraux du droit adm. III S. 75; *Laferrière*, Traité II S. 548; *Lagrange* in den Schlußanträgen zur Rechtssache 3/54, RsprGH I/159; *de Laubadère*, Manuel S. 113 f. und Traité S. 479; *Odent* a.a.O. S. 884; *Rolland*, Précis de droit adm. S. 347. CE 26. 11. 1875, Laumonnier - Carriol und Pariset, Rec. 934 (936); 7. 7. 1916, Moreau, Rec. 276 (hier verwendet der CE erstmalig den Begriff détournement de pouvoir); 17. 2. 1950, Lamotte, Rec. 111 und Rothschild, Rec. 113.

[25] *Steindorff* a.a.O. S. 78.

[26] *Lagrange* a.a.O.

[27] *Auby - Drago* a.a.O.

[28] *Jèze* a.a.O.

[29] *Rolland* a.a.O.

[30] *Auby - Drago* a.a.O S. 88 f.; *Duez - Debeyre* a.a.O. S. 393; *Long, Weil, Braibant*, GA S. 23; *M.L.* in S. 1952. 3. 59; *Waline* a.a.O. S. 484. Vgl. auch *Börner*, Die Entscheidungen der Hohen Behörde S. 163. Es gibt allerdings auch Ausnahmen, z. B. arrêt „Rothschild" (oben Anm. 24); ferner CE 23. 2. 1933, Trique, RDP 1933/228; 1. 4. 1949, Boulogne, Rec. 165; 2. 2. 1957, Castaing, Rec. 78. Sie betreffen sämtlich Fälle, in denen ein détournement de pouvoir offensichtlich vorlag.

[31] *Steindorff* a.a.O. S. 78 spricht hier von relativer Unzweckmäßigkeit.

worden ist —, sondern es ist *positiv* festzustellen, daß die Absichten des handelnden Organwalters denen des Gesetzgebers zuwiderlaufen: Die rechtswidrige „finalité objective“[32] der Maßnahme ist von der „finalité subjective“ ihres Urhebers zu unterscheiden. Erstere ist mit dem subjektiven Charakter des détournement de pouvoir nicht vereinbar[33]. Sie kann nur als Indiz relevant werden insoweit, als der Conseil d'Etat wegen der Schwierigkeit, die Beweggründe zu ermitteln, den mittelbaren, durch Zusammentreffen verschiedener objektiver Umstände zu erbringenden Beweis ihrer Rechtswidrigkeit zuläßt[34]. Deshalb bleibt aber der der Verwaltung gemachte Vorwurf rein subjektiver Natur. Somit vollzieht sich die Nachprüfung eines Verwaltungsaktes auf ein détournement de pouvoir in drei Stufen[35]:

— erstens die Feststellung, zur Verfolgung welcher Ziele der Gesetzgeber die Ermächtigung erteilt hat,

— zweitens die Feststellung der von der Behörde im vorliegenden Falle angestrebten Ziele und

— drittens der Vergleich der beiden Zielsetzungen. Weichen sie voneinander ab, so ist die Maßnahme wegen détournement de pouvoir rechtswidrig.

Dabei nimmt der Conseil d'Etat jedoch eine wichtige Einschränkung vor. Sie besteht darin, daß er eine rechtswidrige Absicht nur dann in Betracht zieht, wenn sie den alleinigen Beweggrund der Verwaltung bildet. Hat die Behörde dagegen mehrere Ziele verfolgt und ist auch nur eines von ihnen rechtmäßig, so werden die übrigen rechtswidrigen grundsätzlich als für die Entscheidung nicht bestimmend angesehen: sie sind „surabondants“[36].

Es werden drei Fallgruppen unterschieden[37]:

---

[32] Gegen die franz. h. M. außer *Duguit* und *Bondil* besonders *Dubisson*, Légalité et opportunité S. 83, der jedoch ausdrücklich zugibt (S. 85 f.), daß der CE nur im Falle der Verletzung einer „règle de but subjectif“ ein détournement de pouvoir annehme.

[33] So ausdrücklich *Lagrange* a.a.O. S. 173.

[34] *Auby - Drago* a.a.O. S. 93 ff.; *Vedel* a.a.O. S. 462; CE 4. 7. 1924, Beaugé, Rec. 641.

[35] *Auby - Drago* a.a.O. S. 84 f.; *Waline* a.a.O. S. 480.

[36] *Auby - Drago* a.a.O. S. 88; *Bondil* a.a.O. S. 21; *Duez - Debeyre* a.a.O; *de Laubadère*, Traité S. 482; CE 30. 10. 1942, Compagnie générale des Eaux, Rec. 302; 28. 7. 1952, Dumey, Rec. 404; 11. 1. 1957, Louvard, Rec. 27.

[37] *Auby - Drago* a.a.O. S. 89 f.; *de Laubadère*, Traité S. 480 f.; *Vedel* a.a.O. S. 458 ff.

1. Die Verfolgung eines dem „intérêt public" vollkommen fremden Zieles

Alle Verwaltungstätigkeit steht unter dem Gebot der Verwirklichung des Allgemeinwohls, des „intérêt public". Die Ausübung einer Kompetenz darf daher niemals ausschließlich privaten Interessen dienen[38]. Daraus folgt, daß ein Verwaltungsakt wegen détournement de pouvoir der Aufhebung unterliegt, wenn er zur Begünstigung einer oder mehrerer Personen erlassen worden ist oder wenn er sich umgekehrt gegen eine oder mehrere Personen richtet[39]. Unter diesem Gesichtspunkt erfaßt der Tatbestand des détournement de pouvoir nur Fälle einer *bösen* Absicht, die sich hinter einer äußerlich legalen Maßnahme verbirgt. Denn es ist hier gerade typisch, daß der handelnde Organwalter seine Beweggründe nicht offenbart[40]. Um sie zu verwirklichen, braucht er einen Vorwand. Die Situation läßt sich daher auf die Formel bringen: Die Verwaltung befiehlt etwas, was sie nicht ernstlich will, um damit etwas zu erreichen, was sie nicht befehlen kann[41].

2. Die Verfolgung eines unerlaubten „intérêt public"

Diese Fallgruppe ergibt sich aus der durch eine Verteilung der Kompetenzen gekennzeichneten Struktur der Verwaltung. Denn der materiellen Kompetenzverteilung entspricht auf der anderen Seite eine Aufgliederung des obersten Staatszwecks — Verwirklichung des Allgemeinwohls — in verschiedene Einzelzwecke, die nicht miteinander vermischt werden dürfen[42]. Die unmittelbare Beziehung zur Unzuständigkeit wird hier sehr deutlich[43]. Détournement de pouvoir liegt demnach vor, wenn eine Behörde ihre Zuständigkeit zur Verfolgung von öffentlichen Zielen gebraucht, die von der Ermächtigung nicht umfaßt werden. Das klassische Beispiel des französischen Verwaltungsrechts ist der Gebrauch der Polizeigewalt zu fiskalischen Zwecken[44]

---

[38] *De Laubadère*, Manuel S. 111.

[39] *Auby - Drago* a.a.O. S. 89; vgl. dazu die zahlreichen Beispiele bei *Waline* a.a.O. S. 484 ff.: z. B. arrêt Boulogne, zit. oben Anm. 30; ferner CE 5. 3. 1954, Soulier, Rec. 139.

[40] *Theis* in AöR 77/12.

[41] Formulierung des brem. VG (Urteil vom 27. 6. 1932 — 63/32 —), zitiert von *Krönig* in MDR 1948/132.

[42] *Vedel* a.a.O. S. 459.

[43] *Lagrange* a.a.O. S. 161.

[44] Arrêt Beaugé, zit. oben Anm. 34; ferner CE 29. 1. 1932, Société des Autobus antibois, D. 1932. 3. 67, concl. *Latournerie*.

sowie allgemein Benutzung einer nichtfiskalischen Amtsgewalt zur Erfüllung fiskalischer Belange[45].

Diese Form des détournement de pouvoir ist nicht notwendigerweise auf eine böse Absicht zurückzuführen, sondern es besteht noch eine weitere Möglichkeit: der Rechtsirrtum über das erlaubte Ziel[46]. In diesen Fällen wird der Tatbestand des détournement de pouvoir *gutgläubig*[47], unter Offenbarung des rechtswidrigen Zieles verwirklicht[48].

3. Détournement de procédure

Dabei handelt es sich um einen speziellen Fall der vorigen Erscheinungsform[49], der schon immer bestanden hat[50], aber erst nach dem zweiten Weltkrieg zu selbständiger Bedeutung entwickelt worden ist[51]. Er setzt voraus[52], daß die Verwaltung zur Erreichung des von ihr angestrebten Zieles ein ganz bestimmtes Verfahren einzuhalten hat. Dabei besteht jedoch eine Sachlage, die sie an sich zur Ergreifung verschiedenartiger Maßnahmen berechtigen würde. Indessen ist mit jeder der möglichen Verhaltensweisen ein bestimmtes Verfahren verbunden. Die Verwaltung begeht nun ein détournement de procédure, wenn sie — bei Bestehen der Möglichkeiten A und B — das für A vorgeschriebene Verfahren anwendet, um B zu verwirklichen, sei es, weil sie die Zuständigkeitsregeln oder eine störende Formalität umgehen will, sei es, um Zeit oder Geld zu sparen. Das typische Beispiel ist die Beschlagnahme mit Enteignungscharakter: Die Verwaltung will ein bestimmtes Grundstück enteignen, verfügt aber nicht über die dazu erforderlichen Geldmittel. Da sie das Grundstück aber sofort benötigt, wählt sie das Beschlagnahmeverfahren, mit Hilfe dessen sie sich das Grundstck zulässigerweise nur vorübergehend verschaffen kann[53].

---

[45] CE 8.7.1955, Caisse de Compensation pour la décentralisation de l'industrie aéronautique, Rec. 398 u. D. 1955 J. 597, concl. *Chardeau*; weitere Beispiele bei *Waline* a.a.O. S. 487 f.

[46] *Jèze* a.a.O. S. 228 f.; *Steindorff* a.a.O. S. 81. Unzutreffend *Börner* a.a.O. S. 194 und 196 f.

[47] *Laun* in Festschrift für Kraus S. 131 f.

[48] CE 28.5.1937, Cortès, Rec. 535.

[49] *Rivero*, Droit administratif S. 227.

[50] Vgl. CE 17.1. und 14.2.1902, Favatier et Lalaque et autres, S. 1903. 3. 97 mit Anm. von *Hauriou*.

[51] *Auby - Drago* a.a.O. S. 96; *Vedel* a.a.O. S. 461.

[52] Nach *Theis* a.a.O. S. 15 f.; vgl. auch *de Laubadère*, Traité S. 481; *Waline* a.a.O. S. 486.

[53] CE 4.7.1947, Navello, Rec. 299; weitere Beispiele: CE 24.1.1947, Chinaud, Rec. 28; 29.1.1947, Rosanvallon, Rec. 37; 6.7.1947, Société provençale de

III. Die Durchlöcherung des Systems durch die Entwicklung der Kontrolle der „motifs" durch den Conseil d'Etat

Die „motifs" stellen nach der französischen Theorie das fünfte Element der Rechtshandlung dar[54]. Ihre „inexactitude" ist ein weiterer Grund für die Rechtswidrigkeit eines Verwaltungsaktes.

a) Der Begriff der „motifs"[55]

Daß die „motifs" ein Wesenselement der Rechtshandlung seien, folgt aus der Erkenntnis, daß jeder Willensakt auf bestimmten tatsächlichen oder rechtlichen Umständen beruht. Auf das Gebiet des Verwaltungsrechts bezogen bedeutet dies, daß jedem Verwaltungsakt eine tatsächliche oder rechtliche Situation vorausgeht, die erst zu seinem Erlaß Anlaß gibt. Diese ist sein „motif", das heißt seine inhaltliche Grundlage, seine causa. In der französischen Literatur findet man daher in diesem Zusammenhang die Verwendung der Begriffe „cause" oder „base légale"[56]. Es handle sich um ein rationales Prinzip, das die Rechtsprechung zu einem principe général du droit erhoben habe[57]. Ein Beispiel mag dies erläutern: Ein Beamter kann disziplinarrechtlich verfolgt werden unter der Voraussetzung, daß er sich einer Dienstverfehlung schuldig gemacht hat. Die Verfehlung ist das „motif" der Disziplinarmaßnahme.

Dieses „motif" wird systematisch klar von den im Rahmen des détournement de pouvoir erörterten Begriffen „but" und „mobile" abgegrenzt. Bei letzteren handelt es sich um die den Urheber leitenden — *subjektiven* — Absichten, während die „motifs" die Gesamtheit der *objektiven* Elemente tatsächlicher oder rechtlicher Art sind, die dem Verwaltungsakt zugrunde liegen. Sie sind vollkommen unabhängig von der „psychologie" des Urhebers[58]. Dieser Unterschied läßt sich an dem gegebenen Beispiel so erläutern, daß, wenn die Dienstverfehlung

---

Constructions navales, S. 1947. 3. 69; 16. 4. 1948, Richard, Rec. 163 = S. 1948. 3. 62 mit Anm. *M. L.*; 5. 5. 1950, Vérot, Rec. 263; 19. 12. 1952, Saurel, RDP 1953/723 mit Anm. *Waline;* 15. 7. 1957, Société amicale des pêcheurs à la ligne du canton de Cusset, Rec. 486, wo der CE die Bezeichnung détournement de procédure zum ersten Mal verwendet; 24. 6. 1960, Le Monde et Société Frampar, D. 1960 J. 744. Vgl. ferner *Auby - Drago* und *Waline* a.a.O.

[54] Siehe oben unter B. I.

[55] *Auby - Drago* a.a.O. S. 37 f.; *Bonnard* in RDP 1938/139 ff.; *Hauriou* a.a.O. S. 429 u. in S. 1926. 3. 25 f. Anm. zum arrêt Lefranc; *de Laubadère,* Traité S. 483; *Theis* a.a.O. S. 13; *Vedel* a.a.O. S. 450; *Waline* a.a.O. S. 472.

[56] *Auby - Drago* a.a.O. S. 38 und 55; *Hauriou* in S. 1926. 3. 26; *Vedel* a.a.O. S. 455.

[57] *De Laubadère,* Traité S. 489.

[58] *Bonnard* a.a.O.; *de Laubadère,* Traité S. 479; *Vedel* a.a.O.

das „motif" ist, der vom Dienstherrn verfolgte Zweck darin besteht, diese Verfehlung durch die ergriffene Maßnahme zu ahnden, den Beamten zur Einsicht zu bringen und die Integrität der Behörde zu wahren[59], [60].

Die Überprüfung der angefochtenen Entscheidung auf die Rechtmäßigkeit der motifs bedeutet zweierlei: zum einen die Untersuchung ihres tatsächlichen Bestehens und zum andern die Feststellung, daß sie auch rechtlich gesehen die Entscheidung rechtfertigen[61]. Der Conseil d'Etat formuliert es folgendermaßen: „Il appartient au Conseil d'Etat, d'une part, de vérifier la matérialité des faits qui ont motivé ces mesures, et, d'autre part, dans le cas où lesdits faits sont établis, de rechercher s'ils pouvaient légalement motiver l'application des sanctions prévues par la disposition ...[62]." In unserem Beispiel bedeutet das: Der Beamte muß das behauptete Dienstvergehen tatsächlich begangen haben, und dieses muß die ergriffene Disziplinarmaßnahme rechtlich tragen[63]. Dabei führt jedoch, ähnlich wie im Rahmen des détournement de pouvoir[64], nicht jede Rechtswidrigkeit eines motif zur Aufhebung des Verwaltungsaktes. Auch hier gilt dies nur dann, wenn das motif für die Entscheidung bestimmend und nicht „surabondant" ist[65]. Anders als beim détournement de pouvoir muß dafür aber erst der Beweis erbracht werden, denn grundsätzlich werden alle motifs als bestimmend angesehen, so daß bereits die Rechtswidrigkeit eines einzigen von ihnen den Verwaltungsakt fehlerhaft macht[66].

Bis hierher leuchtet die systematisch selbständige Behandlung der Kontrolle der motifs ohne weiteres ein, die sich von ihrem An-

---

59 *Vedel* a.a.O. S. 456.

60 Es wird deutlich, daß der Begriff „motif" nicht, wie es *Steindorff* (a.a.O. S. 56) und *Becker* (Der Einfluß des franz. Verwaltungsrechts auf den Rechtsschutz in den Europ. Gemeinschaften S. 34) tun, durch den deutschen Ausdruck Motiv ersetzt werden kann, denn unter Motiv versteht man nach deutschem Sprachgebrauch gerade den Beweggrund. Irreführend ist daher auch die Terminologie bei *Theis* (a.a.O. S. 13). Erst recht kann aber eine Gleichsetzung von „motif" und Beweggrund nicht vorgenommen werden. Dies tut *Stern*, Ermessen und unzulässige Ermessensausübung S. 32. — Die einzig zutreffende Übersetzung könnte mit der Bezeichnung Grund oder Grundlage erreicht werden. Doch sind diese Begriffe zu farblos. Es soll daher im folgenden weiterhin von motifs gesprochen werden.

61 *Waline* a.a.O. S. 473.

62 CE 14. 1. 1916, Camino, S. 1922. 3. 12.

63 Vgl. CE 4. 1. 1928, Kneipp, Rec. 1; 4. 1. 1936, Blain, Rec. 15; 28. 2. 1951, Penglaon, Rec. 125.

64 Siehe oben unter B. II. d).

65 *Odent* a.a.O. S. 859 ff.; *Vedel* a.a.O. S. 453; *Waline* a.a.O. S. 479.

66 *Auby - Drago* a.a.O. S. 49 f.; CE 3. 12. 1948, Société générale d'équipement, Rec. 458; 29. 10. 1954, Rougier, Rec. 564; 26. 3. 1958, Toledo, Rec. 200; a. A. *Fournier et Braibant* a.a.O. S. 598, die diese Unterscheidung nicht machen.

knüpfungspunkt her theoretisch erklären läßt. Doch ist dieser Tatbestand damit noch nicht voll erfaßt. Es kommt nämlich ein weiteres Kriterium hinzu, ohne das seine überragende Bedeutung innerhalb des recours pour excès de pouvoir nicht gedacht werden kann. Dieses Kriterium besteht darin, daß der Conseil d'Etat bei der Kontrolle der motifs die „considérations objectives", das heißt die von der Verwaltung gegebene Begründung, ihre Erwägungen prüft. Dazu muß man sich die Form vor Augen führen, in der französische Verwaltungsentscheidungen[67] abgefaßt werden. Sie beginnen, soweit sie überhaupt begründet sind, mit einer Folge von tatsächlichen und rechtlichen Erwägungen, den considérations, die voneinander abgesetzt sind und deren jede mit der Formel: considérant ... oder attendue que ... anfängt. Erst am Ende erscheint dann der Tenor. Diese considérations stellen die die Entscheidung tragenden motifs dar. Auf diese Weise entsteht eine enge Verbindung zwischen motif und motivation, Grund und Begründung, die zu dem Satz führt: „Le Conseil d'Etat juge le motif et non la décision elle — même[68]. In diesem Sinne sind motif und motivation identisch[69]. Der materielle Charakter der motifs wird also mit einem formellen Kriterium kombiniert. Die Kontrolle der motifs erhält damit zwei Anknüpfungspunkte, von denen der letzte aus dem System herausfällt, da er sich nicht an ein Wesenselement der Rechtshandlung anschließt. Er verstärkt jedoch den objektiven Charakter dieses Tatbestandes gegenüber der Untersuchung der meist verborgenen Beweggründe im Rahmen des détournement de pouvoir. So hat sich ganz natürlich die Möglichkeit eröffnet, jede Rechtswidrigkeit, die sich aus den considérations objectives ergibt, unter dem Gesichtspunkt der inexactitude des motifs zu sanktionieren[70].

Dabei werden die considérations objectives ohne Rücksicht darauf geprüft, ob, was im französischen Verwaltungsrecht die Ausnahme ist[71], für die Verwaltung eine Begründungspflicht besteht. Ausgehend von der Vorstellung, daß motif und motivation eine Einheit seien,

---

[67] Dasselbe gilt im übrigen für Gerichtsurteile.

[68] *Odent* a.a.O. S. 858 und 861.

[69] So zutreffend *Steindorff* a.a.O. S. 56, dessen Definition aber einseitig und deshalb unvollständig bleibt, da er den oben erläuterten materiellen Gesichtspunkt außer Betracht läßt. Diese Kritik trifft auch für die Ausführungen *Börners* zu (a.a.O. S. 142 f.). Die Doppelnatur der motifs kommt klar zum Ausdruck bei *Auby - Drago* a.a.O. II S. 589. Wegen dieser Doppelnatur erscheint auch die sich anbietende Übersetzung des Begriffs motifs mit Erwägungen bedenklich. Sie würde außerdem bei der rechtsvergleichenden Untersuchung die begriffliche Klarheit beeinträchtigen.

[70] Über die praktischen Auswirkungen siehe dieses Kapitel unter C.

[71] *Auby - Drago* a.a.O. II S. 588; *Odent* a.a.O. S. 805 f.; *Vedel* a.a.O. S. 448; *Waline* a.a.O. S. 472.

bindet der Conseil d'Etat die Verwaltung an die von ihr gegebene Begründung, auch wenn eine Begründung gar nicht vorgeschrieben war[72]. Darüber hinaus hat der Conseil d'Etat die Kontrolle der motifs so weit ausgedehnt, daß diese Bindung nicht allein gilt, wenn die motifs des Verwaltungshandelns in Form gesetzlicher Voraussetzungen normiert sind, sondern auch dann, wenn die Verwaltung ihre motifs selbst findet. Den entscheidenden Schritt tat der Conseil d'Etat im Jahre 1922. In der affaire Trépont[73] annullierte der Conseil d'Etat eine Regierungsentscheidung, auf Grund derer ein Präfekt angeblich auf seinen Antrag vom Dienste beurlaubt wurde, während in Wirklichkeit ein solcher Antrag gar nicht vorlag. Der Conseil d'Etat ließ sich an seinem Urteil weder dadurch hindern, daß die Maßnahme auch ohne Antrag hätte ergriffen werden können, noch dadurch, daß die Regierung jegliche Angabe der motifs hätte unterlassen können. Aber auch in solchen Fällen beschränkt er sich nicht auf die Prüfung der tatsächlichen Richtigkeit der motifs, sondern untersucht ebenfalls, „s'ils sont de nature à justifier la décision“[74]. Diese Frage beantwortet er aus dem Sinn und Zweck des Gesetzes[75]. Es ist also letzen Endes der Conseil d'Etat, der autoritativ darüber entscheidet, ob ein von der Verwaltung angeführtes motiv zulässig ist oder nicht[76]. Wir stoßen hier auf eine praktische Verwirklichung des bereits erwähnten rechtsbildenden Elementes in der Rechtsprechung des Conseil d'Etat[77]. Er setzt den Maßstab für die Legalität der Maßnahme.

b) Die Tatbestände der inexactitude des motifs[78]

Es ist bereits erwähnt worden, daß sich die Kontrolle der motifs unter zwei Gesichtspunkten vollzieht: ob sie tatsächlich richtig sind

---

[72] CE 5. 7. 1918, de Nouë, Rec. 660.

[73] CE 20. 1. 1922, Trépont, RDP 1922/81, concl. *Rivet*. Eine gute Schilderung der affaire Trépont findet sich bei *Vedel* a.a.O. S. 452. Siehe auch *Steindorff* a.a.O. S. 56.

[74] CE 9. 7. 1943, Tabouret et Laroche, D. 1945 J. 163.

[75] CE 30. 1. 1942, Godard, DA. 1942 J. 111; 28. 7. 1944, Constantin, D. 1945 J. 164.

[76] *Dubisson* a.a.O. S. 53 f.; *Steindorff* a.a.O. S. 58 f.

[77] Vgl. oben unter A. I.

[78] Die Terminologie ist hier nicht einheitlich. Zum Teil wird auch von inexistence oder illégalité relative aux motifs (*Auby - Drago* a.a.O. III S. 37 ff.; *de Laubadère*, Manuel S. 110 u. 116 und Traité S. 483 ff.), von fausse interprétation et fausse application de la règle de droit (*Odent* a.a.O. S. 858), von défaut de motif légal (*Waline* a.a.O. S. 472) oder von cause juridique inexistente (*Hauriou* a.a.O. S. 429) gesprochen. Es erscheint mit *Vedel* (a.a.O. S. 450) richtiger, von inexactitude zu sprechen, da nicht nur das gänzliche Fehlen des genannten motif zur Aufhebung führt. So auch *Waline* (a.a.O. S. 473) für die Prüfung der tatsächlichen Richtigkeit.

und ob sie auch rechtlich die angefochtene Entscheidung tragen[79]. Daraus werden zwei Tatbestände der Fehlerhaftigkeit der motifs abgeleitet:

1. die inexactitude matérielle (= Fehler im tatsächlichen Bereich) und
2. die inexactitude juridique (= Fehler im rechtlichen Bereich)[80].

Demgegenüber ergibt sich, wenn man die möglichen Fallgestaltungen ins Auge faßt, eine Dreiteilung[81]:

1. Unrichtigkeit der festgestellten Tatsachen,
2. Fehler bei der Subsumtion dieser Tatsachen unter den gesetzlichen Tatbestand bzw., wo ein solcher fehlt, ihrer rechtlichen Würdigung mit bezug auf den Zweck des Gesetzes,
3. Fehler bei der Entscheidung abstrakter Rechtsfragen.

Folgerichtigerweise stellt sich nunmehr die Frage nach dem Verhältnis dieser Fallgestaltungen zu den bestehenden Kategorien von tatsächlichen und rechtlichen Fehlern. Dies stößt auf keine Schwierigkeiten, soweit es um die Einordnung der Gruppe 1 und 3 geht. Sie sind der inexactitude matérielle bz. juridique zuzuweisen. In ihnen sind nur im rein Tatsächlichen liegende (= Feststellung reiner Tatsachen) bzw. rein rechtliche (= abstrakte Auslegung, losgelöst vom konkreten Subsumtionsproblem) Fragen zu entscheiden. Problematisch ist jedoch die systematische Zuordnung der zweiten Fallgruppe[82]. Da es hier nicht, wie in der Gruppe 1, um die Prüfung von Tatsachen schlechthin geht, sondern um ihre Beziehung zum Gesetz, sieht man im deutschen Recht darin ein Rechtsproblem[83]. Der deutsche Jurist würde daher geneigt sein, in der Gruppe 2 Fälle von inexactitude juridique zu erblicken. Anders jedoch die herrschende französische Auffassung, die eine unrichtige „qualification des faits" zu der inexactitude matérielle des motifs rechnet[84], da der Schwerpunkt auf

---

[79] Vgl. oben B. III. a).

[80] Auch hier weicht die Terminologie zum Teil voneinander ab, z. B. spricht *Vedel* (a.a.O. S. 449 f.) von inexactitude des motifs de fait und erreur de droit.

[81] *Steindorff* a.a.O. S. 57 ff.

[82] *Becker* (a.a.O. S. 34 f. u. 39) umgeht diese Schwierigkeit, indem er die fehlerhafte Subsumtion selbständig behandelt. Dabei übersieht er jedoch, daß dies gerade der Hauptanwendungsfall der Kontrolle der motifs ist.

[83] Vgl. unten in Kapitel 2 C. das Problem der Subsumtion unter unbestimmte Rechtsbegriffe.

[84] *Alibert* a.a.O. S. 278 ff.; *Auby - Drago* a.a.O. S. 74 ff.; *Hauriou* a.a.O. S. 429 f.; *Vedel* a.a.O. S. 450 ff.; a. A.: *Bondil* a.a.O. S. 18; *Duverger* a.a.O. S. 279 f.; *Vidal* in RDP 1952/287; *Waline* a.a.O. S. 473 ff.

der Beurteilung einer tatsächlichen Situation liege[85]. Dies wird besonders deutlich bei den Fällen, wo die Entscheidung, wie *Steindorff*[86] sich ausdrückt, „ausschließlich von einer Tatsachenfrage abhängt". Das klassische Beispiel hierfür ist die affaire Gomel[87], die die Entwicklung der Kontrolle der motifs eingeleitet hat[88]. Dabei ging es um folgendes:

Nach einem Gesetz aus dem Jahre 1911 wurde die Erteilung einer Baugenehmigung in Paris davon abhängig gemacht, daß das Vorhaben eine „perspective monumentale" nicht beeinträchtige. In der affaire Gomel nun hatte die Préfecture eine Baugenehmigung an der Place Beauvau versagt mit der Begründung, es liege eine solche „perspective monumentale" vor, die durch das Vorhaben gestört werde. Der Conseil d'Etat annullierte die ablehnende Entscheidung, da von einer „perspective monumentale" nicht die Rede sein könne[89].

Trotzdem hat auch die französische Verwaltungsrechtslehre erkannt, daß es sich hier im Grunde nicht um eine reine Tatsachenfrage handele, sondern um einen gemischten Vorgang[90]. Eine Tatsachenfrage allein, so wird ausgeführt[91], sei innerhalb des recours pour excès de pouvoir ohne Bedeutung; sie werde nur insoweit relevant, als sie zur Beurteilung der Frage notwendig sei, ob die gesetzlichen Voraussetzungen erfüllt seien oder nicht. Zwischen der Prüfung der matérialité und der qualification gebe es keine Grenze.

c) Die Einordnung der Kontrolle der motifs in das System der vier klassischen cas d'ouverture des recours pour excès de pouvoir

Dieses Problem ist für das französische Verwaltungsrecht von mehr theoretischer Bedeutung, da alle Klagegründe denselben Rechtsregeln unterliegen[92] und es daher gleichgültig ist, aus welchem Grunde ein Verwaltungsakt aufgehoben wird. So erklärt sich auch die Praxis des Conseil d'Etat, der nur in den seltensten Fällen den cas d'ouverture bezeichnet, aus dem er die Annullierung ausspricht. Im Rahmen dieser Arbeit ist jedoch das Verhältnis, in dem die Rechtswidrigkeit der motifs nach französischer Auffassung zu den vier klassischen Klage-

---

[85] *Hauriou* a.a.O. S. 430.

[86] A.a.O. S. 61.

[87] CE 4. 4. 1914, S. 1917. 3. 25.

[88] *Vedel* a.a.O. S. 451.

[89] Andere Beispiele: CE 7. 1. 1942, Syndicat des grands pharmaciens de Paris et de la Seine, Rec. 12; 22. 7. 1949, Société des automobiles Berliet, D. 1950 Sommaires S. 2; 22. 1. 1954, Société tourangelle d'édition et de propagande, Rec. 40.

[90] *Vedel* a.a.O. S. 451.

[91] *Waline* a.a.O. S. 476.

[92] *De Laubadère*, Manuel S. 116.

gründen gesehen wird, von großer Wichtigkeit, da hiervon auch Inhalt und Bedeutung des détournement de pouvoir abhängen, die es für die rechtsvergleichende Betrachtung in eindeutiger Weise festzulegen gilt.

Unbestritten ist die inexactitude des motifs ein Fall inhaltlicher Rechtswidrigkeit. Es bestehen daher theoretisch drei Möglichkeiten zur Lösung der aufgeworfenen Frage: Einmal kann man die inexactitude des motifs als selbständigen cas d'ouverture betrachten, als zweite Möglichkeit bietet sich die Zuordnung zur violation de la loi an und schließlich mag man darin einen Fall von détournement de pouvoir sehen. Alle drei Auffassungen werden vertreten. Es besteht lediglich Einigkeit darüber, daß es sich bei der inexactitude des motifs um einen objektiven Fehler handelt.

1. Die Auffassung *Duguits* und *Bondils*

Nach Ansicht *Duguits*[93] kann die inexactitude des motifs nicht zur Rechtswidrigkeit eines Verwaltungsaktes führen, da die motifs außerhalb des Verwaltungsaktes liegen. *Duguit* lehnt also die Eigenschaft der motifs als Wesenselement der Rechtshandlung ab. Für ihn besteht kein Unterschied zwischen motif und but. Da er außerdem das détournement de pouvoir als objektiven Aufhebungsgrund ansieht[94], rechnet er die Fälle von inexactitude des motifs folgerichtig diesem Tatbestand zu. Diese Meinung vertritt neuerdings auch *Bondil*[95], der dabei besonders die objektive Bedeutung des détourement de pouvoir hervorhebt. Der Vorwurf eines détournement de pouvoir liege nicht darin, daß der Beamte ein persönliches (subjektives) Ziel verfolgt habe, sondern es unterlassen habe, ein (objektives) Ziel des intérêt général zu verwirklichen. Bondil rechnet jedoch nur die Fälle des Rechtsirrtums (inexactitude juridique) dem détournement de pouvoir zu, die fehlerhafte Tatsachenfeststellung gehöre zur violation de la loi. Das erscheint folgerichtig, da die Ermittlung von Tatsachen logisch nichts mit den zu verfolgenden Zielen zu tun hat.

Betrachtet man die Entwicklung der Rechtsprechung, so bestätigt sich diese Auffassung, denn einerseits hebt der Conseil d'Etat eine Entscheidung, die in einer rechtswidrigen Absicht erlassen wurde, nicht auf, wenn sie gleichwohl der Verfolgung eines Zieles des intérêt

---

[93] A.a.O. I S. 316, II S. 365; siehe auch I S. 339 ff., wo er vom motif impulsif im Gegensatz zum but déterminant spricht.

[94] Vgl. oben Anm. 22.

[95] *Bondil* a.a.O. S. 15 ff., insbesondere S. 21 und S. 33 ff.

général dient[96]. Auf der anderen Seite unterscheidet er innerhalb seiner Rechtsprechung zum détournement de pouvoir nicht zwischen den Begriffen motifs und mobiles bzw. but, sondern verwendet sie vielfach nebeneinander[97]. Ja sogar der Terminus objet taucht in diesem Zusammenhang auf[98]. Auch in der Literatur werden die verschiedenen Bezeichnungen nicht immer scharf auseinandergehalten[99]. Insbesondere die Theorie von den „motifs déterminants" gebraucht die Begriffe motif und but als Synonyme[100].

2. Die herrschende Meinung

Es ist bereits dargelegt worden[101], daß die h. M. dem détournement de pouvoir jegliches objektive Merkmal abspricht. Daher grenzt sie auch die Begriffe motif und but scharf voneinander ab und sieht in der inexactitude des motifs und dem détournement de pouvoir zwei wesensmäßig verschiedene Tatbestände[102]. Sie zerfällt wiederum in zwei Gruppen:

aa) Die Autoren, die die inexactitude des motifs als selbständigen cas d'ouverture ansehen[103]

Diese Schriftsteller erstrecken die materiell gesehene Unterscheidung von objet und motif konsequent auf die prozessuale Seite. Dabei stützen sie sich darauf, daß auch der Conseil d'Etat eine besondere Formulierung verwende[104]. *De Laubadère* nimmt eine weitere Differenzierung vor, indem er die inexactitude im Falle gebundener Verwaltung der violation de la loi zuordnet, weil dann das objet des

---

96 Vgl. dazu oben unter B. II. d).

97 So z. B. arrêt Moreau, zit. oben Anm. 24; CE 2. 2. 1933, Schroeder, Rec. 147; arrêt Cortès, zit. Anm. 48; arrêt Compagnie générale des Eaux, zit. Anm. 36; arrêt Saurel, zit. Anm. 53.

98 Affaire Pariset, zit. oben Anm. 24.

99 Vgl. *Alibert* a.a.O. S. 236; *Berthélemy* a.a.O. S. 1131; *Laferrière* a.a.O. S. 548 ff. sowie neuerdings *Fournier et Braibant* a.a.O. S. 727 und 732. Hiergegen wendet sich *Vidal* (a.a.O. S. 291), der versucht, einen neuen Ansatzpunkt für eine Klärung zu finden.

100 *Jèze* a.a.O. S. 210 u. in RDP 1922/377 ff.; *P. L.* in S. 1937. 3.121 = Anm. zum arrêt de la Raudière.

101 Siehe oben unter B. II. d).

102 *Auby - Drago* a.a.O. S. 38 u. 85; *de Laubadère*, Traité S. 479; *Vedel* a.a.O. S. 455 ff.; *Waline* a.a.O. S. 480.

103 *Auby - Dago* a.a.O. II S. 530 f. u. III S. 37 f.; *Duverger* a.a.O. S. 279 f.; *Gazier* in EDCE Nr. 5 (1951) S. 78 ff.; *de Laubadère*, Manuel S. 116 f. u. Traité S. 488 f.; *Waline* a.a.O. S. 436.

104 *De Laubadère*, Manuel S. 117; vgl. CE 29. 6. 1951, Syndicat de la Raffinerie de soufre française, Rec. 377.

Verwaltungsaktes gerade durch die Verwirklichung eines bestimmten Tatbestandes bedingt werde. Als Beispiel führt er die affaire Gomel[105] und die affaire Camino[106] an. Diese Auffassung kommt der von der zweiten Gruppe vertretenen Ansicht bereits sehr nahe.

bb) Die Autoren, die die inexactitude des motifs als Unterfall der violation de la loi betrachten[107]

Diese Meinung läßt sich eigentlich nur darauf zurückführen, daß die Kontrolle der motifs ebenso wie der Klagegrund der violation de la loi einen objektiven Tatbestand zum Inhalt hat[108]. Hinzu kommt, daß der Begriff loi, wie bereits erwähnt[109], in einem sehr weiten Sinne verstanden wird. Zieht man dann noch in Betracht, daß die Prüfung der Tatsachen nur im Hinblick auf ihren juristischen Gehalt erfolgt[110], also auf ihr Verhältnis zum Gesetz bzw. zu allgemeinen Rechtsregeln, so ist die Zuordnung zur violation de la loi folgerichtig. *Vedel*[111] qualifiziert die Tatbestände der inexactitude des motifs als Fälle einer violation de la loi bei der Ausübung eines pouvoir discrétionnaire, das heißt einer Ermessensbefugnis. Das läuft im Ergebnis auf die Unterscheidung *de Laubadères* hinaus, nur zieht *Vedel* hieraus gerade nicht die Konsequenz, einen fünften cas d'ouverture einzuführen, sondern für ihn handelt es sich um Rechtsverletzung, da die „matérialité des faits" niemals im Ermessen der Verwaltung liege. Wenn beispielsweise eine Universitätsverwaltung die Immatrikulation eines Studenten infolge eines Irrtums über seine Eigenschaft als Abiturient zu Unrecht verweigere, so sei das Gesetz nicht weniger verletzt, als wenn sie die Immatrikulation bewußt abgelehnt hätte. Das Erfordernis der Richtigkeit der motifs wird zu einer allgemeinen Schranke jeglicher Verwaltungstätigkeit[112].

3. Ergebnis

Die zuletzt dargelegte Auffassung kann im Verhältnis zu der zuvor erwähnten Gruppe von Autoren als überwiegend angesehen werden.

---

[105] Zit. oben Anm. 87.

[106] Zit. oben Anm. 62.

[107] *Alibert* a.a.O. S. 271 ff.; *Duez - Debeyre* a.a.O. S. 384; *Hauriou* a.a.O. S. 429 f.; *Odent* a.a.O. S. 777 ff.; *Rivero* a.a.O. S. 221 f.; *Rolland* a.a.O. S. 346 ff.; *Vedel* a.a.O. S. 449 ff., insbes. 455; *Venezia*, Le pouvoir discrétionnaire S. 41.

[108] So ausdrücklich *Vedel* a.a.O. S. 455.

[109] Siehe oben B. II. c).

[110] So insbes. die Erklärung von *Hauriou* a.a.O S. 430.

[111] A.a.O. S. 450 f.; vgl. auch *Becker* a.a.O. S. 35 und *Fournier et Braibant* a.a.O. S. 725.

[112] Siehe darüber im einzelnen Kapitel 3, 2. Abschn. unter A. I. a).

Jedoch ist in letzter Zeit eine zunehmende Tendenz zu einer Verselbständigung der Kontrolle der motifs festzustellen[113]. Das hindert indessen nicht daran, sie im Rahmen dieser Abhandlung in einem weiteren Sinne dem Klagegrund der Rechtsverletzung zuzuordnen. Denn auch nach der im Vordringen befindlichen Ansicht wird der Tatbestand der inexactitude des motifs wegen seines objektiven Charakters dem détournement de pouvoir gegenübergestellt. Dieses Merkmal verbindet ihn zugleich mit der violation de la loi. Man muß daher auf jeden Fall zu dem Ergebnis kommen, daß unter Zugrundelegung der vier klassischen cas d'ouverture, die im Recht der Europäischen Gemeinschaften Gesetz geworden sind — und um eine Beziehung hierzu geht es ja —, die Kontrolle der motifs als Bestandteil des Klagegrundes der Rechtsverletzung erscheint.

C. Das détournement de pouvoir im Verhältnis zur inexactitude des motifs[114]

Trotz der von der herrschenden Meinung vorgenommenen Trennung ist jedoch nicht zu übersehen, daß auch zwischen détournement de pouvoir und inexactitude des motifs ein gewisser Zusammenhang besteht. Dies ist bei der Darstellung der Auffassung *Duguits* und *Bondils* bereits deutlich geworden. Um die Stellung des détournement de pouvoir innerhalb des recours pour excès de pouvoir vollständig erfassen zu können, ist es daher notwendig, die Auswirkungen dieses Zusammenhanges und die Gründe dafür aufzuzeigen.

I. Die tatsächlichen Auswirkungen der Entwicklung der Kontrolle der motifs auf die Stellung des détournement de pouvoir innerhalb des recours pour excès de pouvoir[115]

Die Entwicklung der Rechtsprechung des Conseil d'Etat läßt sich dahin zusammenfassen, daß in dem Maße, wie der Conseil d'Etat seit etwa 1920 die Kontrolle der motifs ausgedehnt hat, die Fälle der Aufhebung wegen détournement de pouvoir abgenommen haben. Diese Entwicklung ist heute so weit fortgeschritten, daß französische Verwaltungsrechtler teilweise davon sprechen, das détournement de pou-

---

113 *Duverger* a.a.O. S. 279.

114 Dieses Problem ist in Frankreich bisher lediglich von *Vidal* in seinem zit. Aufsatz (siehe oben Anm. 84) näher untersucht worden.

115 Eine gute Übersicht über die Entwicklung geben außer *Vidal* auch *Long, Weil, Braibant* a.a.O. S. 22 f. und *Waline* a.a.O. S. 487 f. Siehe auch *de Laubadère,* Traité S. 483.

voir sei zu fast völliger Bedeutungslosigkeit herabgesunken[116]. Dabei ist im Gegensatz zu der Auffassung *Bondils* festzustellen[117], daß nicht nur die inexactitude juridique, sondern auch die Prüfung der materiellen Richtigkeit der der Entscheidung zugrunde liegenden Tatsachen das détournement de pouvoir verdrängt haben[118]. Denn auch in den Fällen, wo die Verwaltung absichtlich zum Nachteil des Betroffenen die Unwahrheit sagt, begeht sie begrifflich ein détournement de pouvoir. Der Conseil d'Etat kommt jedoch jetzt gar nicht mehr zur Prüfung der Absicht der Behörde, da ihm die Unrichtigkeit der Tatsachen zur Aufhebung bereits genügt[119]. Es können daher allein die Fälle eines reinen Tatsachenirrtums das détournement de pouvoir unberührt gelassen haben[120].

Der Ansicht *Bondils* ist jedoch darin zuzustimmen, daß die entscheidende Bedeutung in der aufgezeigten Entwicklung der Rechtswidrigkeit wegen Rechtsirrtums zukommt[121]. Wie weit der Conseil d'Etat die Prüfung unter diesem Gesichtspunkt ausdehnt, zeigt sein Urteil in der affaire Barel[122]. Dabei ging es um folgendes:

Dem französischen Erziehungsminister obliegt die Auswahl der Kandidaten für die Ecole Nationale d'Administration (ENA). Diese Auswahl trifft er nach freiem Ermessen ohne weitere Begründung. Die Kläger, deren Zulassung er abgelehnt hatte, griffen seine Entscheidung vor dem Conseil d'Etat an mit der Begründung, ihre Ablehnung sei aus politischen Gründen erfolgt. Man habe sie verdächtigt, ob zu Recht oder Unrecht könne dahingestellt bleiben, einer Partei mit revolutionären Zielen anzugehören. Dies sei ein politisches motif, das den Ausschluß nicht zu rechtfertigen vermöge. Der Conseil d'Etat betrachtete diese Argumentation als den Beginn eines Beweises und forderte den Minister auf, seine motifs zu offenbaren, was dieser jedoch verweigerte, da er nicht verpflichtet sei, seine Entscheidung zu begründen. Der Conseil d'Etat schloß aus dieser Haltung, daß die motifs des Ministers politische, das heißt dem Interesse des öffentlichen Dienstes fremde, gewesen seien und hob die Entscheidung wegen *Rechtsirrtums* auf.

---

116 *Long, Weil, Braibant* a.a.O., die, obwohl das détournement de pouvoir noch nicht ganz verschwunden sei, eine Abneigung des Conseil d'Etat zu seiner Anwendung feststellen. *Vedel* a.a.O. S. 391 spricht vom allerletzten Hilfsmittel, *Rivero* a.a.O. S. 228 und *Waline* a.a.O. S. 487 von einem déclin des détournement de pouvoir; nach *Auby - Drago* a.a.O. III S. 87 Fußn. 3 hat der Conseil d'Etat zwischen 1950 und 1960 durchschnittlich nur zweimal im Jahr eine Entscheidung wegen détournement de pouvoir aufgehoben.

117 Vgl. oben unter B. III. c) 1; ebenso wohl auch *Long, Weil, Braibant* a.a.O. S. 23, die die Bedeutung des erreur de droit betonen.

118 *Auby - Drago* a.a.O. S. 85.

119 Vgl. z. B. affaire Trépont, zit. oben Anm. 73.

120 Vgl. *Vedel* a.a.O. S. 457.

121 So auch *Auby - Drago* a.a.O. S. 86 und *Long, Weil, Braibant* a.a.O.

122 CE 28. 5. 1954, Barel et autres RDP 1954/509, concl. *Letourneur* und Anm. *Waline* = D. 1954 J. 594 mit Anm. *Morange*.

Es hätte nahegelegen, diesen Fall unter den Begriff des détournement de pouvoir zu subsumieren, da der Beweis für die rechtswidrige Absicht des Ministers mittelbar erbracht war. So verwundert es nicht, wenn z. B. *Vedel*[123] die affaire Barel sowohl innerhalb der inexactitude des motifs als auch im Rahmen des détournement de pouvoir behandelt.

II. Die Gründe für die zunehmende Verdrängung des détournement de pouvoir durch die Entwicklung der Kontrolle der motifs

Der Schlüssel zum Verständnis dieser Entwicklung liegt in dem bereits erwähnten Subsidiaritätscharakter des détournement de pouvoir[124] und dem damit verbundenen Vorzug, den der Conseil d'Etat der Aufhebung wegen eines objektiven Fehlers gibt. Diese Tatsache ist jedoch nur Ansatzpunkt und kann nicht den eigentlichen Grund dieser Entwicklung darstellen; denn sie kann nur insoweit erheblich werden, als die infrage stehenden Klagegründe sich inhaltlich überschneiden. Die Verdrängung des détournement de pouvoir durch die Kontrolle der motifs muß daher in dem Verhältnis der beiden Tatbeständen zugrunde liegenden Wesenselemente begründet sein. Dieses Verhältnis ist entsprechend der festgestellten Doppelnatur des Begriffs der motifs, in dem sich ein materielles und ein formelles Kriterium vermischen[125], unter zwei Gesichtspunkten zu untersuchen.

a) Der materielle Gesichtspunkt: das Verhältnis von motif und mobile

Während die zur Unterscheidung der vier klassischen Klagegründe vorgenommene Zurückführung der Fehlerquellen eines Verwaltungsaktes auf dessen Bestandteile Urheber, Form, Gegenstand und Ziel eine praktisch brauchbare Abgrenzung der einzelnen cas d'ouverture ohne inhaltliche Überschneidung ermöglicht, zeigt sich bei näherer Betrachtung der Elemente motif und mobile, daß es sich hier um eine im wesentlichen theoretische Unterscheidung handelt.

Auf die fehlende begriffliche Klarheit in der Terminologie des Conseil d'Etat und eines Teils der Rechtslehre ist bereits an anderer Stelle hingewiesen worden[126]. Diese kommt nicht von ungefähr, sondern ist auf einen engen logischen Zusammenhang zurückzuführen[127]. Das er-

---

[123] A.a.O. S. 453 und 462.
[124] Siehe oben B. II. d).
[125] Vgl. die Ausführungen unter B. III. a).
[126] Siehe oben B. III. c) 1.
[127] Vgl. *Gasparri* in AO Bd. IV, S. 159 f.; *Vidal* a.a.O. S. 290 f.

kennen selbst die Autoren, die beide Begriffe scharf trennen wollen. So führt *Vedel* hierzu aus[128], daß wegen der psychologischen Einheit der Rechtshandlung in vielen Fällen derselbe Fehler sowohl als objektiver als auch als subjektiver verstanden werden könne. Er führt das Beispiel eines Beamten an, der aus persönlicher Feindschaft von seinem Vorgesetzten mit einer unverdienten Disziplinarstrafe belegt wird. Objektiv fehlt das motif, denn der Beamte hat sich nichts zuschulden kommen lassen, subjektiv ist die Absicht des Vorgesetzten rechtswidrig, da er seine Disziplinargewalt zur Befriedigung seiner persönlichen Rachsucht ausgeübt hat. *Bondil*[129] zieht hieraus die m. E. richtige allgemeine Folgerung, daß die inexactitude des motifs gleichzeitig bedeute, daß von der Ermächtigung zur Verfolgung eines Zieles Gebrauch gemacht worden sei, dessen Verwirklichung diese Ermächtigung nicht erlaube[130]. Es handele sich hier um ein Indiz, eine Vermutung für das Vorliegen eines détournement de pouvoir[131]. Während nun der Conseil d'Etat früher von solchen Indizien auf ein détournement de pouvoir geschlossen hat[132], sind es heute diese Indizien selbst, die die Aufhebung der Entscheidung unter dem Gesichtspunkt der inexactitude des motifs herbeiführen[133]. So wird in der Literatur wiederholt darauf hingewiesen, daß der Conseil d'Etat in der affaire Maugras die Entscheidung heute wegen Fehlens des motif annulliert haben würde[134], [135].

---

[128] A.a.O. S. 456 f. mit der m. E. besten Darstellung des Problems; vgl. auch *Waline* a.a.O. S. 488; ebenso *Venezia* a.a.O. S. 40.

[129] A.a.O. S. 17.

[130] Ebenso schon *Alibert* a.a.O. S. 279. Ferner *Venezia* a.a.O. S. 39 ff. (42 f.): Der von ihm zutreffend festgestellte Unterschied in bezug auf die „technique contentieuse" ist nicht von Bedeutung, geht es hier doch gerade um den „fond de la réglementation". Die Identität von motif und but wird besonders deutlich bei *Bonnard* (in RDP 1923/371 f. sowie vor allem in RDP 1938/139 ff.): Aus seinen Ausführungen ergibt sich, daß er das détournement de pouvoir gegenüber der inexactitude des motifs als ein *Mehr* betrachtet, ohne daß er jedoch die Frage aufwirft, ob die Unterscheidung dann überhaupt noch einen Sinn hat. Besonders klar sind auch die Darlegungen von *Vidal* a.a.O. S. 301 ff.: Er nimmt jedoch m. E. zu Unrecht an, daß im Falle einer rein böswillig falschen Beurteilung der Bedeutung der motifs allein ein détournement de pouvoir vorliege. Das erscheint deshalb verfehlt, weil auch hier die motifs die Entscheidung nicht zu rechtfertigen vermögen.

[131] Vgl. auch *Steindorff* a.a.O. S. 83.

[132] CE 16. 11. 1900, Maugras, S. 1901. 3. 57 mit Anm. von *Hauriou;* 11. 1. 1927, Delaty et Castalifaud, Rec. 44; 30. 3. 1938, Lancy, Rec. 324.

[133] *Vidal* a.a.O. S. 294 ff., insbes. S. 300; im Ergebnis so auch *Steindorff* a.a.O. mit Hinweis auf *Tezner* in JböffR V (1911), S. 112 f.

[134] Zit. oben Anm. 132. Es ging um eine Disziplinarmaßnahme gegenüber einem gemeindlichen Polizeibeamten, der einen Freund des Bürgermeisters berechtigterweise gebührenpflichtig verwarnt hatte.

[135] *Lemasurier* a.a.O. S. 42; *Vedel* a.a.O. S. 457; *Waline* a.a.O. S. 488.

Von einer Verwandlung des Indizes zum Aufhebungsgrund selbst kann im eigentlichen Sinne jedoch nur in den Fällen der tatsächlichen Unrichtigkeit der Entscheidungsgrundlage gesprochen werden. Betrachtet man demgegenüber den Anwendungsbereich des erreur de droit, so wird der Zusammenhang noch enger. Dies zeigt sich an dem im einzelnen dargestellten Beispiel der affaire Barel[136] sowie an der affaire Durand[137], in der der Conseil d'Etat ausführt:

> „Les refus d'intégration — dans le corps de administrateurs civils — ne peuvent être prononcés pour des *motifs* qui ne seraient pas conformés à *l'objet* et au *but* du décret... La commission s'est fondée sur un *motif* qui n'était pas de nature à justifier légalement un refus d'intégration..."

Der Conseil d'Etat prüft hier nichts anderes als die Vereinbarkeit der motifs mit dem Zweck des Gesetzes. Dies gilt ferner für die Fälle, in denen der Conseil d'Etat den Zweck des Gesetzes erst noch durch Auslegung ermittelt[138]. In der affaire Barel schließlich verwendet der Conseil d'Etat zur Begründung eines Rechtsirrtums Formulierungen, die er früher innerhalb des détournement de pouvoir gebrauchte. In all diesen Beispielen ist der Rechtsirrtum nicht nur Indiz für ein détournement de pouvoir, sondern erfüllt bereits direkt dessen Tatbestand. Es besteht völlige Identität zwischen motif und déterminant bzw. mobile. Auch in der äußeren Erscheinung bestehen keine Unterschiede: wie beim détournement de pouvoir liegt eine an sich ordnungsgemäße Entscheidung vor[139]. *Auby — Drago*[140] sprechen hier zutreffend davon, daß gewisse die Annullierung aussprechende Urteile des Conseil d'Etat vom détournement de pouvoir gefärbt seien. Selbst wenn er die Nichtigkeit der angefochtenen Entscheidung aus einem anderen Grunde ausgesprochen habe, so habe er sich dabei gleichwohl von dem Gedanken an ein détournement de pouvoir leiten lassen[141].

Ob es sich aber um Fälle tatsächlicher Unrichtigkeit oder um erreur de droit handelt, immer besteht der eigentliche Unterschied gegenüber dem détournement de pouvoir darin, daß es dem Conseil d'Etat erspart bleibt, die rechtswidrige Absicht der Verwaltung positiv feststellen zu müssen, obwohl diese Absicht zwangsläufig immer rechtswidrig sein

---

[136] Siehe oben unter C. I., zit. Anm. 122.

[137] CE 20. 4. 1951, Rec. 204.

[138] Vgl. die oben in Anm. 74 und 75 zit. Urteile.

[139] Vgl. affaire Barel: der Minister konnte die Aufnahme in die ENA an sich ablehnen.

[140] A.a.O. S. 86.

[141] Außer der affaire Barel zitieren *Auby - Drago* hier die Urteile vom 18. 11. 1949, Carlier, Rec. 490 und vom 23. 11. 1951, Société nouvelle d'imprimerie, d'éditions et de publicité, RDP 1951/1098 mit Anm. *Waline* u. concl. *Letourneur*.

muß, was der Conseil d'Etat manchmal sogar incidenter ausspricht[142]. Détournement de pouvoir ist gegenüber der inexactitude des motifs daher *kein aliud, sondern ein Mehr.*

Die Vermeidung des Eindringens des Conseil d'Etat in die Intimsphäre der Verwaltung ist auch der eigentliche Grund, der zur Entwicklung der Kontrolle der motifs geführt hat[143]. Das bedeutet, daß sie von vornherein als *Korrektiv* der oft schwierigen und daher unvollständigen Prüfung unter dem Gesichtspunkt des détournement de pouvoir gedacht war. Es ist deshalb ein natürlicher Vorgang, daß in dem Maße, wie dieses Korrektiv zur *Kategorie* entwickelt wurde, die alte Kategorie des détournement de pouvoir nunmehr selbst zum Korrektiv verblaßte[144].

Damit stellt sich im Rahmen dieses Abschnitts als letzte Frage, ob dem détournement de pouvoir überhaupt noch ein selbständiger Anwendungsbereich verbleibt. Dies wird von *Vedel*[145] ausdrücklich bejaht, indem er ausführt, daß das détournement de pouvoir als letzte Aufhebungsmöglichkeit seine Bedeutung in den Fällen behalte, wo die objektive Kontrolle zur Feststellung der Rechtswidrigkeit der Maßnahme versage, wie z. B. in der affaire Soulier[146]: Eine Verwaltungsbehörde schafft eine Planstelle ausschließlich, um einer protegierten Person eine Position zu verschaffen. Hier fehlt jegliches objektive Merkmal: Es wird kein Tatbestand vorausgesetzt und keine Begründung verlangt; es geht weder um unrichtige Rechtsanwendung schlechthin noch um die Ermittlung des Zweckes einer Ermächtigung. Es ist also kein motif da, das geprüft werden könnte. Gleichwohl zeigt die affaire Barel, daß der Conseil d'Etat die Kontrolle der motifs auch auf diese Fälle erstrecken kann, indem er aus der Tatsache, daß die Behörde ihre motifs verschweigt, den Schluß zieht, sie habe sich in einem Rechtsirrtum befunden.

b) Der formelle Gesichtspunkt: der Einfluß der Prüfung der Begründung im Rahmen der Kontrolle der motifs auf den Klagegrund des détournement de pouvoir

Die Verknüpfung der Kontrolle der motifs mit der Begründung der angefochtenen Entscheidung führt dazu, daß immer dann, wenn

---

142 Z. B. in der affaire Barel.

143 *Theis* a.a.O. S. 12 f.; *Vedel* a.a.O. S. 457.

144 *Fournier et Braibant* a.a.O. S. 727 führen die heute noch aufrechterhaltene Selbständigkeit des détournement de pouvoir auschließlich auf die historische Entwicklung zurück.

145 A.a.O. S. 457 f.

146 Zit. oben Anm. 39. Ferner CE 18. 8. 1944, Union syndicale des débitants, limonadiers et restaurateurs de la ville de Nice, Rec. 237.

die Behörde ihre rechtswidrige Absicht in der Begründung offenbart, die Nichtigkeitserklärung wegen détournement de pouvoir ausgeschlossen erscheint[147]. Diese Feststellung deckt sich mit dem oben gewonnenen Ergebnis, daß Rechtsirrtümer — denn um diese handelt es sich ausschließlich, da jede Verwaltung eine bewußte Abweichung vom gesetzlichen Zweck gerade verschweigt — heute nicht mehr zu einer Aufhebung der Entscheidung wegen détournement de pouvoir führen[148]. Damit wird das détournement de pouvoir auf die Fälle der verborgenen bewußt rechtswidrigen Absicht beschränkt[149]. Wenn *von Laun*[150] daher noch im Jahre 1954 meinte, der Begriff des détournement de pouvoir enthalte nichts moralisch Abwertendes, da es auch gutgläubig begangen werden könne, so trifft dies nicht mehr zu. Auf dieser Ebene liegt bereits die Theorie *Haurious*, der beim détournement de pouvoir von der Kontrolle der „moralité administrative" spricht[151].

Aber auch eine Aufhebung wegen verborgener rechtswidriger Beweggründe kommt dann, wenn die Entscheidung begründet ist, praktisch nicht mehr zum Zuge. Denn ist das motif tatsächlich oder rechtlich unrichtig, so annulliert der Conseil d'Etat schon aus diesem Grunde[152]. Im umgekehrten Falle aber, wenn also die Entscheidung durch ein zulässiges motif gerechtfertigt ist, kommt eine rechtswidrige Absicht daneben nicht mehr in Betracht, da die Entscheidung dann eine „base légale" hat, mag die Behörde gleichzeitig die Gelegenheit wahrgenommen haben, außerdem ein rechtswidriges Ziel zu verfolgen, weil ihr die Situation entgegenkam[153]. Daraus ist zu schließen, daß der theoretischen Untersuchung zwischen motif und but, die im Falle nicht begründeter Maßnahmen immerhin in Ausnahmefällen zu praktischen Konsequenzen führen kann, jedenfalls überhaupt kein logisch abgrenzbarer Anwendungsbereich entspricht, wenn es sich um begründete Entscheidungen handelt; denn mit der Begründung ist stets die Möglichkeit einer objektiven Nachprüfung der motifs eröffnet. Das bedeutet, daß in diesem Bereich eine Aufhebung wegen détournement de pouvoir ausgeschlossen ist, da alle möglichen Fälle von der Kontrolle der motifs erfaßt werden.

---

147 Z. B. affaire Durand, zit. oben Anm. 137.

148 Dies übersieht *Becker* a.a.O. S. 40.

149 *Auby - Drago* a.a.O. S. 86. CE 18. 1. 1952, Thiébault, Rec. 41.

150 In Festschrift für Kraus S. 148 f.

151 *Hauriou* a.a.O. S. 420.

152 So auch *Steindorff* a.a.O. S. 80.

153 *Bonnard* in RDP 1938/142 f.; *Duez - Debeyre* a.a.O. S. 393; *Waline* a.a.O. S. 484; affaire Société des automobiles Berliet, zit. oben Anm. 89.

Es ist bereits an dieser Stelle darauf hinzuweisen, daß das gewonnene Ergebnis für die weitere Untersuchung im Rahmen dieser Abhandlung richtungweisend sein wird, denn sowohl im deutschen als auch im Gemeinschaftsrecht werden wir es fast ausschließlich mit begründeten Entscheidungen zu tun haben, da diese beiden Rechtsordnungen, von wenigen Ausnahmen abgesehen, eine generelle Begründungspflicht vorschreiben[154].

D. Der weitere Rückgang des détournement de pouvoir infolge der Ausdehnung staatlicher Tätigkeit auf wirtschaftlichem und sozialem Gebiet[155]

Außer der Entwicklung der Kontrolle der motifs erklärt noch ein weiterer Grund den Rückgang des détournement de pouvoir: die zunehmende Ausdehnung staatlicher Eingriffe in den wirtschaftlichen und sozialen Bereich, die in Frankreich bekanntlich besonders stark ist. Bei Aufrechterhaltung seiner anfänglich scharfen Anforderungen innerhalb der zweiten Fallgruppe des détournement de pouvoir, der Verfolgung eines unerlaubten „intérêt public"[156], hätte der Conseil d'Etat diese Entwicklung entscheidend gehemmt[157]. Dem ist er jedoch, die politische Bedeutung dieser Entwicklung erkennend[158], ausgewichen, indem er mehr und mehr die Verfolgung fiskalischer Ziele mittels einer nichtfiskalischen Amtsgewalt für zulässig erklärt hat[159]. Damit geht Hand in Hand ein Nachlassen der Intensität der Untersuchung einer Entscheidung auf das Vorliegen eines détournement de pouvoir[160]. Das hat schließlich dazu geführt, daß sich der Conseil d'Etat zur Ablehnung eines détournement de pouvoir mit der Fest-

---

[154] In Deutschland gem. § 73 Abs. 3 VwGO spätestens im Widerspruchsbescheid, in den Gemeinschaftsverträgen gem. Art. 15 Abs. 1 MV, 190 EWGV, 162 EuratomV sowie 25 Abs. 1 des Statuts der Beamten. Letztere Vorschrift gilt jedoch nur für beschwerende Verfügungen.

[155] Zur Zurückhaltung franz. Verwaltungsgerichte bei der Nachprüfung von wirtschaftsverwaltenden Maßnahmen vgl. *de Soto:* La Cour de Justice des Communautés europ., cours polycopié de la Faculté Intern. pour l'Enseignement du Droit Comparé S. 34 f. und Recours excès de pouvoir et interventionnisme économique in EDCE Nr. 6 (1952) S. 64 ff. Siehe auch *Lagrange* in RDP 1954/427; *de Laubadère,* Traité S. 483; *P. R.* in RDP 1951/122 f.

[156] Vgl. oben B. II. d) 2.

[157] Vgl. *Long, Weil, Braibant* a.a.O. S. 22.

[158] Schon *Tezner* (a.a.O. S. 98 f.) spricht davon, daß die Anwendung des détournement de pouvoir für den Conseil d'Etat eine Frage des Taktes sei.

[159] Siehe oben die Anm. 44 und 45.

[160] *Rivero* a.a.O. S. 228; *de Soto* in EDCE Nr. 6 (1952) S. 77.

stellung begnügt, die angegriffene Entscheidung verfolge keine dem intérêt public völlig fremde Zwecke[161], selbst wenn es sich in Wirklichkeit um Zwecke handelt, deren Verwirklichung die angewandte Ermächtigung in keiner Weise zuläßt[162]. Dabei wirkt sich die Theorie vom „but surabondant" besonders fördernd aus[163]. Die zweite Fallgruppe des détournement de pouvoir ist auf diesem Wege praktisch bedeutungslos geworden[164]. *Long, Weil, Braibant*[165] stellen in diesem Zusammenhang zutreffend fest, daß die Tragweite des détournement de pouvoir durch den Willen des Richters gerade in dem Augenblick zurückgegangen sei, wo die Umstände, das heißt die Erweiterung staatlicher Aktivität und der Befugnisse der öffentlichen Körperschaften sowie der den Wirtschafts- und Berufsverbänden übertragenen Vorrechte, eine Ausdehnung seiner Bedeutung gerechtfertigt hätten.

Es scheint jedoch, als ob andererseits die Entwicklung des détournement de pouvoir in der Form des détournement de procédure im Begriffe stände, diesen Rückgang wenigstens zum Teil wieder auszugleichen[166]. Die Verselbständigung dieses besonderen Falles dürfte nicht zuletzt darauf zurückzuführen sein, daß sich mit der Lockerung der gesetzlichen Zweckbindung im wirtschaftlichen und sozialen Bereich die Bindung an ein bestimmtes Verfahren verstärkt hat[167].

Auch diese Feststellungen werden im weiteren Verlauf der vorliegenden Arbeit eine bedeutende Rolle spielen, handelt es sich doch im Rahmen des Gemeinschaftsrechts vornehmlich um Wirtschaftsverwaltung.

E. Zusammenfassung

Es ist gezeigt worden, wie die Bedeutung des détournement de pouvoir innerhalb des recours pour excès de pouvoir, nachdem sie etwa um 1920 ihren Höhepunkt erreicht hatte, nach und nach zurück-

---

161 CE 29. 11. 1935, Union des véhicules industriels, S. 1936. 3. 126; 27. 5. 1949, Blanchard et Dachary, Rec. 245; arrêt Syndicat de la Raffinerie de soufre française, zit. oben Anm. 104; 3. 7. 1953, Société Cenpa et autres, Rec. 342 (345) = Ablehnung. Arrêt Castaing, zit. Anm. 30 = Aufhebung.

162 Arrêt Louvard, zit. oben Anm. 36.

163 *Auby - Drago* a.a.O. S. 88.

164 Vgl. *Waline* in D. 1951 J. 664, Anm. zum arrêt Syndicat de la Raffinerie (siehe oben Anm. 161); *P. R.* a.a.O. S. 122.

165 A.a.O.; in diesem Sinne auch *de Soto* a.a.O. S. 78.

166 Siehe oben unter B. II. d) 3.

167 Vgl. *Steindorff* a.a.O. S. 103, der hier von prozessualer Lösung spricht; *de Soto* a.a.O. S. 71 f., der darüber hinaus allgemein eine Ausdehnung der „contrôle de l'extérieur" sowie des Begriffs der principes généraux du droit feststellt; *M. L.* Anm. zum arrêt Richard in S. 1948.3.63.

gegangen ist. Dieser Rückgang beruht auf zwei Ursachen, der Entwicklung der objektiven Nachprüfung der motifs und der Zurückhaltung des Conseil d'Etat, das détournement de pouvoir zu einem Kontrollmittel der zunehmenden staatlichen Betätigung, besonders auf wirtschaftlichem und sozialem Gebiet, zu machen.

Der Versuch, diese Entwicklung systematisch zu erfassen, zeigt, daß dem détournement de pouvoir heute im wesentlichen nur noch in zwei Fällen ein selbständiger Anwendungsbereich verblieben ist:

1. bei verborgener und absichtlicher Verfolgung eines überhaupt nicht im „intérêt public" liegenden Zieles unter der Voraussetzung, daß keinerlei objektive Kontrolle möglich ist[168], insbesondere die Behörde ihre Entscheidung nicht zu begründen brauchte und auch nicht begründet hat, bzw. nicht auf sonstige Weise ihre motifs offenbar geworden sind,

2. in den Fällen des détournement de procédure. Dieser neueste Unterfall des détournement de pouvoir ist von den in den vorigen Abschnitten aufgezeigten Entwicklungen nicht beeinträchtigt worden, sondern hat im Gegenteil eine gewisse Ausdehnung erfahren. Seiner näheren Erörterung hat es bei diesen Untersuchungen zudem gar nicht bedurft. Das läßt den vorläufigen Schluß zu, daß es mit ihm eine besondere Bewandtnis haben muß, auf die an dieser Stelle jedoch nicht weiter eingegangen zu werden braucht[169].

Die Entwicklungen, deren Auswirkungen unter systematischen Gesichtspunkten darzustellen versucht worden ist, sind indessen noch nicht abgeschlossen. So kommt es vereinzelt immer noch vor, daß der Conseil d'Etat kraft seiner autoritativen Stellung Verwaltungsentscheidungen wegen détournement de pouvoir aufhebt, obwohl er dies ebensogut wegen inexactitude des motifs hätte tun können[170], oder daß er auch auf dem Gebiet der Wirtschaftsverwaltung der Rüge des détournement de pouvoir stattgibt[171], [172].

Das ändert jedoch nichts an der Tatsache, daß sich der Anwendungsbereich des détournement de pouvoir in fortschreitender Entwicklung

---

168 *Duez - Debeyre* a.a.O. S. 393.

169 Siehe dazu im einzelnen Kapitel 3, 2. Abschn. unter A. II. c).

170 Arrêt Caisse de compensation pour la décentralisation de l'industrie aéronautique, zit. oben Anm. 45; 3. 2. 1956, Keddar, Rec. 46. Im letzteren Urteil unterläßt es der Conseil d'Etat, die Annullierung ausdrücklich auf ein détournement de pouvoir zu stützen.

171 CE 28. 3. 1945, Devouge, Rec. 64.

172 Vgl. die daher vorsichtige Ausdrucksweise von *Steindorff* a.a.O. S. 60 und 80.

immer mehr verengt hat und es seiner wesentlichen Bedeutung entkleidet worden ist[173]. Das détournement de pouvoir ist zum „ultime remède“[174], zum Korrektiv geworden. Die Kontrolle der motifs hat seinen Platz als Kategorie eingenommen. Damit ist gleichzeitig der Wert des recours pour excès de pouvoir als System klar voneinander abgegrenzter Klagegründe infrage gestellt[175].

173 Zu diesem Ergebnis kommt auch *Steindorff* (a.a.O. S. 77), ohne jedoch eine systematisch befriedigende Begründung zu geben.

174 *Vedel* a.a.O. S. 391; einschränkend noch *Vidal* a.a.O. S. 309.

175 Wegen dieser rechtsdogmatischen Schwächen erscheint der Versuch *Sterns* (a.a.O. S. 31 ff.), der verwaltungsgerichtlichen Ermessenskontrolle in Deutschland das französische System zugrunde zu legen, wenig erfolgversprechend. Siehe zu *Sterns* Versuch im einzelnen unten im 2. Kap. unter D. II. d).

Zweites Kapitel

Der Begriff Ermessensmißbrauch im System verwaltungsgerichtlichen Rechtsschutzes in Deutschland

A. Der Einfluß der deutschen Verwaltungsrechtswissenschaft auf die Rechtsprechung der Verwaltungsgerichte

Ist in Frankreich das System verwaltungsgerichtlichen Rechtsschutzes gegen staatliche Maßnahmen ausschließlich vom Conseil d'Etat entwickelt worden, der kraft seiner überragenden Stellung die Rechtslehre im wesentlichen auf die Rolle des Kommentators beschränkt hat[1], so ist demgegenüber in Deutschland selbst in den Gebieten, wo die Verwaltungsgerichtsbarkeit in Anlehnung an das französische Vorbild[2] unmittelbar aus der Administrativjustiz hervorgegangen ist, seit ihrer Entstehung in der zweiten Hälfte des 19. Jahrhunderts der Einfluß der Rechtswissenschaft von großer Bedeutung gewesen[3]. Dies ist nicht zuletzt darauf zurückzuführen, daß es in Deutschland ein dem Conseil d'Etat vergleichbares zentrales Verwaltungsgericht in der Vergangenheit nie gegeben hat[4]. Daher ist es in Deutschland in erster Linie die Verwaltungsrechtslehre gewesen, die — wenn auch mit einiger Unterstützung des Gesetzgebers — die Grundsätze des verwaltungsgerichtlichen Rechtsschutzes entwickelt hat[5], die von der Rechtsprechung dann mehr oder weniger sanktioniert worden sind.

Dieser gegenüber der französischen Verwaltungsrechtswissenschaft ungleich größere Einfluß der Lehre in Deutschland wird sich gerade bei der Untersuchung der in diesem Kapitel zu erörternden Problematik zeigen. Er trägt zum Verständnis der folgenden Darstellung wesentlich bei, denn er ist ein Grund für die andersartige, in ihren Ergebnissen uneinheitliche deutsche Entwicklung.

---

1 Vgl. dazu die Ausführungen im 1. Kap. unter B.

2 *Fleiner*, Institutionen des Deutschen Verwaltungsrechts S. 238; *Merk*, Deutsches Verwaltungsrecht, 1. Bd. S. 252.

3 *Fleiner* a.a.O. S. 236 ff.; *Forsthoff*, Lehrbuch des Verwaltungsrechts, 1. Bd. S. 469 ff.; *Merk* a.a.O. S. 252 ff.; *Poppitz* in AöR 73/158 ff. und 74/3 ff.; *Ule*, Verwaltungsprozeßrecht S. 2.

4 Über die historische Entwicklung bis zur Bildung des Bundesverwaltungsgerichts im Jahre 1952 *Koehler*, BVerwGG S. 1—20.

5 Siehe dazu die historische Entwicklung des Problems bei *Ehmke* in Recht und Staat Heft 230/231 S. 7 ff.

B. Ausgangspunkt: die Lehre von der Freiheit und Gebundenheit der Verwaltung — das Ermessensproblem

I. Überblick über die historische Entwicklung

Der erste Versuch einer geschichtlichen Betrachtung des Problems ist von *Ehmke*[6] unternommen worden. Nach Ehmke wird seine Entwicklung durch eine zunehmende Verengung des Ermessensbegriffs gekennzeichnet. Ihre Grundlinien lassen sich wie folgt zusammenfassen.

Nachdem mit dem Ermessensproblem im Ursprung ganz allgemein das Verhältnis des Staates zum Recht angesprochen wurde, vollzog sich der erste Schritt zu seiner Einschränkung durch die Verselbständigung der Gesetzgebung in der konstitutionellen Entwicklung des 19. Jahrhunderts und die daraus folgende Bindung der Verwaltung an das Gesetz: Die Funktion der Verwaltung wurde also schon früh als *Gesetzesvollzug* begriffen. Diese Tendenz verstärkte sich mit der Ausbildung einer unabhängigen Verwaltunsgerichtsbarkeit und vermischte sich auf diese Weise mit dem Gedanken des Schutzes individueller Rechte gegenüber der Verwaltung[7]. Dieser Vorgang führte zu einer Aufspaltung der Verwaltung in die Bereiche von Freiheit und Gebundenheit. Das Ermessenproblem — und das ist der zweite wesentliche Gesichtspunkt — wurde dadurch ferner aufs engste mit der Frage der *Justitiabilität* von Verwaltungsentscheidungen verbunden, soweit es sich um Gesetzesanwendung gegenüber dem Bürger handelte, und so zum Problem der vagen[8] Kategorien des technischen Ermessens[9] gemacht, die die Vorläufer unserer heutigen unbestimmten Rechtsbegriffe sind. Damit setzte sogleich der Streit über den Umfang ihrer gerichtlichen Nachprüfbarkeit ein, an dessen Anfang die Kontroverse zwischen *Bernatzik* und *Tezner* steht[10]. Letzterer nun führte die Entwicklung darüber hinaus, indem er das Ermessen als „*Wahlfreiheit* mehrerer Vollzugsmöglichkeiten der Rechtsnorm“[11] auffaßte, womit er die Grundlage für die heutige Trennung von Ermessen und un-

---

[6] Im ersten Teil seiner in Anm. 5 zitierten Abhandlung, S. 7—22.

[7] Während dieser Gedanke in Deutschland bis heute systematisch von großer Bedeutung ist, ist er in Frankreich, wie anfangs gezeigt worden ist (vgl. 1. Kap. A. II.), zu Beginn dieses Jahrhunderts aus dem System verschwunden. Er ist jedoch heute für den Conseil d'Etat ein Maßstab für die Ausdehnung seiner Nachprüfung (siehe dazu *Steindorff*, Nichtigkeitsklage S. 74).

[8] *Scheuner* in VerwArch. 33/69; *Tezner*, Das freie Ermessen S. 14.

[9] *Bernatzik*, Rechtsprechung und materielle Rechtskraft S. 42.

[10] Vgl. *Menger*, System S. 125 Anm. 3.

[11] A.a.O. S. 69 ff.

bestimmtem Rechtsbegriff legte. Durch die Hervorkehrung des Gedankens der Pflichtgemäßheit des Ermessens schließlich wurde der letzte Abschnitt eingeleitet: die Lehre von den subjektiven Ermessensfehlern, die die Bindung der Verwaltung über die konkrete Ermächtigungsnorm hinaus erweiterte. Diese Lehre wurde — wenn auch nicht eigentlich der Sache nach, so doch hinsichtlich ihrer dogmatischen Begründung — von einer Gegenmeinung als mit dem Rechtsstaatsprinzip nicht vereinbar abgelehnt. Für diese objektive Theorie, die von einer absoluten Herrschaft des Gesetzes ausging und die noch heute herrschende Auffassung von der Verwaltung als Vollzug des Gesetzes wieder besonders betonte[12], konnte die Pflichtwidrigkeit nur als Gesetzwidrigkeit zur Aufhebung eines Verwaltungsaktes führen. Von da her erklärt es sich, daß die weitere dogmatische Behandlung des Ermessensproblems von der Frage nach den begrifflichen Elementen des Rechtssatzes ihren Ausgang nahm[13].

II. Die Uneinheitlichkeit des heutigen Ermessensbegriffs

Das deutsche Verwaltungsrecht wird heute in Literatur und Rechtsprechung von dem Dualismus zwischen nicht nachprüfbarem Ermessen und nachprüfbarem unbestimmten Rechtsbegriff beherrscht[14]. Der so beschränkte Problemkreis wird durch einen prinzipiellen Gegensatz beider Kategorien gekennzeichnet: der unbestimmte Rechtsbegriff mit dem Ideal seiner objektiv richtigen Anwendung[15] und das als Wahlfreiheit in der Setzung der Rechtsfolge verstandene Ermessen[16], das nur unter dem Vorbehalt der Einhaltung seiner Grenzen steht, so daß

---

[12] *Scheuner* a.a.O. S. 68 ff. (71) mit Literaturhinweisen. Scheuner sieht auch insoweit die Funktion der Rechtsprechung nicht anders.

[13] *Lerche* in BayVBl. 1957/321; derselbe, Übermaß und Verfassungsrecht S. 325 f.

[14] Siehe dazu im einzelnen die Darlegung der verschiedenen Meinungen im folgenden Abschnitt.

Abgelehnt wird dieser Dualismus von *Ehmke* a.a.O. S. 24 ff., der eine Lösung im Anschluß an die Unterscheidung *Flumes* (in Festschrift für Smend S. 85 ff.) in Handlungs- und Sachentscheidungsnormen vorschlägt; *Rüdiger Klein* in AöR 82/75 ff., der von *Forsthoffs* Ermessensdefinition als wählendem Verhalten im Rahmen der Wertverwirklichung ausgeht und Kongruenz zwischen Ermessen und dem Bereich rechtlicher Mehrdeutigkeit annimmt; *Lerche* in BayVBl. 1957/321 f. und Übermaß und Verfassungsrecht S. 340 ff., der von den Elementen des Rechtssatzes als Ausgangspunkt abgeht und nach den typischen Sachverhaltsgruppen Kontrollstufen bildet; ferner *Reinicke* in KSE 1, S. 419 f. — Diese Gegenstimmen werden im folgenden nicht weiter berücksichtigt, da es hier nicht um eine kritische Würdigung, sondern um eine Darstellung der deutschen Behandlung des Problems als Grundlage einer Rechtsvergleichung geht.

[15] *Hans-J. Wolff*, Verwaltungsrecht I § 31 I b.

[16] *Hans-J. Wolff* a.a.O. § 31 II a.

jede innerhalb der Wahlfreiheit verbleibende Lösung per definitionem richtig ist. Hält sie sich dagegen nicht in diesem Rahmen, so ist sie mit einem Ermessensfehler behaftet und deshalb rechtswidrig. Der Ermessensmißbrauch ist dabei eine besondere Erscheinungsform.

Aber auch das Ideal objektiver Richtigkeit bei der Anwendung unbestimmter Rechtsbegriffe wird nach heute überwiegender Meinung nicht in allen Fällen verwirklicht. Ihre gerichtliche Nachprüfung soll daher ebenfalls nicht uneingeschränkt möglich sein. In der dogmatischen Begründung werden jedoch verschiedene Wege beschritten. Dabei wird nach einem Teil der Lehre der der Verwaltung hier verbleibende nicht kontrollierbare Spielraum aus dem Ermessensbereich ausgeklammert, womit die grundlegende Erkenntnis von der Verschiedenartigkeit der Anwendung unbestimmter Rechtsbegriffe und der Ausübung von Ermessen folgerichtig zu Ende gedacht wird. Diese Erkenntnis besteht kurz gesagt darin, daß es sich um unterschiedliche psychologische Vorgänge handele: Die Anwendung eines unbestimmten Rechtsbegriffs beruhe auf einem Erkenntnisakt, der rechtlichen Beurteilung von Tatsachen; beim Ermessen gehe es demgegenüber um die Entschließung zum Handeln[17]. Ermessen sei nur als Handlungs- oder volitives Ermessen, nicht aber als Tatbestands- oder kognitives Ermessen denkbar. Für die Ermessensfehlerlehre — und daher auch für einen Ermessensmißbrauch — ist in der dogmatischen Konzeption dieser Auffassung kein Raum.

C. Folgerung: die Lehren von dem Umfang verwaltungsgerichtlicher Kontrolle im Falle der Anwendung unbestimmter Rechtsbegriffe[18]

Zur näheren Behandlung des Problems läßt sich der Vorgang der Anwendung eines unbestimmten Rechtsbegriffs in drei Stufen aufgliedern, nämlich:

erstens die Tatsachenfeststellung, zweitens die — abstrakte — Gesetzesauslegung und drittens die — konkrete — Subsumtion der festgestellten Tatsachen unter das Gesetz.

I. Die Nachprüfbarkeit der Tatsachen und der Gesetzesauslegung

In bezug auf diese beiden Punkte räumen alle Auffassungen den Gerichten ein uneingeschränktes Nachprüfungsrecht ein. Insoweit hat

---

17 Gegen diese psychologische Betrachtungsweise wenden sich *Ehmke* a.a.O. S. 24, *Rüdiger Klein* a.a.O. S. 95 f. und *Scheuner* a.a.O. S. 71.

18 Eine umfassende Angabe der einschlägigen Literatur findet sich bei *Klinger*, VwGO § 42 Anm. G II Fußnote 86.

bisher auch noch kein Streit bestanden. Fraglich kann hier nur sein, ob sich der Vorgang der abstrakten Ermittlung des Sinngehaltes des unbestimmten Rechtsbegriffs immer von seiner konkreten Anwendung trennen läßt.

II. Die Nachprüfbarkeit der Subsumtion

In diesem Bereich nun liegt die eigentliche Problematik, bei deren Lösung sich drei verschiedene Meinungen abzeichnen.

a) Die Auffassung von der stets uneingeschränkten Nachprüfbarkeit[19]

Diese Ansicht steht, ganz der objektiven Theorie folgend, am Anfang der neueren Ermessensdiskussion. Sie macht keinen grundlegenden Unterschied zwischen abstrakter Auslegung und konkreter Subsumtion, sondern sieht den Vorgang der Anwendung unbestimmter Rechtsbegriffe als einen Fall von — konkreter — Auslegung an. Dabei wird das Ideal objektiver Richtigkeit trotz aller Schwierigkeiten der Subsumtion für in allen Fällen realisierbar gehalten; denn „die Lösung sei mit dem unbestimmten Rechtsbegriff in abstracto gegeben, sie brauche nur gefunden zu werden und werde mithin für den konkreten Fall als präexistent vorausgesetzt"[20]. Die These, daß hier nur eine Auslegung richtig sei, duldet keinerlei Einschränkung. Diese Auffassung hat sich jedoch nicht durchzusetzen vermocht. Sie kann heute als überholt gelten und daher bei der weiteren Untersuchung vernachlässigt werden[21].

b) Die Lehre von den Ermessensbegriffen[22]

Hierbei handelt es sich um die erste der beiden Lehren, die heute in Literatur und Rechtsprechung die entscheidende Rolle spielen. Im

---

[19] Ihr Hauptvertreter ist *Reuß* in DVBl. 1953/649 ff.; DöV 1954/55 ff. = Anm. zu einem Urteil des VGH Stuttgart; DöV 1954/557 ff. Ferner *Menger*, System S. 125 ff.; *Peters*, Lehrbuch der Verwaltung S. 11 und 92. Siehe neuerdings auch *Czermak* in NJW 1961/1905 ff.

[20] *Reuß* in DVBl. 1953/651.

[21] *Reuß* selbst hat seine Auffassung dahingehend modifiziert, daß die innere Berufung des Richters endet, wo in Eindeutigkeit umsetzbare, also zumindest bestimmbare Maßstäbe fehlen — DVBl. 1959/265 (268).

[22] *Bachof* in SJZ 1948/743, der jedoch später einen anderen Standpunkt eingenommen hat (vgl. unten Anm. 25); *Eyermann - Fröhler*, VwGO § 114 Rdnr. 9—12; *Forsthoff* a.a.O. S. 75 ff.; *Giese* in JZ 1952/585 f.; *Haas* in MDR 1953/651 ff.; *Klinger*, VwGO § 42 Anm. G II mit guter Rechtsprechungsüber-

Ausgangspunkt stimmt sie mit der zuvor geschilderten Ansicht darin überein, daß bei unbestimmten Rechtsbegriffen nur eine Lösung richtig sei, ihre Anwendung mithin von den Verwaltungsgerichten unbeschränkt nachgeprüft werden könne. Indessen erkennt sie, daß dieser Grundsatz nicht auf alle vom Gesetz verwendeten Begriffe angewandt werden kann, da dies zu einer zum Teil untragbaren Bevormundung der Verwaltung durch die Gerichte führen würde. Dem trägt sie dadurch Rechnung, daß sie, soweit diese Gefahr besteht, anders ausgedrückt, soweit die Verwaltung in concreto für die endgültige Entscheidung besser geeignet erscheint, den betreffenden Begriff zu einem nicht oder nur beschränkt nachprüfbaren „Ermessensbegriff nach dem Willen des Gesetzgebers“[23] qualifiziert. Es wird das Problem auf die Frage verlagert, wann der Gesetzgeber einen unbestimmten Rechtsbegriff oder wann er einen solchen Ermessensbegriff gemeint habe. Die Beantwortung dieser Frage wird selbst als Rechtsfrage angesehen und obliegt daher dem Richter. Dabei soll entscheidend auf den jeweiligen Zusammenhang abgestellt werden. Das führt dazu, daß derselbe Begriff in der einen gesetzlichen Bestimmung eine Rechtsfrage, in der anderen eine Ermessensfrage sein kann[24]. Soweit es sich um Ermessensbegriffe handelt, erfolgt die Nachprüfung ihrer Anwendung unter dem Gesichtspunkt der Ermessensfehler. Volitives und kognitives Ermessen erfahren also dieselbe Behandlung.

c) Die Lehre vom Beurteilungsspielraum[25]

Es wurde bereits dargelegt[26], daß von einem Teil der Lehre eine systematisch konsequente Trennung zwischen dem Ermessensbereich und dem gerichtsfreien Raum bei der Anwendung unbestimmter

---

sicht; *Koehler*, VwGO § 114 Anm. B I 6; *Merk* a.a.O. S. 356 ff.; *Nebinger*, Verwaltungsrecht, Allgemeiner Teil S. 228 f.; *Schütz* in DöV 1954/556 f.; *Turegg - Kraus*, Lehrbuch des Verwaltungsrechts S. 28 f. So auch die überwiegende Rechtsprechung: BVerwGE 1/92; 3/334; 4/89 ff.; 8/274 f.; 9/284 ff.; 10/79; 12/363. Vgl. im übrigen die Übersicht bei *Klinger* a.a.O.

[23] *Merk* a.a.O. S. 356. Die Terminologie ist im einzelnen unterschiedlich. Zum Teil spricht man auch von Gesetzesbegriffen (*Schütz* a.a.O.), zum Teil einfach von Ermessen (so die zitierten Kommentare) oder von wertverwirklichendem Ermessen (*Forsthoff* a.a.O. S. 77, der jedoch bei rein empirischen Begriffen kein Ermessen annimmt, sondern sie als Auslegungsfälle ansieht).

[24] *Turegg - Kraus* a.a.O. S. 29.

[25] *Bachof* in JZ 1955/97 ff.; DVBl. 1957/788 ff. = Anm. zu BVerwGE 4/89; JZ 1958/290 f. = Anm. zu vorstehendem Urteil des rhpf OVG; JZ 1962/704. *Jesch* in AöR 82/163 ff. (211 ff.); JZ 1958/704 f. = Anm. zu BVerwGE 6/177. *Kellner* in DöV 1962/572 ff. *Korbmacher* in DöV 1965/696 ff., der jedoch darauf hinweist, daß diese Lehre noch keineswegs einhellig vertreten werde. *Obermayer* in NJW 1963/1177 ff. *Schunck - De Clerck*, VwGO § 42 Anm. 2 c dd 3. und § 114 Anm. 1. *Stern*, Ermessen und unzulässige Ermessensausübung

Rechtsbegriffe[27] durchgeführt wird. Hierfür hat sich der von *Bachof*[28] eingeführte Ausdruck Beurteilungsspielraum durchgesetzt. Wendet sich nun diese Lehre folgerichtig gegen die von der zuvor dargestellten Meinung vorgenommene Qualifizierung eines Teils der unbestimmten Rechtsbegriffe zu auf Ermessensfehler hin nachprüfbaren Ermessensbegriffen, so bleibt noch zu klären, an Hand welcher Kriterien sie bestimmt, ob und in welchem Umfang der Verwaltungsbehörde im konkreten Fall ein Beurteilungsspielraum einzuräumen ist.

Solche Kriterien werden durch eine Unterscheidung nach der Art der Begriffe gewonnen. Den ersten Versuch hierzu hat *Bachof*[29] mit der Unterscheidung von Erfahrungs- und Wertbegriffen unternommen, ohne dabei allerdings zu verwertbaren Ergebnissen zu gelangen, da

---

S. 18 ff., der dabei die unbestimmten Rechtsbegriffe den Ermessensbegriffen gegenüberstellt. Dies erscheint im Hinblick auf eine Unterscheidung von der zuvor dargelegten Lehre mißverständlich. *Ule*, Jellinek Gedächtnisschrift S. 309 ff.; Verwaltungsgerichtsbarkeit § 114 Anm. II 1; Verwaltungsprozeßrecht S. 6 ff.; DVBl. 1955/257 f. = Anm. zu vorstehendem Urteil des bay VGH. *Hans-J. Wolff* a.a.O. § 31 I c; DVBl. 1959/75 = Anm. zu OVG Münster 14/38 und DVBl. 1959/744 = Anm. zu BVerwGE 8/274. In der Rechtsprechung läßt sich eine zunehmende Tendenz zur Annahme dieser Lehre erkennen, besonders im Bereich der Prüfungsentscheidungen. So vor allem das OVG Münster 14/38 und 180; 15/202 und 290; DöV 1959/157 Nr. 41 lit. c; MDR 1959/69; DöV 1963/764. Ferner OVG Lüneburg 12/327; bay VGH DVBl. 1955/253; b-w VGH DöV 1963/768; OVG Hamburg MDR 1964/178 ff.; VGH München DVBl. 1967/89 ff. Die Rechtsprechung des BVerwG zeichnete sich lange Zeit durch eine gewisse Doppelspurigkeit aus. Obwohl das Gericht im allgemeinen von Ermessen sprach (vgl. die in Anm. 22 zit. Urteile), begann es in einigen Urteilen, sich der Lehre vom Beurteilungsspielraum als Gegensatz zum Ermessenspielraum anzuschließen. Es sind dies die Urteile Bd. 5/162 f.; 6/177 ff. und 8/192 f. In seinem Urteil Bd. 8/274 f. überholte es jedoch diese Rechtsprechung. Es führte darin zu dem Problem grundsätzlich aus, daß es im Grunde nur um einen praktisch unbedeutenden wissenschaftlichen Streit gehe. Auch der sog. Beurteilungsspielraum sei nichts anderes als Ermessen. Verfahrensrechtlich handele es sich jedenfalls um eine Anwendung des § 23 Abs. 3 MRVO 165. Auch die Nachprüfung der Gerichte erfolge unter denselben Gesichtspunkten. — Gleichwohl hat das BVerwG in der Folgezeit die Termini Beurteilung und Beurteilungsspielraum verschiedentlich wieder verwandt — so Bd. 15/41; DVBl. 1963/179, 367 und 819 —, dabei jedoch andererseits das Wort Beurteilungsspielraum mit Anspielung auf die Entscheidung im 8. Bande in Anführungsstriche gesetzt — so Bd. 11/140; 12/363 — oder von entsprechender Anwendung der Grundsätze der Ermessenskontrolle gesprochen — so Bd. 11/166. Neuerdings scheint das Gericht endgültig zu einer Differenzierung zwischen Ermessen und unbestimmtem Rechtsbegriff übergegangen zu sein: so Bd. 15/39 ff. und 251 ff.; 16/128 ff.; 17/6 ff.; 21/186 f. Siehe dazu auch *Korbmacher* a.a.O. S. 697 Anm. 2.

26 Siehe oben unter B. II. in diesem Kapitel.

27 Die Anhänger dieser Lehre ziehen im übrigen den Terminus unbestimmter Gesetzesbegriff zur Vermeidung von Verwechslungen mit der zuvor dargelegten Meinung vor.

28 *Bachof* in JZ 1955/98.

29 *Bachof* a.a.O. S. 99 f.

er den Umfang des Beurteilungsspielraums bei beiden Kategorien letzten Endes einer Betrachtung des Einzelfalles überläßt. Die grundlegende Einteilung Bachofs ist jedoch beibehalten und weiter ententwickelt worden, indem nach dem Grad der objektiven Bestimmbarkeit der Begriffe eine praktisch brauchbare Abgrenzung gelungen ist. *Hans-J. Wolff*[30] unterscheidet dabei drei Gruppen:

— Zur ersten Gruppe rechnet er die Begriffe, deren Unbestimmtheit lediglich auf den zeitlichen oder örtlichen Wechsel von Tatsachen bezogen ist, die ihnen zu bestimmter Zeit oder an bestimmtem Ort eindeutig unterfallen oder nicht unterfallen. Solche Begriffe sind stets bestimmbar und lassen der Verwaltung daher keinen Beurteilungsspielraum: z. B. Tagesanbruch, Ortsüblichkeit.

— Bei der zweiten Gruppe handelt es sich um die sog. Typenbegriffe, die nur hinsichtlich ihres Typus rechtlich objektivierbar sind. Ihre Anwendung läßt infolgedessen einen Beurteilungsspielraum innerhalb der zu diesem Typus gehörenden Sachverhalte und ist lediglich daraufhin nachprüfbar, ob der konkrete Sachverhalt dem Sinnbereich des gesetzlichen Typus unterfällt. Die Subsumtion muß durch den Sachverhalt und verständige Erwägungen gerechtfertigt, das heißt, sie muß vertretbar sein[31]. Die zu dieser Gruppe gehörenden Begriffe sind ihrem Wesen nach zumeist Erfahrungsbegriffe: z. B. dringendes öffentliches Bedürfnis, Interesse des öffentlichen Verkehrs.

— Die dritte Art von Begriffen schließlich wird dadurch charakterisiert, daß ein rechtlich objektivierbarer Maßstab fehlt. Das Gesetz verweist hier nur auf einen außerrechtlichen Maßstab, den die Behörde mittels eines höchstpersönlichen Werturteils verbindlich interpretieren kann, wie es beispielsweise bei Prüfungsentscheidungen zutrifft. Die Kontrolle des Richters beschränkt sich in diesen Fällen auf die Einhaltung des Verfahrens, die Richtigkeit und Vollständigkeit der Tatsachen, die Beachtung des Gleichheitssatzes sowie auf die Untersuchung, ob sich der Organwalter nicht von zweckfremden Motiven hat leiten lassen.

Die beiden zuletzt dargestellten Auffassungen stehen heute nebeneinander. Von einer herrschenden Meinung in der einen oder anderen Richtung kann man bisher schwerlich sprechen, jedoch hat die Lehre vom Beurteilungsspielraum zunehmend an Einfluß gewonnen.

---

30 A.a.O.

31 *Ule*, Jellinek Gedächtnisschrift S. 326.

D. Folgerung (Fortsetzung): die Lehren von den Ermessensfehlern

I. Die gesetzliche Regelung

Im Gegensatz zum Problem der unbestimmten Rechtsbegriffe[32] ist der Umfang gerichtlicher Nachprüfung des Verwaltungsermessens besonders nach dem letzten Kriege gesetzlich geregelt worden. Dabei können zwei Gruppen unterschieden werden, die sich in den heute uneinheitlichen Lehrmeinungen fortgesetzt haben: auf der einen Seite die Bestimmungen der §§ 36 südd. VGG und 20 Abs. 3 berl. VGG[33] sowie die §§ 23 Abs. 1 Ziff. b rhpf. VGG[34] und 20 Abs. 1 Ziff. c saarl. VGG[35], zum andern die Vorschrift des § 23 Abs. 3 MRVO 165. Während es § 36 südd. VGG nur als Ermessensfehler ansieht, wenn „von dem Ermessen nicht im Sinne des Gesetzes Gebrauch gemacht worden ist, insbesondere, wenn Ermessensmißbrauch vorliegt" — das rhpf. und saarl. Gesetz sprechen hier nur von der Überschreitung der Grenzen des Ermessens bzw. nur von Ermessensmißbrauch —, enthält § 23 Abs. 3 MRVO 165 eine klare Zweiteilung: Die Ausübung des Ermessens ist fehlerhaft, wenn „die gesetzlichen Grenzen des Ermessens überschritten sind oder von dem Ermessen in einer dem Zweck der Ermächtigung nicht entsprechenden Weise Gebrauch gemacht worden ist". Für diese beiden Alternativen verwendet die Instruktion Nr. 3 der Militärregierung an die Verwaltungsgerichte der Britischen Zone[36] die Ausdrücke Ermessensüberschreitung und Ermessensmißbrauch. Der Begriff Ermessensmißbrauch taucht hier also nicht mehr als Unterfall (so § 36 südd. VGG) oder als Oberbegriff (so § 20 Abs. 1 Ziff. c saarl. VGG) sämtlicher Ermessensfehler auf. Die weitere Gesetzgebung hat diese Zweiteilung beibehalten. Zunächst bestimmte § 15 Abs. 2 BVerwGG, daß Entscheidungen der Verwaltung nur anfechtbar seien, wenn geltend gemacht werde, daß das Ermessen überschritten oder mißbraucht worden sei. Diese Regelung steht also ganz auf dem Boden der Instruktion Nr. 3. Demgegenüber nahm die Verwaltungsgerichtsordnung die Formulierungen des § 23 Abs. 3 MRVO 165 in § 41 Abs. 2 EPräs. der VwGO[37] wieder auf und machte sie im § 114 seiner end-

---

[32] Der bei der Beratung des Regierungsentwurfs der VwGO (Bundestagsdruchsache Nr. 462, 2. Wahlperiode) gemachte Vorschlag, hierüber einen § 114 a einzufügen, ist nicht verwirklicht worden.

[33] VOBl. 1951/46.

[34] GVBl. 1950/103.

[35] ABl. 1951/1075.

[36] Nds. Rpfl. 1949/30 Nr. 3.

[37] Entwurf einer Verwaltungsgerichtsordnung, aufgestellt von der Vereinigung der Präsidenten der Verwaltungsgerichte des Bundesgebietes, abgedruckt in DVBl. 1951 nach S. 568.

gültigen Fassung zur heute für den Verwaltungsprozeß einheitlich geltenden Regelung. Eine hiervon etwas abweichende Vorschrift besteht lediglich im Wettbewerbsrecht. In § 70 Abs. 4 GWB wird die Zweiteilung zwar aufrecht erhalten. Die beiden Alternativen erscheinen jedoch nur als beispielhaft genannte Unterfälle eines fehlsamen Gebrauchs des Ermessens[38].

II. Die Einteilung und Terminologie in der Literatur

Auch in der Literatur besteht im wesentlichen Einigkeit darüber, daß die Ermessensfehler in zwei Bereiche einzuteilen seien. Man spricht hier, den Alternativen der §§ 23 Abs. 3 MRVO 165, 114 VwGO folgend, allgemein von äußeren und inneren Ermessensfehlern. Dabei gehen indessen die Meinungen sowohl hinsichtlich der diesen Bereichen zuzuordnenden Tatbestände als auch in bezug auf die anzuwendende Terminologie, insbesondere die Einordnung des Ermessensmißbrauchs[39], erheblich auseinander.

a) Rein logisch materiale Einteilung

Zunächst ist eine Ansicht zu erwähnen, die allein nach den logisch möglichen Fallgestaltungen unterscheidet und dabei auf ihre begriffliche Erfassung verzichtet. So führt *Forsthoff*[40] die Ermessensfehler auf drei Möglichkeiten zurück: erstens Irrtum über das Vorliegen oder die Grenzen einer Ermessensbetätigung oder deren bewußte Überschreitung, zweitens Irrtum über die erlaubten Motive oder absichtliche Außerachtlassung derselben, drittens Mängel in der Würdigung der zu berücksichtigenden Tatsachen. Wie *Turegg — Kraus*[41] richtig erkennen, gibt diese Einteilung die Trennung von Fehlern innerhalb des Ermessensrahmens und Fehlern durch seine Überschreitung auf und läßt sich daher mit § 114 VwGO nicht vereinbaren. Eine ähnliche Systematisierung nimmt auch *W. Jellinek*[42] vor, auf der die

[38] Gleichwohl erscheint die Auffassung von *Stern* (a.a.O. S. 13), § 70 Abs. 4 GWB gebe die übliche Terminologie über die Ermessensfehler auf, zu weitgehend.

[39] An dieser Stelle sei darauf hingewiesen, daß sich die folgende Darstellung im Hinblick auf das Thema dieser Arbeit im wesentlichen an diesem Gesichtspunkt orientiert und die verschiedenen Lehren demgemäß zusammenfaßt, wodurch andere Gesichtspunkte notwendigerweise nicht berücksichtigt oder nur stark vereinfacht behandelt werden können.

[40] A.a.O. S. 87.

[41] A.a.O. S. 32 Fußnote 2.

[42] Gesetz S. 337 ff.; Verwaltungsrecht S. 37 ff.

Forsthoffsche Unterscheidung fußt. *Jellinek* hält jedoch dabei an der Zweiteilung fest, indem er die Verletzung der äußersten gesetzlichen Grenzen des Ermessens aus der Ermessensfehlerlehre ausklammert[43] und unter Ermessensfehlern nur „die einer im Ergebnis nicht beanstandbaren Entschließung vorangehenden gesetzwidrigen Erwägungen" versteht[44].

Hierauf gehen auch die Systematisierungsversuche fast aller Autoren zurück, die sich außerdem um begriffliche Klarheit bemühen. Sie können entsprechend ihrer Behandlung des Begriffs Ermessensmißbrauch in zwei großen Gruppen zusammengefaßt werden.

b) Die Unterscheidung von Ermessenüberschreitung und Ermessensmißbrauch[45]

Die erste Gruppe lehnt sich eng an die auf § 23 Abs. 3 MRVO 165 bzw. § 114 VwGO basierende Einteilung und Terminologie an und unterscheidet demgemäß zwischen Ermessensüberschreitung und Ermessensmißbrauch.

Ermessensüberschreitung bedeutet ein Verlassen des *äußeren* Ermessensrahmens, das heißt, das Ermessen wird auf eine durch feste Rechtsnorm geregelte Seite des Rechtsverhältnisses erstreckt[46], es wird eine Rechtsfolge gesetzt, die durch die Einräumung des Ermessens in keinem Falle gedeckt wird[47]. Der Unterschied zu *Jellineks* Lehre besteht in der Verwendung des Begriffs Ermessensüberschreitung: Was *Jellinek* als Rechtsverletzung aus der Ermessensfehlerlehre ausscheidet, wird hier als Ermessensüberschreitung in sie einbezogen, wobei man sich jedoch darüber einig zu sein scheint, daß Ermessenüberschreitung

[43] Verwaltungsrecht S. 36.

[44] Verwaltungsrecht S. 37.

[45] *Drews - Wacke*, Allgemeines Polizeirecht S. 161; *Fleiner* a.a.O. S. 145 f.; *Nebinger* a.a.O. S. 225 f.; *Turegg - Kraus* a.a.O. S. 29 ff.; *Hans-J. Wolff* a.a.O. § 31 II d; ebenso: *Lerche* in BayVBl. 1957/321; *Obermayer* in NJW 1963/1182 f.; *Ule*, Verwaltungsgerichtsbarkeit § 114 Anm. I, die von Ermessensmißbrauch auch als Ermessensfehlgebrauch sprechen; ferner mit gewissen Abweichungen: *Koehler*, VwGO § 114 Anm. A II 3, der Ermessensüberschreitung als Ermessenswillkür bezeichnet und in Ermessensfehlern aus Rechtsirrtum einen weiteren, in § 114 VwGO nicht geregelten Fall sehen will, den er darum aber in den Ermessensmißbrauch einbezieht; *Peters* a.a.O. S. 13, der als dritten Begriff noch den Ermessensmangel bei Nichtausübung des Ermessens kennt.

[46] *Fleiner* a.a.O. S. 146 Fußnote 11.

[47] *Obermayer* a.a.O. S. 1183; *Hans-J. Wolff* a.a.O., der als Beispiel die Anwendung einer anderen als der „notwendigen" Maßnahme im Sinne des § 14 pr. PVG nennt.

rechtsdogmatisch dasselbe ist wie ungesetzliches Verhalten bei zwingender Rechtsnorm[48].

Demgegenüber wird unter Ermessensmißbrauch eine absichtliche oder irrtümliche Mißachtung der *inneren* Schranken des Ermessens verstanden[49]: „Die Maßnahme hätte zwar unter anderen Umständen oder aus anderen Gründen, nicht aber unter den tatsächlich vorliegenden Umständen oder auf Grund der tatsächlich angestellten Erwägungen getroffen werden dürfen." Es handelt sich um „Fehler beim Zustandekommen"[50] der Entscheidung, einen Verstoß gegen das Gebot, daß sie — so schon *Jellineks* inhaltlich gleiche Formulierung[51] — „frei sein müsse von Rechtsirrtum und Ungehorsam gegenüber gesetzlichen Anordnungen über die beim Gebrauch des Ermessens anzustellenden Erwägungen".

Damit offenbart sich zugleich ein für die weitere Untersuchung bedeutsames Merkmal dieser Meinung: Sie kennt sowohl einen mit Absicht begangenen als auch einen auf Rechtsirrtum beruhenden Ermessensmißbrauch. Diese beiden auf das Bewußtsein des handelnden Organwalters abgestellten Erscheinungsformen können, materiell gesehen, in verschiedenen Tatbeständen verwirklicht werden. In der Unterscheidung solcher Fallgestaltungen gehen die einzelnen Autoren unterschiedlich weit, wobei sich zum Teil auch sachliche Uneinheitlichkeiten ergeben, auf die jedoch an dieser Stelle nicht näher eingegangen zu werden braucht. Wesentlich ist dagegen die Feststellung, daß terminologische Fragen hier von sekundärer Bedeutung sind. Die Systematisierungsversuche bemühen sich in erster Linie um eine Erfassung der möglichen Tatbestände[52].

Die eingehendste Darstellung findet sich bei *Hans-J. Wolff*[53]. Er unterscheidet sechs Fallgruppen:

— Herbeiführung eines rechts- oder zweckwidrigen Erfolges durch Verletzung von Rechts- und Verfassungsgrundsätzen,

---

48 *Fleiner* a.a.O. S. 145; *Obermayer* a.a.O.; *Hans-J. Wolff* a.a.O. trennt dabei allerdings von den eigentlichen Ermessensüberschreitungen die Rechtsverletzungen, die nur „bei Gelegenheit" der Anwendung von Ermessenssätzen begangen werden. Vgl. auch *Stern* a.a.O. S. 27, der insoweit zutreffend die Lehre von den Ermessensfehlern für überflüssig hält.

49 *Hans-J. Wolff* a.a.O. § 31 II d 2.

50 *Turegg - Kraus* a.a.O. S. 31.

51 Verwaltungsrecht S. 37; so auch *Fleiner* a.a.O. S. 146.

52 Auch *Hans-J. Wolff* a.a.O. dürfte so aufzufassen sein. Denn die von ihm geprägten Begriffe erscheinen nur als Kennzeichnung seiner verschiedenen Fallgruppen.

53 A.a.O.

— Verletzung der Gleichheit durch Abweichen von einer Verwaltungsübung,

— Verfolgung eines sachlich falschen Zwecks (was er übrigens mit détournement de pouvoir gleichsetzt),

— Anwendung eines falschen Mittels, wozu er auch die Unverhältnismäßigkeit einer Maßnahme rechnet,

— falsche oder unzureichende Begründung, weil Umstände nicht vorliegen, nur Vorwände sind oder überhaupt außer Betracht gelassen wurden, ferner infolge von Abwägungsfehlern oder Verstoßes gegen die Denkgesetze, und

— Handeln aus rechts- oder zweckwidrigen Motiven.

Darüber hinaus wird die Nichtausübung des Ermessens infolge irriger Annahme gesetzlicher Gebundenheit hier eingeordnet[54], die *Wolff*[55] als Fall von Ermessensüberschreitung auffaßt.

c) Die Unterscheidung von Ermessensüberschreitung und Ermessensfehlgebrauch[56]

Hinsichtlich der Behandlung der Ermessensüberschreitung stimmt die zweite Gruppe von Autoren mit der ersten überein. Es ist lediglich ergänzend zu bemerken, daß sich einige Stimmen finden, die von Ermessensüberschreitung auch dann sprechen, wenn „ein in so hohem Maße fehlsames Verhalten vorliegt, daß es mit den an eine ordnungsgemäße Verwaltung zu stellenden Anforderungen schlechterdings unvereinbar ist“[57]. Damit wird eine bekannte Formulierung des Reichsgerichts wieder aufgegriffen[58]. *Bachof*[59] will sie zur Anwendung bringen, wenn die Grenzen des Ermessens im Gesetz nicht bestimmt sind.

Eine andersartige Systematik entwickelt diese zweite Meinung indessen in bezug auf die inneren Ermessensfehler. Die Unterschiede

---

[54] *Koehler* a.a.O.; *Turegg - Kraus* a.a.O.

[55] A.a.O. § 31 II d 1; ebenso *Obermayer* a.a.O.

[56] *Bachof* in SJZ 1948/744 ff.; *Eyermann - Fröhler*, VwGO § 114 Rdnr. 15 bis 26; ebenso südd. VGG § 36 Anm. 4; *Fachinger* in NJW 1949/244 ff.; *Klinger*, VwGO § 42 Anm. G III und IV; ebenso Brit. Zone VGG § 23 Anm. D 1; *Schunck - De Clerck*, VwGO § 114 Anm. 1; ebenso BVerwGG § 15 Anm. 2 b und rhpf. VGG § 23 Anm. 5, wo sie aber beim Ermessensmißbrauch noch von zweck- und sachfremden Erwägungen und nicht von Beweggründen sprechen. Sie haben im übrigen ihre Untergliederungen mehr und mehr beschränkt. In der Kommentierung zu § 114 VwGO räumen sie ein, daß auch andere Einteilungen denkbar sind.

[57] *Bachof* a.a.O. S. 745; *Eyermann - Fröhler*, VwGO a.a.O. Rdnr. 17.

[58] Siehe dazu unten D. III. und dort Anm. 85.

[59] A.a.O.

beziehen sich allerdings nicht so sehr auf die zu erfassenden Fallgestaltungen, sondern sind mehr terminologischer Natur. Sie entspringen dem Bedürfnis nach einer begrifflichen Abgrenzung der verschiedenen Tatbestände. Anders als bei der zuvor geschilderten Auffassung bildet hier die Frage nach der anzuwendenden Terminologie den Ausgangspunkt. Die Bezeichnung Ermessensmißbrauch als Oberbegriff der inneren Ermessensfehler erscheint diesen Autoren nicht geeignet, da dies dem allgemeinen Sprachgebrauch nicht entspreche[60]. Sie führen stattdessen den Ausdruck Ermessensfehlgebrauch ein[61]. *Klinger*[62] spricht hier auch einfach von Ermessensfehlern.

Innerhalb des Ermessensfehlgebrauchs werden nun drei weitere Fälle unterschieden: erstens Ermessensfehler aus Rechtsirrtum, zweitens Ermessenswillkür und drittens Ermessensmißbrauch. In der Zuordnung einzelner Tatbestände bestehen dabei wiederum Abweichungen. Im wesentlichen ergibt sich folgendes Bild:

— Unter den Ermessensfehlern aus Rechtsirrtum versteht man in erster Linie die irrtümliche Annahme rechtlicher Gebundenheit[63], rechnet aber auch in Anlehnung an *Jellinek*[64] z. B. die falsche Auslegung des Begriffs „Bedürfnis" dazu[65].

— Ars Ermessenswillkür gelten Verstöße gegen den Gleichheitssatz, die Mißachtung einer Verwaltungsübung und „sonstiges Handeln nach Belieben"[66]. Hier nennt *Fachinger* den Grundsatz, daß Erwägungen obwalten, die ihrer Art nach geeignet sind, die Verfügung rechtlich zu stützen oder doch von der Verwaltungsbehörde in diesem Sinne für geeignet gehalten wurden. Als Beispiele werden die pflichtwidrige Unterlassung jeglicher Erwägungen und die Nichtberücksichtigung als berücksichtigungswert gewollter Umstände angeführt.

— Die Bezeichnung Ermessensmißbrauch wird auf den Fall beschränkt, daß sich die Behörde von gesetzwidrigen oder sonst sachfremden Beweggründen hat leiten lassen. Die meisten Autoren

---

[60] *Bachof* a.a.O. S. 746.

[61] *Fachinger* a.a.O. S. 245. *Bachof*, der die hier dargestellte Lehre als erster entwickelt hat, kennt diesen Ausdruck allerdings noch nicht. Er spricht einfach von inneren Ermessensfehlern.

[62] *Klinger*, VwGO a.a.O.

[63] Es handelt sich hier also übereinstimmend nicht um Ermessensüberschreitung.

[64] Verwaltungsrecht S. 37.

[65] *Fachinger* a.a.O., allerdings ohne auf das Problem der unbestimmten Rechtsbegriffe einzugehen.

[66] *Fachinger* a.a.O.

beziehen sich auf den französischen Begriff détournement de pouvoir. Darunter begreifen sie auch die Fälle, in denen die Verwaltung ihre rechtswidrigen Beweggründe offenbart[67], sich also in einem Rechtsirrtum über die erlaubten Motive befunden hat. Nur insofern kennt diese Auffassung mithin einen aus Rechtsirrtum begangenen Ermessensmißbrauch. Es ist unschwer einzusehen, daß das System in diesem Punkt angreifbar ist, da seine Untergruppen die logisch zu ihnen gehörenden Tatbestände nicht voll erfassen. Das kommt daher, weil zwei auf verschiedener Ebene liegende Gesichtspunkte, Bewußtsein des Organwalters und Inhalt des Fehlverhaltens, bei der Einteilung kombiniert werden.

Eine andere Ansicht scheinen *Eyermann — Fröhler*[68] zu vertreten, die wohl alle Arten von Rechtsirrtümern der ersten Gruppe zuordnen wollen. Andererseits ist bei ihnen der Ermessensmißbrauchsbegriff weiter, da sie die oben genannte Erscheinungsform des sonstigen Handelns nach Belieben ebenfalls an dieser Stelle erwähnen[69]. Sie nehmen daher einen vermittelnden Standpunkt ein.

In diesem System hat der Ermessensmißbrauch also eine erheblich geringere Bedeutung. Hierfür dürfte nicht zuletzt die Fassung des § 36 südd. VGG verantwortlich sein; denn sie entspricht in ihrer allgemeinen Formulierung der zweiten Alternative der §§ 23 Abs. MRVO 165 und 114 VwGO und gibt durch den Zusatz: „. . ., insbesondere, wenn Ermessensmißbrauch vorliegt", Veranlassung, letzteren als speziellen Fall der inneren Ermessensfehler aufzufassen. Von Ermessensüberschreitung ist im § 36 südd. VGG gar nicht die Rede. Es erscheint daher als nicht gerechtfertigte Meinung, wenn *Bachof*[70] einfach eine inhaltliche Übereinstimmung der §§ 36 südd. VGG und 23 Abs. 3 MRVO 165 annimmt und dann einen Ermessensmißbrauchsbegriff entwickelt, der jedenfalls in letzterer Vorschrift keine Stütze findet. Ebensowenig kann es befriedigen, wenn *Schunck-De Clerck* die Begriffssystematik *Bachofs* und *Fachingers* in ihrer Kommentierung zu § 23 Abs. 1 Ziff. b rhpf. VGG übernehmen[71], obwohl darin nur von der Überschreitung der Grenzen pflichtgemäßen Ermessens die Rede ist. Sie helfen sich hier durch eine Unterscheidung von Ermessensüberschreitung im weiteren und engeren Sinne. Den offenen Widerspruch schließlich, der im Verhältnis zur Formulierung des § 15 Abs. 2 BVerwGG besteht, tun sie in ihren Erläuterungen zu dieser Vorschrift mit der Bemerkung

---

[67] *Bachof* a.a.O.; *Fachinger* a.a.O. S. 247.

[68] A.a.O. Rdnr. 20.

[69] A.a.O. Rdnr. 25.

[70] A.a.O. S. 743.

[71] Anm. 5.

ab, daß „Verwaltungspraxis und Gesetzgebung (so auch § 15 Abs. 2 BVerwGG) unter den Begriff Ermessensmißbrauch vielfach über seinen eigentlichen Inhalt hinaus auch die anderen Fälle des Ermessensfehlgebrauchs faßten“[72].

d) *Einzelmeinungen*

Außer den beiden großen Gruppen gibt es noch einzelne Autoren, die sich besonders wegen ihrer unterschiedlichen Terminologie weder in die eine noch in die andere Richtung einordnen lassen. In diesem Zusammenhang ist *von Laun*[73] zu nennen, bei dem Ermessensmißbrauch ein Unterfall der als Oberbegriff der inneren Ermessensfehler aufgefaßten Ermessensüberschreitung ist. Ermessensüberschreitung setzt er dabei mit détournement de pouvoir gleich. Auch *Huber*[74] wählt den französischen Terminus als Oberbegriff eines Systems, innerhalb dessen er dann Ermessensmißbrauch und Ermessensüberschreitung unterscheidet. *Krönig*[75] steht ganz auf dem Boden von § 36 südd. VGG. Sein Ermessensmißbrauchsbegriff läuft auf die erwähnte Formulierung des Reichsgerichts hinaus[76]. *Rüdiger Klein*[77] und *Loppuch*[78] versuchen, wenn auch von verschiedenen Seiten her, durch eine rein terminologische Präzisierung ein begriffslogisches System zu finden und lehnen die herkömmliche Terminologie daher zwangsläufig ab. *Stern*[79] schließlich knüpft bei seinem Systematisierungsversuch an das französische Verwaltungsrecht an, indem er von einer Unterscheidung der subjektiven und objektiven Elemente einer Ermessensbetätigung ausgeht und eine sich aus der Begründung des Verwaltungsaktes ergebende Rechtswidrigkeit als objektiven Fehler begreift. Seiner Kasuistik fehlt jedoch eine dogmatische Verbindung zu der gewählten Unterscheidung.

Diese einzelnen Lösungsversuche können im folgenden vernachlässigt werden. Sie tragen jedenfalls nicht zur Auffindung eines allgemein gültigen Ermessensmißbrauchsbegriffs bei.

---

[72] BVerwGG § 15 Anm. 2 b cc (iii).

[73] Das freie Ermessen und seine Grenzen S. 262 ff.

[74] Wirtschaftsverwaltungsrecht II S. 657 ff.

[75] In MDR 1948/131.

[76] Vgl. oben D. II. c).

[77] In AöR 82/91 ff.

[78] In DVBl. 1955/419 f.

[79] A.a.O. S. 31 ff.; ebenso *Ehle*, Klage und Prozeßrecht Art. 173 Rdnr. 63 und 64.

III. Die Rechtsprechung

Bei einer Betrachtung der einschlägigen Rechtsprechung besteht die erste Erkenntnis in der Feststellung, daß die Gerichte im allgemeinen auf eine Bezeichnung oder gar systematische Behandlung der Ermessensfehler verzichten. Naturgemäß kommt es ihnen allein darauf an, unter sachlichen Gesichtspunkten zu prüfen, ob die ihnen unterbreitete Ermessensentscheidung rechtswidrig ist. Haben sie einen solchen Gesichtspunkt gefunden, so heben sie die Maßnahme einfach als ermessensfehlerhaft oder rechtswidrig auf[80]. Häufig ist auch von unsachlichen oder sachgerechten Erwägungen die Rede[81]. In anderen Fällen wieder werden die Formulierungen des Gesetzes angewandt dergestalt, daß beispielsweise festgestellt wird, die Behörde habe sich im Rahmen der ihrem Ermessen gezogenen Grenzen gehalten und nicht einen dem Zweck der Ermächtigung widersprechenden Gebrauch davon gemacht[82]. Eine unerschöpfliche Rechtsprechung besteht über Ermessensfehler durch Verletzung des Gleichheitssatzes, insbesondere in Form der Abweichung von einer Verwaltungsübung[83]. Dabei ist eine gewisse Tendenz zu erkennen, daß die Gerichte Art. 3 GG mehr und mehr als absolute, also äußere Grenze jeglicher Ermessensbetätigung ansehen[84]. Von Ermessen wird in diesem Zusammenhang gar nicht mehr oder nur noch am Rande gesprochen.

Soweit sich in der Rechtsprechung auch eine gewisse Terminologie findet, beschränkt sich diese auf die Begriffe Ermessensüberschreitung, Ermessensmißbrauch und Willkür. Sie werden jedoch nicht klar voneinander abgegrenzt, sondern gehen vielfach durcheinander. So prüft das Reichsgericht in seiner bekannten „Willkürrechtsprechung" Ermessensentscheidungen darauf nach, ob sie auf Willkür oder einem besonders schweren Fehlverhalten beruhen[85]. Dabei verwendet es in

---

[80] BVerwGE 3/302; OVG Münster VerwRspr. 5/116; OVG Hamburg VerwRspr. 5/884; VGH Bremen DöV 1960/75; hess. VGH ESVGH 3/153.

[81] OVG Lüneburg HMRRspr. 1951 Nr. 115; hess. VGH ESVGH 3/153; BVerwG DVBl. 1962/756.

[82] So BVerwG DVBl. 1961/168 in Anwendung von § 114 VwGO; ferner: BSGE 15/1; zu § 36 südd. VGG: BVerwG VerwRspr. 11/879; hess. VGH ESVGH 3/151; w-b VGH ESVGH 8/129 f.; zu § 23 Abs. 3 MRVO 165: OVG Münster HMRRspr. 1950 Nr. 98; VerwRspr. 5/117; amtl. Sammlg. Bd. 10/300; in ganz allgemeiner Form BVerwG DVBl. 1957/787.

[83] OVG Münster 10/301 und 16/299; BVerwG DVBl. 1963/65; OVG Koblenz DVBl. 1962/757.

[84] In diesem Sinne: w-b VGH ESVGH 6/92, 97; bay VerfGH Der Betrieb 1962/737; OVG Koblenz DVBl. 1962/757; OVG Hamburg MDR 1964/179. Dasselbe ist in bezug auf sonstige Verfassungs- und Rechtsgrundsätze (BSGE 15/8) sowie den Grundsatz der Verhältnismäßigkeit festzustellen (w-b VGH VerwRspr. 5/597 f.).

[85] RGZ 121/233; 126/166 f.; 138/263; 154/153. Siehe dazu die ausführliche Formulierung oben bei D. II. c).

bezug auf den letzteren Tatbestand, der zugleich durch eine Überschreitung der Ermessensgrenzen charakterisiert wird, einmal die Bezeichnung Ermessensmißbrauch[86], ein anderes Mal dient ihm diese dagegen als Oberbegriff[87]. In wieder anderen Entscheidungen kennt es nur Ermessensmißbrauch[88] oder Willkür[89]. Die neuere Rechtsprechung, die die Formulierungen des Reichsgerichts zum Teil wieder aufgegriffen hat[90], spricht sowohl von Ermessensüberschreitung[91] als auch von Ermessensmißbrauch[92]. Ein weiteres Beispiel betrifft die Behandlung einer von der Wohnungsbehörde verzögerten Umquartierung einer Familie. Das OVG Hamburg sah darin zunächst eine Ermessensüberschreitung[93], später nahm es einen Ermessensmißbrauch an[94]. Besonders aufschlußreich ist noch eine Entscheidung des OVG Münster[95], in der es um eine Verletzung von Art. 3 GG ging. Das OVG verwendet hier Ermessensmißbrauch, Willkür und Ermessensüberschreitung wechselweise nebeneinander.

Bei aller Unklarheit läßt sich jedoch andererseits feststellen, daß die Rechtsprechung auch gewisse Aussagen über den Inhalt der gebrauchten Begriffe macht. Diese zielen zunächst auf eine — allerdings nicht sehr ausgeprägte — Trennung der Ermessensüberschreitung von der 2. Alternative des § 23 Abs. 3 MRVO 165 ab[96]. In zweiter Linie kann man einer Reihe von Urteilen entnehmen, daß die Bezeichnung Ermessensmißbrauch in etwa auf die Tatbestände angewandt wird, die auch die erste der beiden großen Meinungen hierunter zusammenfaßt, nämlich Willkür sowie sonst sachfremde Erwägungen[97], ferner Verstöße gegen den Grundsatz der Verhältnismäßigkeit[98] und gegen Treu und Glauben[99]. Endlich finden sich verschiedentlich sogar Gerichtsentscheidungen, die die gesetzliche Formulierung von dem dem Zweck der Ermächtigung nicht entsprechenden Gebrauch des Ermessens ausdrücklich als Definition des Ermessensmißbrauchs bezeich-

---

[86] RGZ 126/167.
[87] RGZ 138/14.
[88] RGZ 137/156.
[89] RGZ 140/430.
[90] So insbesondere der Bundesgerichtshof, zuletzt in NJW 1966/1162 mit weiteren Nachweisen.
[91] OVG Hamburg MDR 1949/315; BGHZ 4/312.
[92] BGHZ 8/85.
[93] HMRRspr. 1950 Nr. 81.
[94] MDR 1949/506; so auch OVG Münster HMRRspr. 1950 Nr. 82.
[95] HMRRspr. 1951 Nr. 36.
[96] OVG Lüneburg VerwRspr. 12/27 f.
[97] B - w VGH VerwRspr. 1/74; auch RGZ 138/14; für die Identität von Willkür und sachfremden Erwägungen auch BVerfGE 3/11.
[98] Bad. VGH VerwRspr. 5/92 f.
[99] BVerwG DöV 1961/473 Nr. 144.

nen[100]. Jedenfalls geht der Ermessensmißbrauchsbegriff der Rechtsprechung wegen seiner häufigen Gleichsetzung mit der Ermessensüberschreitung eher über diesen Rahmen hinaus, als daß er im Sinne der Lehre vom Ermessensfehlgebrauch begrenzt wird. Letzterer Ausdruck ist, soweit ersichtlich, bisher überhaupt nur in drei Urteilen verwendet worden[101], wobei außerdem sein Verhältnis zum Ermessensmißbrauch offengeblieben ist. Die Ansicht, die den Ermessensmißbrauch auf die Fälle des Handelns aus sachfremden Beweggründen beschränkt, hat daher in der Rechtsprechung keinen Niederschlag gefunden.

IV. Ergebnis

Es erscheint angesichts der Vielgestaltigkeit der vertretenen Meinungen und der weitgehenden Systemlosigkeit der Rechtsprechung ausgeschlossen, von einem auch nur in den Grundzügen einheitlichen Ermessensmißbrauchsbegriff zu sprechen. Die Bestimmung seines Inhalts ist, da hinsichtlich der möglichen Fallgestaltungen Einigkeit besteht, im wesentlichen eine Frage der Terminologie. Es kann jedoch besonders de lege lata und mit Rücksicht auf die Rechtsprechung gesagt werden, daß die weite Auffassung vom Ermessensmißbrauch als herrschende Meinung anzusehen ist[102]. Die Lehre, die dem Ermessensmißbrauch enge Grenzen zieht, stellt ihre Berechtigung selbst in Frage, wenn ihre Vertreter ausdrücklich betonen, daß eine eindeutige Trennung zwischen den einzelnen Tatbeständen nicht vorgenommen werden könne[103]. *Von Turegg — Kraus*[104] ist daher zuzustimmen, wenn sie bemerken, daß Bachof wohl vergeblich versucht habe, einen für alle Fälle zutreffenden Unterschied zu konstruieren. *Fachinger*[105] bestätigt das gewonnene Ergebnis, indem er den Ermessensmißbrauch selbst als den beliebtesten Ausdruck bezeichnet. Der Sprachgebrauch rechtfertigt somit eine Einschränkung der Bedeutung dieses Begriffes nicht, sondern er verbietet sie geradezu.

---

[100] OVG Hamburg MDR 1949/248; OVG Münster 1/109 f.; OVG Münster DöV 1954/381 Nr. 128.

[101] VG Bremen HMRRspr. 1951 Nr. 85; VGH München VGHE n. F. 10/103 und DVBl. 1967/89.

[102] Hiervon geht auch *Börner* (Die Entscheidungen der Hohen Behörde S. 169) in seinem kurzen Überblick aus, ohne sich allerdings mit den verschiedenen Meinungen auseinanderzusetzen. Ungerechtfertigt erscheint jedoch die Feststellung von *Rupprecht* (Die Nachprüfungsbefugnis des Europ. Gerichtshofes S. 50), die unter c) oben dargestellte Meinung sei in Lehre und Rechtsprechung vorherrschend.

[103] Vgl. *Fachinger* a.a.O. S. 245; *Schunck - De Clerck*, VwGO § 114 Anm. 1.

[104] A.a.O. S. 32 Fußnote 2.

[105] A.a.O.

E. Die Einordnung der Darstellung in ein dem französischen recours pour excès de pouvoir ähnliches System von Aufhebungsgründen

Nunmehr gilt es, den Versuch einer Einbeziehung der in den vorhergehenden Abschnitten erörterten Problematik in die Lehre vom fehlerhaften Verwaltungsakt zu unternehmen. Die deutschen Verwaltungsrechtslehrbücher stellen die aufgeworfenen Fragen nicht in diesen Zusammenhang, sondern handeln sie innerhalb eines besonderen Kapitels über Freiheit und Gebundenheit der Verwaltung ab. Die materiell-rechtliche Seite der Fehlerhaftigkeit eines Verwaltungsakts wird insoweit von ihrer prozessualen Seite, das heißt dem Problem der gerichtlichen Nachprüfung, getrennt. Im Rahmen dieser Untersuchung ist es indessen unerläßlich, eine Verbindung zwischen beiden Gesichtspunkten herzustellen, um einen gemeinsamen Ausgangspunkt für die folgende rechtsvergleichende Untersuchung zu gewinnen[106].

Die Lehre vom fehlerhaften Verwaltungsakt unterscheidet herkömmlicherweise zwei Gruppen: die formellen und die materiellen Mängel. Erstere betreffen im wesentlichen Zuständigkeits- sowie Form- und Verfahrensfehler. Sie bieten gegenüber den französischen Tatbeständen incompétence und vice de forme keine Besonderheiten und brauchen hier nicht näher betrachtet zu werden. Unklarheiten bestehen lediglich in bezug auf die inhaltlichen Fehlerquellen.

I. Der Maßstab für die inhaltliche Rechtmäßigkeit eines Verwaltungsaktes: die Ermächtigungsgrundlage

Inhaltlich fehlerfrei ist ein Verwaltungsakt immer dann, wenn er nicht im Widerspruch zu einem geltenden Rechtssatz steht. Diese negative Formulierung ist als Folge von Art. 20 Abs. 3 GG für jegliche Verwaltungstätigkeit gültig[107]. Im Bereich der sog. Eingriffsverwaltung, in dem das eigentliche Spannungsfeld zwischen Staat und Bürger liegt, gilt obiger Satz wegen der Rechtsstaatsgarantie des Grundgesetzes (Art. 20 Abs. 2 und Art. 19 Abs. 4) auch positiv und besagt, daß der Verwaltungsakt sich im Rahmen der gesetzlichen Ermächtigung zu seinem Erlaß halten muß. Jegliches Abweichen von dieser Ermächtigung bedeutet Rechtswidrigkeit. Daher ist in jedem Rechtsstreit, in dem es um die Rechtsgültigkeit eines Verwaltungsaktes geht, die zentrale Frage, ob der angefochtene Verwaltungsakt eine *Ermäch-*

---

[106] Die Darstellung von *Hans-J. Wolff* a.a.O. § 51 IV läßt sich in diesem Zusammenhang nicht verwerten, da sie nicht an die hier aufgeworfene Problematik anknüpft.

[107] Vgl. *Hans-J. Wolff* a.a.O. § 30 I a und II; *Reuß* in DVBl. 1959/534; BVerwGE 6/287; BVerwG DöV 1959/708.

tigungsgrundlage hat und, wenn ja, ob er von dieser Ermächtigungsnorm gedeckt ist. Diese Prüfung läßt sich leicht vornehmen, wenn das Gesetz an ganz bestimmte Voraussetzungen ebenso bestimmte Rechtsfolgen knüpft. Dann ist die Verwaltungsbehörde reines Gesetzesvollzugsorgan. Schwierigkeiten tauchen aber in dem Augenblick auf, wo die Ermächtigungsnorm — und das ist die große Mehrzahl der Fälle — hinsichtlich der Voraussetzungen und (oder) der zu setzenden Rechtsfolgen keine eindeutigen Bestimmungen trifft und (oder) die Anordnung einer Rechtsfolge der Entscheidung der Verwaltung überläßt. Darin liegt der Bezugspunkt für die Einordnung der Lehre von der Freiheit und Gebundenheit der Verwaltung mit ihrer geschilderten vielschichtigen Problematik in ein System inhaltlicher Rechtswidrigkeit von Verwaltungsakten.

II. Die systematische Erfassung der gewonnenen Ergebnisse

Die Unterscheidung von Freiheit und Gebundenheit führt auch hier zu einer grundsätzlichen Aufteilung: Die Fehlerhaftigkeit eines Verwaltungsaktes richtet sich nach verschiedenen Kriterien, je nachdem, ob es sich um eine Ermessensentscheidung handelt oder nicht. Ist die Verwaltung gebunden, und sei es nur durch einen unbestimmten Rechtsbegriff, so ist die Rechtmäßigkeit ihrer Entscheidung allein am Inhalt der Ermächtigungsnorm zu messen. Es besteht ein lediglich *quantitativer* Unterschied zwischen bestimmter und unbestimmter Gesetzesbindung, der vom nachprüfenden Gericht im konkreten Fall ausgeglichen wird. Dies gilt sowohl für die Lehre von den Ermessensbegriffen als auch für die Lehre vom Beurteilungsspielraum.

Für die erstere sind unbestimmte Rechtsbegriffe immer unbeschränkt nachprüfbar. Soweit ihre Nachprüfung gleichwohl unterbleibt, werden sie als Ermessensbegriffe der Kategorie der Ermessensentscheidungen zugewiesen und unterliegen damit nur einer Kontrolle auf Ermessensfehler. Die objektive Richtigkeit der Anwendung eines unbestimmten Rechtsbegriffs wird durch diesen Kunstgriff immer festgestellt.

Die Lehre vom Beurteilungsspielraum bleibt demgegenüber, wie bereits dargelegt worden ist[108], auch beim kognitiven Ermessen dogmatisch im Bereich der Rechtsanwendungskontrolle. Diese wird jedoch auf den richtigen Gebrauch der bei der Entscheidung zu beachtenden rechtlich objektivierbaren Maßstäbe beschränkt. Nur insoweit findet ein Ausgleich der Unbestimmtheit durch den Richter statt. Das Ideal

---

[108] Siehe oben unter B. II. und C. II. c) in diesem Kapitel.

objektiver Richtigkeit wird also nur bis zu diesem Punkt verwirklicht. Im übrigen verfügt die Verwaltung über einen gerichtsfreien Beurteilungsspielraum, der nur auf die Einhaltung seiner Grenzen nachprüfbar ist. Aber diese Prüfung ist ihrem Wesen nach keine Kontrolle auf Ermessensfehler. Es ist daher nicht recht verständlich, wenn *Hans-J. Wolff*[109] es mit dem Bundesverwaltungsgericht[110] für praktisch hält, hier prozessual nach § 23 Abs. 3 MRVO 165 zu verfahren. Wenn nämlich die Lehre vom Beurteilungsspielraum neben ihrem rechtstheoretischen Wert irgendwie praktische Bedeutung haben soll, so liegt sie gerade auf verfahrensrechtlichem Gebiet. Die von *Hans-J. Wolff*[111] andererseits angenommene „sehr viel enger begrenzte Freiheit der Verwaltungsbehörde und dementsprechend ebenso begrenzte richterliche Unüberprüfbarkeit" bei der Anwendung unbestimmter Rechtsbegriffe läßt sich mit den bestehenden Verfahrensvorschriften nicht in Einklang bringen, es sei denn, man stütze sie, wie es der dogmatischen Konzeption der Lehre entspricht, prozessual auf die einfache Rechtsverletzungen betreffende Bestimmung des § 113 VwGO.

Im Bereich der Ermessensentscheidungen findet demgegenüber eine richterliche Kontrolle nur unter dem Gesichtspunkt der Ermessensfehler statt. Sie richtet sich verfahrensrechtlich nach § 114 VwGO. Dabei sind jedoch die Fälle der Ermessensüberschreitung innerhalb des hier entwickelten Systems ebenfalls der vorhergehenden Kategorie zuzuordnen, da, wie an anderer Stelle ausgeführt worden ist[112], der der Verwaltung gemachte Vorwurf rechtsdogmatisch in einem Verstoß gegen insoweit zwingende Rechtsnormen besteht. Die Verwaltung läßt ihr Ermessen walten, wo sie überhaupt nicht ermessen darf. Sie verhält sich also schlicht ungesetzlich.

Damit bleibt für die zweite Kategorie inhaltlicher Fehlerhaftigkeit eines Verwaltungsaktes allein der Ermessensmißbrauch übrig. Der hier bestehende Unterschied ist ein *qualitativer*, denn es fehlt ein systematischer Zusammenhang mit dem Tatbestand objektiv feststellbarer Rechtswidrigkeit. Nicht die eigentliche Anwendung des Rechtssatzes wird geprüft, sondern es geht um die Untersuchung der der Verwaltungshandlung vorausgehenden Erwägungen und der sie begleitenden Umstände[113].

---

[109] In DVBl. 1959/744.

[110] BVerwGE 8/274 f.

[111] Verwaltungsrecht I § 31 I c 2.

[112] Siehe oben unter D. II. b) und dort Anm. 48.

[113] Vgl. *Jellinek*, Verwaltungsrecht S. 37 und 447; *Hans-J. Wolff*, Verwaltungsrecht I § 31 II d am Ende.

III. Zusammenfassung

Die hier versuchte Systematisierung läuft im Ergebnis auf die auch von *Hans-J. Wolff*[114] vorgenommene Einteilung hinaus. In Anlehnung daran und unter Einbeziehung der gewonnenen Ergebnisse ergibt sich das folgende Schema:

Ein Verwaltungsakt ist inhaltlich rechtswidrig,

1. wenn er im Widerspruch zu einem geltenden Rechtssatz steht, insbesondere, wenn er sich nicht im Rahmen der Ermächtigung zu seinem Erlaß hält, und zwar auch bei fehlerhafter Anwendung unbestimmter Rechtsbegriffe und Ermessensüberschreitung;
2. wenn er mit einem Ermessensmißbrauch — im Sinne der h. M. — behaftet ist.

---

[114] A.a.O. § 50 II e.

Drittes Kapitel

Das Verhältnis von Ermessensmißbrauch und détournement de pouvoir

Nunmehr ist die Frage zu beantworten, ob der Begriff des Ermessensmißbrauchs dieselbe Bedeutung hat wie das détournement de pouvoir, bzw. in welcher Hinsicht sich beide voneinander unterscheiden. Dazu sind zunächst die Systeme, in denen sie ihren Platz haben, in ihrer Gesamtheit zu vergleichen. Nur soweit sich hier Unterschiede ergeben, muß das Verhältnis beider Begriffe in einem weiteren Abschnitt näher betrachtet werden.

Erster Abschnitt

Vergleich des deutschen und französischen Systems der Aufhebungsgründe von Verwaltungsmaßnahmen

A. Die Übereinstimmungen

Es lassen sich in mehrfacher Hinsicht Übereinstimmungen feststellen.

Beide Rechtsordnungen enthalten das Grundprinzip, daß nur die Rechtswidrigkeit (= illégalité) eines Verwaltungsaktes zu seiner Aufhebung führen kann. Dem Richter ist es nicht erlaubt, eine Verwaltungsentscheidung auf ihre Zweckmäßigkeit (= opportunité) hin nachzuprüfen[1]. Allerdings nehmen in Frankreich die Stimmen zu, die offen aussprechen, was in Deutschland nur zu leicht den Verdacht erwecken würde, man rede einer Herrschaft des Richters das Wort, daß nämlich in vielen Fällen die Kontrolle des Richters nur scheinbar eine solche der Legalität sei, während er in Wirklichkeit nur seine persönliche Wertung an die Stelle der von der Verwaltung vorgenommenen setze,

---

[1] Für die franz. Auffassung: *Auby - Drago,* Traité de contentieux administratif III S. 81; *Hauriou,* Précis S. 340; *Vedel,* Droit administratif S. 233 f. u. 454; *Waline,* Droit administratif S. 268 ff. u. 477. Für die deutsche Auffassung: z. B. *Fleiner,* Institutionen des Deutschen Verwaltungsrechts S. 145 f.; *Hans-J. Wolff,* Verwaltungsrecht I § 31 I c u. II c 4; vgl. auch § 68 VwGO im Gegensatz zu § 113 Abs. 1 VwGO.

also doch über die Opportunität der Maßnahme entscheide[2]. Die grundsätzliche Bedeutung dieser Unterscheidung für die Begrenzung der richterlichen Befugnisse wird aber im französischen Verwaltungsrecht im allgemeinen nicht in Frage gestellt[3].

Auch hinsichtlich der Einteilung der Fehlerquellen eines Verwaltungsaktes stimmen deutsches und französisches Recht in der grundlegenden Unterscheidung von formellen und materiellen Fehlern überein, wobei Ermessensmißbrauch und détournement de pouvoir zu den letzteren gerechnet werden. Schließlich besteht auch keine wesentliche Abweichung in den Auffassungen über die einzelnen Fehlerquellen selbst, soweit es sich um die formellen Aufhebungsgründe Unzuständigkeit und Verletzung von Form- bzw. Verfahrensvorschriften handelt.

B. Die grundsätzliche Unterschiedlichkeit in bezug auf die materiellen Fehlerquellen

Was die inhaltliche Fehlerhaftigkeit eines Verwaltungsaktes betrifft, unterscheidet die französische h. M., wie im ersten Kapitel gezeigt worden ist, zwei Fälle: den objektiven Klagegrund der Rechtsverletzung unter Einschluß der inexactitude des motifs und den subjektiven Tatbestand des détournement de pouvoir. Auch für das deutsche Verwaltungsrecht ist soeben der Versuch einer solchen Zweiteilung unternommen worden. Dabei spielen jedoch Problemstellungen eine Rolle, die bei der Entwicklung des französischen Systems bisher keiner Erörterung bedurft haben; denn die französische Einteilung stellt auf Kriterien ab, in deren Rahmen sich die Frage nach Art und Umfang der Bindung der Verhaltung nicht erhebt. So ist bei der Darstellung des recours pour excès de pouvoir, abgesehen von vereinzelten Bemerkungen innerhalb der Untersuchung über die Kontrolle der motifs[4], vom Verwaltungsermessen nicht die Rede gewesen. Auch die Behandlung unbestimmter Rechtsbegriffe ist als Grundfrage der Justiziabilität von Verwaltungsentscheidungen nicht aufgetaucht.

Daraus ist zu schließen, daß die Lösung der Probleme, die ihrem Wesen nach in beiden Rechtsordnungen identisch sind — jede moderne

---

[2] So insbesondere *Dubisson*, Légalité et opportunité. Er beschäftigt sich in seiner Dissertation ausschließlich mit diesem Problem. Ferner *Theis* in AöR 77/15; *Waline* a.a.O. S. 268. Auby - Drago (a.a.O. und S. 83) geben die Schuld dafür dem Gesetzgeber wegen der Ungenauigkeit oder des Fehlens gesetzlicher Voraussetzungen.

[3] Näheres siehe unten im 2. Abschn. dieses Kapitels unter A. I. b).

[4] Oben 1. Kapitel B. III. c) 2. bb).

Gesetzgebung, auch die französische, verwendet zwangsläufig unbestimmte Rechtsbegriffe; außerdem kann keine Verwaltung ohne einen gewissen Ermessensspielraum ihre Aufgaben erfüllen —, auf unterschiedlichen Wegen erfolgt sein muß. Sie ergeben sich aus der Verschiedenheit der Anknüpfungspunkte der beiden Systeme.

Im *deutschen* Verwaltungsrecht hat die historisch gewachsene Auffassung von der Verwaltungstätigkeit als Gesetzesanwendung dazu geführt, daß hinsichtlich der richterlichen Kontrolle von Verwaltungsakten an *die Elemente des Rechtssatzes* angeknüpft wird[5]. Von da her erklärt sich die primäre Relevanz des Unterschieds von Freiheit und Gebundenheit der Verwaltung, die den Richter in jedem Falle zunächst vor die Klärung der Frage stellt, wie weit er seine Nachprüfung erstrecken darf, das heißt, in welcher Form und welchem Umfang die Verwaltung bei ihrer Entscheidung gebunden war. So erscheint es als ein natürliches Anliegen der deutschen Verwaltungsrechtswissenschaft, diese Frage systematisch zu beantworten.

Demgegenüber haben wir als Anknüpfungspunkt des *französischen* Systems *die Elemente der Rechtshandlung* mit ihrer vollkommen verschiedenartigen Problematik kennengelernt. Es ist unschwer einzusehen, daß die Frage nach Art und Weise der Bindung an ein Gesetz eine andere ist als die nach Urheber, Form, Gegenstand und Ziel der Entscheidung, die auf Grund eben dieses Gesetzes erlassen worden ist. Die eine ist gewissermaßen das logische Gegenteil der anderen. In diesem Zusammenhang ist es aufschlußreich festzustellen, daß die deutsche Theorie hinsichtlich der formellen Fehler — wenn auch unausgesprochen — dem französischen Anknüpfungspunkt folgt, wodurch sich die insoweit vorhandene Kongruenz der Systeme auf einfache Weise erklärt.

Aber auch der im Rahmen der motifs eine Rolle spielende zweite Anknüpfungspunkt des französischen Systems, *die objektive Begründung* einer Verwaltungsentscheidung hat nichts mit dem Problem von Freiheit und Gebundenheit der Verwaltung zu tun. Als rein formelles Kriterium liegt er gänzlich außerhalb des Bereichs der bisher genannten Gesichtspunkte.

C. Ergebnis

Die französische Theorie kennt hinsichtlich der materiellen Fehlerquellen zwei Anknüpfungspunkte, wobei der zweite — die Begrün-

---

[5] Vgl. 2. Kap. unter B. I.

dung — in den ersten — objet und motif als Wesenselemente des Verwaltungsaktes — integriert wird. Beide unterscheiden sie sich jedoch von der deutschen Anknüpfung an die Elemente des Rechtssatzes, was insoweit zu grundsätzlich verschiedenen Lösungsversuchen beider Rechtsordnungen führt. Der Vergleich der Systeme als solcher läßt daher eine Aussage über das Verhältnis von Ermessensmißbrauch und détournement de pouvoir nicht zu, sondern es muß weiter untersucht werden, wie sich die Verschiedenartigkeit der Systeme im einzelnen auswirkt. Dabei sind beide Begriffe nunmehr innerhalb ihres Systems zu dem jeweilig anderen System in Beziehung zu setzen.

Zweiter Abschnitt

Vergleich der Begriffe Ermessensmißbrauch und détournement de pouvoir innerhalb der Systeme

A. Das Verhältnis des détournement de pouvoir zum deutschen Ermessensproblem

Zunächst soll die Frage beantwortet werden, wie sich das détournement de pouvoir zu der grundlegenden Unterscheidung von Freiheit und Gebundenheit und dem Problem des Ermessens schlechthin, sei es volitives oder kognitives, verhält. Dabei ist das französische System als Ausgangspunkt zu wählen. Folgerichtig ist daher vorab darauf einzugehen, wie sich das Ermessensproblem aus französischer Sicht darbietet, insbesondere also der Begriff des pouvoir discrétionnaire (= Ermessen) sowie die Frage der unbestimmten Rechtsbegriffe zu untersuchen.

I. Pouvoir discrétionnaire und compétence liée

a) Das Verhältnis von pouvoir discrétionnaire und compétence liée im allgemeinen

Ebenso wie im deutschen Recht charakterisieren die Begriffe pouvoir discrétionnaire und compétence liée Freiheit und Gebundenheit der Verwaltung. Beiden Auffassungen ist ferner gemeinsam, daß sich darin keine „kontradiktorischen Gegensätze“[6] ausdrücken, sondern daß immer eine „nécessaire combinaison“[7] zwischen ihnen besteht.

---

[6] *Hans-J. Wolff* a.a.O. § 31 am Anfang.

[7] *Vedel* a.a.O. S. 232.

Die Verwaltung ist mindestens immer frei hinsichtlich der Wahl des Augenblicks[8]. Die Definitionen und Abgrenzungen des französischen Verwaltungsrechts stimmen daher prima facie im wesentlichen mit den deutschen überein. Die Verwaltung[9] hat eine compétence liée, wenn das Gesetz, das ihr eine bestimmte Kompetenz überträgt, in imperativer Weise anordnet, wie sie diese auszuüben hat. Demgegenüber spricht man von pouvoir discrétionnaire, wenn das Gesetz der Verwaltung die Freiheit läßt zu wählen, wie sie ihre Kompetenz ausüben wird, wenn es sie Richter sein läßt über die Opportunität der zu ergreifenden Maßnahme. Es ist also wie beim deutschen Ermessensbegriff die Eigenverantwortlichkeit der Verwaltung in bezug auf die Zweckmäßigkeit ihrer Entscheidungen das grundlegende Merkmal des pouvoir discrétionnaire.

Die in den französischen Definitionen vorhandene Beziehung zum Rechtssatz löst sich jedoch bei der weiteren Behandlung des Problems. Während die deutsche Lehre diese Beziehung im Gegenteil vertieft und nach Art und Umfang der gesetzlichen Bindung näher abgrenzt und dabei zu einer *differenzierten* Lösung kommt, stellt das französische Verwaltungsrecht nach den Elementen der Rechtshandlung absolute Grenzen jeglicher Verwaltungstätigkeit auf, die gleichzeitig die möglichen Fehlerquellen eines Verwaltungsaktes darstellen[10]. Wenn auch nicht alle Elemente bei jeder Entscheidung zum Zuge kommen — die Verwaltung kann beispielsweise an keinerlei Formerfordernisse gebunden sein —, so gibt es doch mindestens immer drei Gesichtspunkte, deren Berücksichtigung der Verwaltung bei jeder ihrer Entscheidungen keinerlei Spielraum läßt[11]:

— Einmal ist die Zuständigkeit durch die staatliche Kompetenzverteilung imperativ geregelt;

— in zweiter Linie müssen die motifs immer tatsächlich richtig sein, das heißt, die von der Verwaltung zur Grundlage ihrer Entscheidung gemachte tatsächliche oder rechtliche Situation muß der Wirklichkeit entsprechen, selbst wenn der Verwaltung ein pouvoir discrétionnaire in der Beurteilung ihrer Bedeutung und der aus ihr zu ziehenden Folgerungen eingeräumt ist;

— schließlich muß das verfolgte Ziel immer ein solches des Allgemeininteresses sein, was teilweise mit dem Satz ausgedrückt wird: „Il

---

[8] *Vedel* a.a.O.

[9] Es werden hier die Definitionen *de Laubadères* (Manuel S. 87) wiedergegeben. Ferner: *Auby - Drago* a.a.O. S. 45; *Vedel* a.a.O. S. 231 f.; *Waline* a.a.O. S. 449 ff.

[10] Siehe dazu oben 1. Kap. unter B. I.

[11] *Vedel* a.a.O. S. 232 f.

n'y a jamais de pouvoir discrétionnaire en matière de but poursuivi[12]."

Aus dieser Systematik sind zwei für die weitere Untersuchung grundlegende Erkenntnisse zu gewinnen: Zum einen beruht nach französischer Ansicht jede Maßnahme der Verwaltung originär auf einer Ermessensentscheidung[13], zum anderen ergibt sich daraus keinerlei Ansatzpunkt für eine wesensmäßig verschiedene Behandlung von volitivem und kognitivem Ermessen. Pouvoir discrétionnaire ist demnach ganz allgemein die „liberté d'appréciation"[14] der Verwaltung, gleichgültig, ob diese nun hinsichtlich ihrer Entschließung oder in bezug auf die „qualification" von Sachverhalten[15] besteht. Es fehlt im französischen Verwaltungsrecht jegliche Differenzierung zwischen Handlungsermessen und Beurteilung unbestimmter Rechtsbegriffe. Der französische Ermessensbegriff ist ein einheitlicher. Die bestehenden Unterschiede sind nur quantitativer Art[16].

b) Pouvoir discrétionnaire und unbestimmte Rechtsbegriffe

Ausgehend von der Einheitlichkeit des französischen Ermessensbegriffs ist nunmehr zu untersuchen, in welchem Umfang die Verwaltung bei der Anwendung unbestimmter Rechtsbegriffe über ein pouvoir discrétionnaire verfügt.

Die Beantwortung dieser Frage hängt mit einem Aspekt des Verhältnisses von Opportunität und Legalität zusammen, der bisher nur andeutungsweise erörtert worden ist: die im französischen Verwaltungsrecht aus der Auffassung gezogene Konsequenz, daß zwischen Opportunität und Lelagität eine notwendige Verbindung bestehe[17]. Wie gezeigt worden ist, leitet die deutsche Lehre daraus eine nicht nur wesensmäßige, sondern auch graduelle Abgrenzung der Verwaltungstätigkeit nach dem Umfang der rechtssatzmäßigen Bindung ab.

---

[12] *De Laubadère*, Manuel S. 114; vgl. auch *Bonnard* in RDP 1923/391 und *Jèze* in RDP 1944/59.

[13] *Waline* in EDCE Nr. 10 (1956) S. 25. Nur in diesem Sinne kann der Begriff pouvoir mit pouvoir discrétionnaire gleichgesetzt werden. Die Ausführungen *Launs* (in Festschrift für Kraus S. 133 ff./136 f.) gehen von einem unrichtigen Ansatzpunkt aus. Vgl. auch unten Anm. 40.

[14] *Waline*, Droit administratif S. 450 f.

[15] Siehe oben die zweite Grenze. — So ausdrücklich *Auby - Drago* a.a.O. S. 81.

[16] In Deutschland hat diese Auffassung vor allem *Scheuner* vertreten in VerwArch. 33/70 f. Siehe auch *Reinicke* in KSE 1, S. 419 f.

[17] Vgl. oben A. I. a) in diesem Abschn.

Es ist nach deutscher Auffassung der abstrakte Rechtssatz, der in den Bereich der Opportunität eindringt. Das französische Verwaltungsrecht geht demgegenüber auch hier den umgekehrten Weg: Die Opportunität wird zum Bestandteil der Legalität, wenn sie durch das Gesetz oder vom Richter dazu erhoben wird[18]. Das heißt mit anderen Worten: Der französische Verwaltungsrichter prüft die Opportunität einer Verwaltungsentscheidung nach, soweit dies erforderlich ist, um ihre Legalität festzustellen[19]. Die Fälle, wo er darüber in autoritärer Weise allein bestimmt, sind bereits an anderer Stelle erwähnt worden[20]. Dabei handelt es sich um den Bereich der von gesetzlicher Bindung freien Verwaltung. In zweiter Linie vollzieht sich dieser Vorgang durch die Verwendung unbestimmter Begriffe durch das Gesetz, *sofern und soweit der Conseil d'Etat seine Nachprüfung auf ihre Anwendung erstreckt.* Die unbestimmten Rechtsbegriffe werden also als Einbrüche der Opportunitäts- in den Bereich der Legalitätskontrolle aufgefaßt. Während nun die deutsche Theorie diesen Vorgang umgekehrt sieht und daraus in der rein theoretischen Erwägung, daß nur jeweils eine Lösung richtig sein könne, die Forderung grundsätzlich unbeschränkter richterlicher Nachprüfung der Anwendung unbestimmter Rechtsbegriffe durch die Verwaltung erhoben hat[21], braucht sich der Conseil d'Etat zu einer prinzipiellen Behandlung des Problems in dem einen oder anderen Sinne gar nicht zu bekennen. Vielmehr setzt er den Maßstab für den Umfang seiner Nachprüfung im konkreten Falle selbst und bestimmt damit den Grad der Bindung der Verwaltung[22]. Es ist also der Conseil d'Etat, der — in obiger Terminologie gesprochen — die Opportunität zur Legalität erhebt. Nur soweit er die Legalität nicht ausdehnt, reicht das Ermessen der Verwaltung, ein Verhältnis, das als „dynamique du pouvoir discrétionnaire"[23] charakterisiert wird. Dabei ergibt sich zwangsläufig ein weiter Raum für differenzierte Lösungen, die sich jedoch unter sachlichen Gesichtspunkten nicht ordnen lassen, weil sie ausschließlich von dem Gedanken der Effektivität des Rechtsschutzes, von dem Ausmaß des Rechtsschutzbedürfnisses im konkreten Fall abhängen und

---

[18] *Vedel* a.a.O. S. 234 ff.; *Waline* a.a.O. S. 268 ff. mit Angabe von Beispielen; derselbe besonders in EDCE Nr. 10 (1956) S. 27 ff.

[19] *Waline,* Droit adm. a.a.O.; vgl. auch *Steindorff,* Nichtigkeitsklage S. 61.

[20] Siehe 1. Kap. B. III. a) a.E.; vgl. auch die eingehenden Untersuchungen von *Dubisson* a.a.O. S. 96 ff.

[21] Vgl. dazu die Ausführungen im 1. Kap. unter C. II. b).

[22] *Dubisson* a.a.O. S. 55 und 148 ff.

[23] *Auby - Drago* a.a.O. S. 44. Sie führen weiter aus, daß das pouvoir discrétionnaire der Verwaltung letzten Endes dem pouvoir discrétionnaire des Richters unterworfen sei.

nicht von logischen oder dogmatischen Erwägungen[24]. Es ist daher kaum möglich, allgemeingültige Schlußfolgerungen aus den Urteilen des Conseil d'Etat für die zukünftige Behandlung gleicher oder ähnlicher Sachverhalte zu ziehen[25].

Nach dem Umfang der Ausdehnung seiner Nachprüfung lassen sich in der Rechtsprechung des Conseil d'Etat drei Gruppen unterscheiden:

— In einer ersten Gruppe von Fällen hat er die Anwendung unbestimmter Rechtsbegriffe umfassend nachgeprüft und sie wie bestimmte Begriffe behandelt. Dabei geht es im wesentlichen um die Beurteilung der bereits erwähnten Tatsachenfragen[26]. Hier scheut sich der Conseil d'Etat nicht, die Ansicht der Verwaltung durch seine eigene zu ersetzen. „Seine Wertentscheidung ersetzt, was dem Gesetz an Bestimmtheit fehlt[27]."

— In einer zweiten Gruppe beschränkt der Conseil d'Etat seine Nachprüfung darauf, ob der zu beurteilende Sachverhalt den im gesetzlichen Tatbestand verwendeten unbestimmten Begriffen generell entspricht. *Steindorff*[28] spricht hier von einer „abstrahierenden Betrachtungsweise" des Conseil d'Etat. In diesen Fällen trifft der Conseil d'Etat also kein Gesamturteil, er prüft nicht, ob die Subsumtion tatsächlich richtig ist, sie muß nur vertretbar sein. Dies ist dieselbe Konzeption, wie sie die deutsche Lehre vom Beurteilungsspielraum für die Nachprüfung von Typenbegriffen entwickelt hat[29].

Hinsichtlich dieser beiden Fallgruppen stellt *Vedel*[30] fest, daß es sich vom Standpunkt des „droit fait" niemals um eine Opportunitätsprüfung handele, wohl aber vom Standpunkt des „droit qui se fait".

— In einer dritten Gruppe endlich ist eine völlige Zurückhaltung des Conseil d'Etat bei der Überprüfung der Anwendung unbestimmter

---

[24] Dies nicht nur erkannt, sondern auch die Grenzen der Wirksamkeit des Conseil d'Etat durch eine eingehende Analyse seiner Rechtsprechung aufgezeigt zu haben, ist ein wesentliches Verdienst von *Steindorff*, auf dessen Untersuchungen die folgende Einteilung beruht (a.a.O. S. 60 ff. und 72 ff. sowie in DVBl. 1954/111 f. mit weiteren Nachweisen); ferner *Auby - Drago* a.a.O. S. 40 ff. und *Waline* a.a.O. S. 269 f. Vgl. auch *Börner*, Die Entscheidungen der Hohen Behörde S. 164 und *von Simson* in KSE 1, S. 398.

[25] Zutreffend weist *Steindorff* (Nichtigkeitsklage S. 67 f.) auf die zum Teil unter logischen Gesichtspunkten widerspruchsvolle Rechtsprechung des Conseil d'Etat hin.

[26] Siehe 1. Kap. unter B. III. b) und dort Anm. 87 und 89.

[27] *Steindorff* a.a.O. S. 66.

[28] A.a.O. S. 64; vgl. auch *Waline* a.a.O. S. 473.

[29] Siehe dort unter C. II. c).

[30] *Vedel* a.a.O. S. 236.

Rechtsbegriffe festzustellen, die er damit begründet, daß es um nicht nachprüfbare Opportunitätsfragen gehe. Hier untersucht der Conseil d'Etat die Maßnahme der Verwaltung nur auf die Einhaltung der oben genannten absoluten Grenzen[31]. Im übrigen hat die Verwaltung volles pouvoir discrétionnaire[32].

Vergleicht man die Behandlung unbestimmter Rechtsbegriffe durch den Conseil d'Etat nun mit der im zweiten Kapitel dargestellten deutschen Lehre vom Beurteilungsspielraum[29], so ergibt sich die aufschlußreiche Feststellung, daß die Differenzierung der richterlichen Nachprüfung im wesentlichen zu denselben Abstufungen führt, ohne daß der Conseil d'Etat jedoch an die Kette eines Systems gebunden ist. Diesen Weg will auch die deutsche Lehre gehen, die sich damit hilft, eine Reihe von unbestimmten Rechtsbegriffen als Ermessensbegriffe zu qualifizieren[33], sich dabei aber nicht von dem Dualismus des deutschen Ermessensbegriffs zu lösen vermag.

In der Beurteilung des einzelnen Falles weist die Rechtsprechung des Conseil d'Etat jedoch gegenüber den deutschen Lösungen große Unterschiede auf, insbesondere geht der Conseil d'Etat innerhalb der ersten Gruppe erheblich über die Rechtsprechung deutscher Verwaltungsgerichte hinaus. Die Erklärung dafür ist allein in der am Anfang dargelegten überragenden Stellung des Conseil d'Etat zu suchen. Die Nachprüfung der Anwendung unbestimmter Rechtsbegriffe ist der wichtigste Bereich, wo sich der rechtsbildende Charakter seiner Rechtsprechung offenbart[34].

II. Détournement de pouvoir und pouvoir discrétionnaire

a) Der zufällige Zusammenhang von détournement de pouvoir und pouvoir discrétionnaire

Im Gegensatz zum Ermessensmißbrauch ist das détournement de pouvoir begrifflich nicht von der Existenz eines pouvoir discrétionnaire abhängig, sondern setzt nur ganz allgemein ein pouvoir, das heißt eine Ermächtigung, voraus. Die generelle Bedeutung dieses Klagegrundes

---

31 Siehe oben unter A. I. a) in diesem Abschn.

32 Die neuere französische Verwaltungsrechtslehre lehnt wegen dieser unterschiedlichen Ausdehnung der gerichtlichen Nachprüfung eine globale Konzeption des pouvoir discrétionnaire ab und spricht dem Umfang der Kontrolle folgend nur noch von verschiedenen Aspekten des Ermessens. *Auby - Drago* a.a.O.; *Venezia,* Le pouvoir discrétionnaire S. 9 f.

33 Vgl. 2. Kap. C. II. b).

34 Vgl. 1. Kap. A. I.

zeigt sich aber auch in sachlicher Hinsicht, und zwar von seinem Anknüpfungspunkt her. Denn unabhängig davon, ob die Verwaltung nach ihrem Ermessen zu entscheiden befugt ist oder nicht, kann sie rechtswidrige Ziele verfolgen. Sie kann beispielsweise die Voraussetzungen einer gebundenen Erlaubnis zu Unrecht annehmen und die Erlaubnis erteilen, weil sie den Antragsteller begünstigen will, oder bei umgekehrter Sachlage, um ihn zu benachteiligen. Andererseits kann auch ein Handelnmüssen auf Grund einer compétence liée einer rechtswidrigen Absicht der Behörde kongruent sein. Kein Zweifel, daß sie in all diesen Fällen von ihrer Ermächtigung zu einem anderen als dem gesetzlich vorgesehenen Zweck Gebrauch gemacht hat. Die Voraussetzungen eines détournement de pouvoir sind mithin erfüllt. Es gibt daher keinen Verwaltungsakt, der nicht mit diesem Fehler behaftet sein könnte[35].

Gleichwohl kommt eine Aufhebung der Entscheidung aus diesem Grund in den genannten Beispielen im allgemeinen nicht in Betracht, denn die Beweggründe der Verwaltung werden infolge der Bindung an das Gesetz rechtlich nicht relevant[36]. Auf ihre Absichten kommt es da nicht an, wo sie rechtlich verpflichtet ist, ihre Kompetenz in einer bestimmten Weise auszuüben. Liegen die gesetzlichen Voraussetzungen nicht vor, so darf sie nicht handeln, ist der Tatbestand des Gesetzes dagegen erfüllt, so muß sie entscheiden. Folgt sie diesen Geboten nicht, so steht ihre Maßnahme ohne Rücksicht auf ihre Willensrichtung in direktem Widerspruch zu einer Rechtsnorm. Das Interesse an der Aufhebung einer in diesem Sinne gesetzwidrigen Entscheidung (= violation de la loi) überwiegt gegenüber dem Bedürfnis, ein außerdem vorhandenes détournement de pouvoir zu sanktionieren[37]. Normalerweise prüft der Conseil d'Etat daher bei einer compétence liée den angefochtenen Verwaltungsakt nicht auf ein détournement de pouvoir nach.

Dadurch ändert sich aber nichts an der Tatsache, daß, wenn das Hauptanwendungsgebiet des détournement de pouvoir auch im Bereich der Ermessensentscheidungen liegt, es sich hierbei nicht, wie zwischen Ermessensmißbrauch und Ermessen, um eine petitio principii handelt. Vielmehr ist ein détournement de pouvoir auch im Falle gebundener Verwaltung möglich[38]. So wäre es z. B. denkbar, daß der Conseil

[35] *De Laubadère*, Manuel S. 114.

[36] *De Labadère*, Traité S. 482; *Odent*, Contentieux administratif III S. 884; *Vedel* a.a.O. S. 457; *Waline* a.a.O. S. 484; vgl. auch *Bonnard* in RDP 1938/138 f. CE 25. 6. 1937, de la Raudière, S. 1937. 3. 121 mit Anm. *P. L.*; 3. 1. 1947, Sainteau, Rec. 7; 17. 5. 1957, Boyer, Rec. 320.

[37] *P. L.* in S. 1937. 3. 122; *Waline* a.a.O.

[38] So ausdrücklich *Auby - Drago* a.a.O. S.85, die unter Hinweis auf *P. L.* a.a.O. zutreffend bemerken, daß die Verwirrung auf der „pluralité des buts" beruhe. In der Tat besteht hier immer ein rechtswidriges neben einem rechtmäßigen Ziel.

d'Etat bei einer besonders schwerwiegenden Lüge der Behörde zum Nachteil des Betroffenen die Annullierung der Entscheidung wegen détournement de pouvoir der violation de la loi vorziehen könnte. In der Tat gibt es Urteile, wo gegenüber der Prüfung eines détournement de pouvoir sämtliche anderen Klagegründe zurücktreten[39].

Zusammenfassend kann daher festgestellt werden, daß der Klagegrund des détournement de pouvoir nach Begriff und Ansatz von dem Bestehen eines pouvoir discrétionnaire unabhängig ist, obwohl er im allgemeinen nur dann zu einer Aufhebung eines Verwaltungsaktes führen kann. Dabei handelt es sich jedoch nicht um eine dogmatisch abgeleitete Voraussetzung, sondern um ein aus der Natur der Sache folgendes Verhältnis[40]. Darum hat auch der Conseil d'Etat niemals die grundsätzliche Forderung erhoben, daß beim détournement de pouvoir ein Akt des pouvoir discrétionnaire vorliegen müsse. Vielmehr stellt er lediglich fest, daß ein détournement de pouvoir bei einer compétence liée die Annullierung nicht zur Folge haben könne[41]. Der Zusammenhang von détournement de pouvoir und pouvoir discrétionnaire kann mithin als gewissermaßen zufällig bezeichnet werden.

b) *Détournement de pouvoir und unbestimmte Rechtsbegriffe*

Das soeben gewonnene Ergebnis gilt auch, wenn die Verwaltung durch unbestimmte Rechtsbegriffe gebunden ist, sofern und soweit der Conseil d'Etat seine Kontrolle auf ihre Anwendung erstreckt. Der

---

39 Siehe dazu die Beispiele in Anm. 30 des 1. Kap.

40 Dies übersieht *Laun*, Das freie Ermessen und seine Grenzen S. 128 und in Festschrift für Kraus S. 133 f. und 137 f. und interpretiert daher die Subsidiaritätsformulierungen einiger Autoren unrichtig, indem er ihnen entnehmen zu können glaubt, daß pouvoir in détournement de pouvoir pouvoir discrétionnaire bedeute; vgl. auch oben Anm. 13. Die hier aufgezeigte Beziehung von détournement de pouvoir und pouvoir discrétionnaire wird — zumeist in Anlehnung an die Definition *Laferrières* (Traité II S. 548 f.), der wiederum *Aucoc* zitiert — auch von anderen zum Teil namhaften Autoren nicht beachtet. Vgl. *Becker*, Der Einfluß des franz. Verwaltungsrechts auf den Rechtsschutz in den Europ. Gemeinschaften S. 36; *Gasparri* in AO Bd. IV, S. 157; *Grassetti* in AO Bd. IV, S. 87; *Lagrange* in den Schlußanträgen zur Rechtssache 8/55, RsprGH II/294 und in AO Bd. IV, S. 187; *Mathijsen*, Le Droit de la CECA S. 116; *Moser*, Die überstaatl. Gerichtsbarkeit der Montanunion S. 40. Die Ansicht von *Bebr* (Judicial Control of the Europ. Communities S. 98 f.), das détournement de pouvoir sei zur Kontrolle des Verwaltungsermessens entwickelt worden, erscheint historisch nicht gerechtfertigt. Mißverständlich sind auch die Ausführungen *Börners* (a.a.O. S. 164 ff.), dessen Ausdrucksweise jedoch andererseits darauf schließen läßt, daß er das Verhältnis von détournement de pouvoir und Ermessensmißbrauch richtig erkannt hat (a.a.O. S. 163).

41 Siehe die Beispiele oben Anm. 36.

einzige Unterschied, der sich hier ergibt, besteht darin, daß die Bindung nicht von der Norm selbst in eindeutiger Weise ausgesprochen, sondern erst vom Gericht konkret bestimmt wird. Auch insoweit kommt eine rechtswidrige Absicht des Organwalters normalerweise nicht in Betracht. Für die Fälle unbeschränkter Nachprüfung ist dies selbstverständlich. Für die Nachprüfung im Wege abstrahierender Betrachtungsweise leuchtet es ebenfalls ein, denn dabei wird nicht auf die verfolgten Ziele abgestellt, sondern sie ist objektive Kontrolle der motifs. Diese entscheidet allein über Rechtmäßigkeit und Rechtswidrigkeit des angefochtenen Verwaltungsaktes. Denn entweder liegt ein die Maßnahmen rechtfertigendes motif vor oder nicht. Für die Untersuchung eines détournement de pouvoir ist daneben kein Raum.

Damit zeigt sich die dogmatische Zusammenhanglosigkeit von détournement de pouvoir und pouvoir discrétionnaire von einer anderen Seite. In der konkreten Subsumtion ist die Verwaltung nämlich frei und verfügt somit über ein pouvoir discrétionnaire[42]. Gleichwohl werden ihre rechtswidrigen Beweggründe nicht sanktioniert, wenn die Entscheidung von einem zulässigen motif getragen wird[43]. Trotz des Bestehens eines pouvoir dicrétionnaire kommt das détournement de pouvoir als Aufhebungsgrund nicht zum Zuge.

Daraus ergibt sich eine weitere Folgerung für das Verhältnis von détournement de pouvoir und Ermessensmißbrauch. Ihr Anwendungsbereich deckt sich hier, wenn die deutsche Lehre vom Beurteilungsspielraum zugrunde gelegt wird, denn auch nach letzterer wird die Vertretbarkeit der Entscheidung im Wege einer abstrahierenden Beurteilung endgültig festgestellt. Zu einem Ermessensmißbrauch kann sie wie die französische Lösung nicht kommen, obwohl diese Kongruenz auf anderen Gründen beruht. Demgegenüber liegt nach der Lehre von den Ermessensbegriffen in diesen Fällen ein Ermessensmißbrauch vor, wenn festgestellt wird, daß die Subsumtion nicht durch verständige Erwägungen, das heißt in französischer Terminologie ein zulässiges motif, gerechtfertigt ist. Im Verhältnis zu dieser Auffassung ist der Tatbestand des détournement de pouvoir daher enger als der Ermessensmißbrauch.

Nur da, wo sich der Conseil d'Etat jeglicher Nachprüfung der Tatsachenwürdigung enthält, gewinnt das détournement de pouvoir selbständige Bedeutung. Der Conseil d'Etat versagt sich hier die objektive Prüfung mit Ausnahme der Richtigkeit der Tatsachenfeststellungen. Als weitere Schranke tritt aber immer die Bindung an den Zweck des

---

[42] *Venezia* a.a.O. S. 31.
[43] Vgl. dazu 1. Kap. C. II. b).

Gesetzes in Erscheinung[44]. Ihre Außerachtlassung macht die Maßnahme wegen détournement de pouvoir aufhebbar, da weder das Gesetz noch der Conseil d'Etat objektive Maßstäbe aufstellen. Diese Fälle entsprechen in ihrer Behandlung der der höchstpersönlichen Wertentscheidungen in der deutschen Theorie. Dabei führt jedoch ein Vergleich zu den umgekehrten Ergebnissen, wie sie für die vorhergehende Fallgruppe festgestellt worden sind. Denn nunmehr stimmt die französische Auffassung mit der Lehre von den Ermessensbegriffen überein, während die Lehre vom Beurteilungsspielraum, auch soweit die Verwaltung aus zweckfremden Motiven gehandelt hat, nicht von Ermessensmißbrauch sprechen kann.

Die vorstehende Untersuchung kann daher folgendermaßen zusammengefaßt werden:

Auch bei der Anwendung unbestimmter Rechtsbegriffe ist der Zusammenhang von détournement de pouvoir und pouvoir discrétionnaire ein zufälliger in dem unter lit. a dargetanen Sinne. Es hat sich ferner gezeigt, daß nicht einmal dann, wenn die Verwaltung über ein pouvoir discrétionnaire verfügt, das détournement de pouvoir als Aufhebungsgrund zum Zuge kommt, solange der Conseil d'Etat die objektive Kontrolle der motifs vornimmt. Gegenüber den deutschen Theorien ergeben sich daraus für das Verhältnis von détournement de pouvoir und Ermessensmißbrauch zwei Unterschiede: Bei Zugrundelegung der Lehre von den Ermessensbegriffen erfaßt der Ermessensmißbrauch Fälle, in denen ein détournement de pouvoir nicht relevant wird — Ermessensmißbrauch geht hier also weiter als détournement de pouvoir; in Beziehung zu der Lehre vom Beurteilungsspielraum ist demgegenüber der Anwendungsbereich des détournement de pouvoir weiter — détournement de pouvoir erfaßt hier also Fälle, die nicht Ermessensmißbrauch sind.

c) Pouvoir discrétionnaire und détournement de procédure

Bei der Darstellung des détournement de pouvoir innerhalb des recours pour excès de pouvoir ist festgestellt worden, daß das détournement de procédure als selbständige Erscheinungsform des détournement de pouvoir von dem allgemeinen Rückgang dieses Klagegrundes nicht berührt worden ist, sondern im Gegenteil an Bedeutung gewonnen hat[45]. Dabei wurde bereits erklärt, weshalb die Ausdehnung staatlicher Interventionen auf wirtschaftlichem und sozialem Gebiet, die sich besonders negativ auf die zweite Fallgruppe des détournement de pouvoir, die

---

[44] Siehe oben A. I. a) und b) a. E. in diesem Abschn.
[45] Siehe 1. Kap. unter D.

Verfolgung eines unerlaubten „intérêt public" ausgewirkt hat, der Entwicklung des détournement de procédure eher förderlich gewesen ist. Es ist jedoch offengeblieben, aus welchen Gründen die zunehmende Verdrängung des détournement de pouvoir durch die Kontrolle der motifs sich nicht auch auf das détournement de procédure erstreckt hat. Wenn man in Erwägung zieht, daß der Tatbestand der inexactitude des motifs vom Conseil d'Etat gerade als Mittel zur Nachprüfung des Ermessensbereichs der Verwaltung entwickelt worden ist[46], und andererseits bedenkt, daß in den bisher erörterten Fällen — jedenfalls in der praktischen Behandlung — ein détournement de pouvoir nur bei Vorliegen eines pouvoir discrétionnaire relevant werden konnte, so liegt es nahe anzunehmen, daß die unangetastete Stellung des détournement de procédure in seinem Verhältnis zum pouvoir discrétionnaire begründet sein muß.

Der Kern des détournement de procédure[47] besteht, auf eine kurze Formel gebracht, in dem Gebrauch eines anderen als des gesetzlich vorgesehenen Verfahrens zur Erreichung eines bestimmten Ergebnisses. Anknüpfungspunkt ist also das vom Organwalter zur Verwirklichung des angestrebten Zieles einzuhaltende Verfahren und nicht, wie sonst beim détournement de pouvoir, dieses Ziel selber. Der der Verwaltung gemachte Vorwurf beruht mithin nicht darauf, daß sie ein unerlaubtes Ziel verfolgt habe, sondern auf einer unzulässigen Vertauschung zweier jeweils zu einem bestimmten Zweck vorgeschriebener Verfahren. Daraus folgt, daß beim détournement de procédure auf einen Gesichtspunkt abgestellt wird, dessen Berücksichtigung oder Nichtberücksichtigung nicht im Ermessen der Behörde liegt[48]. Denn das anzuwendende Verfahren ist unlösbar mit der getroffenen Entscheidung verbunden. Diese darf nur auf dem gesetzlich vorgesehenen Wege verwirklicht werden. Setzt sich die Verwaltung über dieses Gebot hinweg, so verstößt sie nicht primär gegen den Zweck des Gesetzes, sondern verletzt es unmittelbar. Sie wendet nämlich ein bestimmtes Verfahren an, obwohl die Voraussetzungen hierfür nicht vorliegen[49]. Die Frage nach dem einzuhaltenden Verfahren ist somit eine Frage der Handlungsvoraussetzungen und nicht des verfolgten Zieles[50]. Letzteres ist bei den hier infrage kommenden Verfahrensarten gerade identisch. So wird z. B. sowohl mit einer Beschlagnahme als auch mit einer Enteignung be-

---

[46] *Vidal* in RDP 1952/300.

[47] Siehe dazu im einzelnen oben im 1. Kap. B. II. d) 3.

[48] *Auby* in D. 1956 Chronique S. 27; *M. L.* Anm. zum arrêt Richard in S. 1948. 3. 62 f.

[49] *Bonaert u. a.*, Fragen S. 65; *M. L.* a.a.O.

[50] *Dubisson* a.a.O. S. 86, der deshalb hier kein détournement de pouvoir annimmt.

zweckt, eine bewegliche Sache oder ein Grundstück der Sachherrschaft der öffentlichen Hand zu unterwerfen[51]. Der Tatbestand des détournement de procédure ist daher dogmatisch nicht anders zu beurteilen, als wenn beispielsweise eine gebundene Erlaubnis erteilt wird, obwohl die gesetzlichen Voraussetzungen nicht erfüllt sind. Die Behörde wählt in einer Hinsicht, wo sie tatbestandlich — das heißt nicht nur an den Zweck des Gesetzes — gebunden ist. Détournement de procédure stellt eine Erscheinungsform des détournement de pouvoir bei gebundener Verwaltung dar.

Daraus ergibt sich zwangsläufig, daß dieser Aufhebungsgrund unter keinen Umständen von der Kortrolle der motifs erfaßt werden kann; denn der Gesichtspunkt der Voraussetzungen eines bestimmten Verfahrens hat logisch nichts mit den motifs als der materiellen Entscheidungsgrundlage zu tun. Es handelt sich um schlechthin falsche Anwendung des Gesetzes. Daher drängt sich die Frage auf, warum die französische Theorie nicht von violation de la loi spricht. Dies beruht darauf, daß eine äußerlich ähnliche Situation vorliegt wie in den übrigen Fällen des détournement de pouvoir. Die Beweggründe des Organwalters sind nämlich auch hier rechtswidrig. Nur beziehen sie sich nicht auf das Hauptziel des Handelns, sondern bestehen ausschließlich darin, durch die Anwendung des unerlaubten Verfahrens gewisse Vorteile zu erreichen[52]. So gesehen bereitet es keine Schwierigkeiten, den Tatbestand des détournement de procédure unter die Definition des détournement de pouvoir zu subsumieren. Daß dieser Gesichtspunkt einer Aufhebung des Verwaltungsaktes wegen violation de la loi vorgezogen wird, ist allein deshalb möglich, weil auch die Nichtbeachtung gesetzlicher Voraussetzungen letzten Endes immer gleichzeitig einen Verstoß gegen den Sinn des Gesetzes bedeutet, der ja gerade dadurch konkretisiert wird[53]. Zu erklären ist dieser Vorzug des détournement de pouvoir damit, daß man der Entscheidung den begangenen Gesetzesverstoß nicht ansieht. Er ergibt sich erst aus den begleitenden Umständen bzw. dem meist erst später offenbar werdenden Ergebnis der Maßnahme und ihren Auswirkungen. Beschlagnahmt die Behörde beispielsweise ein Grundstück, obwohl sie es in Wirklich-

---

[51] *Dubisson* a.a.O.; vgl. auch 1. Kap. B. II. d) 3.

[52] *Bonaert u. a.* a.a.O. Dies wird in der französischen Literatur nicht immer klar auseinandergehalten. So sind z. B. die von *Waline* (a.a.O. S. 486) angeführten Beispiele größtenteils keine selbständigen Fälle von détournement de procédure, da sich die rechtswidrigen Beweggründe gerade auf das Hauptziel beziehen. Befugnis und Verfahren werden hier vermischt. Es handelt sich um Fälle der zweiten Erscheinungsform des détournement de pouvoir.

[53] Vgl. *Laun* in Festschrift für Kraus S. 135.

keit enteignen will, so ist dieses ihr Ziel zunächst nicht erkennbar; oder: will der Dienstherr einen Beamten entgegen der Vorschrift des § 26 Abs. 3 BBG ohne dessen Zustimmung in den Bereich eines anderen Dienstherrn versetzen und ordnet er ihn daher gem. § 27 Abs. 1 ab, so wird die Verletzung des Gesetzes unter Umständen erst nach einem Jahr, das heißt dem Ablauf der gesetzlich zulässigen Dauer einer solchen Abordnung, offenkundig. Es ist darum lediglich durch die Verschleierung einer Absicht ein Zusammenhang mit dem „echten" détournement de pouvoir gegeben. Daß dieser nur ein scheinbarer ist, zeigt sich, wenn man in allen Fällen einmal unterstellt, die Verwaltung habe ihre Beweggründe kundgetan. Dadurch ändert sich der Charakter des „echten" détournement de pouvoir nicht, da auch das offenbarte rechtswidrige Ziel, z. B. einen Freund zu begünstigen, den Verwaltungsakt wegen détournement de pouvoir aufhebbar macht. Würde dagegen eine Behörde erklären, eine Enteignung vornehmen zu wollen, und dann zur Beschlagnahme der betreffenden Sache schreiten, so wäre von einem détournement de pouvoir nicht mehr die Rede. Ihr Vorgehen wäre schlechthin ungesetzlich.

Die deutsche Auffassung kann demgegenüber die Tatbestände des détournement de procédure angesichts der hier bestehenden Bindung der Verwaltung nicht unter dem Gesichtspunkt des Ermessensmißbrauchs erfassen. Denn nur die mißbrauchte Befugnis selbst kann dessen Voraussetzungen erfüllen, soweit ihre Ausübung im Ermessen der Behörde steht. In bezug auf das dabei zwingend vorgeschriebene Verfahren ist indessen ein Ermessensmißbrauch dogmatisch nicht möglich. Man spricht aber gleichwohl nicht einfach von Gesetzesverletzung, sondern trägt ebenfalls der Tatsache Rechnung, daß in diesen Fällen ein verdecktes Handeln der Verwaltung vorliegt. Das wird durch die Bezeichnung Gesetzesumgehung zum Ausdruck gebracht[54], die gleichzeitig klarstellt, daß es sich nicht um einen Verstoß gegen den Zweck des Gesetzes handelt, sondern daß sein Buchstabe verletzt worden ist.

Im Ergebnis kann damit festgestellt werden, daß die Unabhängigkeit von détournement de pouvoir und pouvoir discrétionnaire beim détournement de procédure auch praktisch in Erscheinung tritt, denn der der Verwaltung gemachte Vorwurf besteht in der Verletzung zwingender Vorschriften[55]. Während bei den übrigen Begehungsweisen des détournement de pouvoir die rechtswidrigen Beweggründe des Organwalters bei gesetzlicher Bindung nicht zur Aufhebung der angefochtenen Entscheidung führen, da bereits die Nachprüfung unter objektiven

---

[54] *Jellinek*, Verwaltungsrecht S. 152; *Merk*, Deutsches Verwaltungsrecht S. 359 f.; vgl. auch *Forsthoff*, Lehrbuch des Verwaltungsrechts I S. 88.

[55] Vgl. dazu die in Anm. 53 des 1. Kap. zitierten Beispiele.

Gesichtspunkten über ihre Rechtmäßigkeit oder Rechtswidrigkeit entscheidet, werden umgekehrt beim Tatbestand des détournement de procédure diese Beweggründe primär geprüft. Allerdings beziehen sie sich nicht auf das Hauptziel des Handelns, sondern auf das zu seiner Verwirklichung anzuwendende Verfahren.

III. Zusammenfassung der aus der Betrachtung des détournement de pouvoir im Verhältnis zum deutschen Ermessensproblem gewonnenen Ergebnisse

Der Zusammenhang von détournement de pouvoir und Ermessen ist, anders als das im deutschen Verwaltungsrecht für den Ermessensmißbrauch gilt, kein dogmatisch notwendiger, sondern folgt aus der Natur der Sache. Ein détournement de pouvoir ist auch bei gebundener Verwaltung begrifflich möglich, wird jedoch als Aufhebungsgrund nur im Falle eines détournement de procédure relevant. Dabei ist ein einheitlicher Ermessensbegriff zugrundezulegen. Die französische Theorie unterscheidet nicht zwischen Handlungsermessen und dem Bereich rechtlicher Mehrdeutigkeit[56]. Daraus ergeben sich zwei Folgen: Im Verhältnis zur deutschen Lehre vom Beurteilungsspielraum, für die es bei Anwendung unbestimmter Rechtsbegriffe als petitio principii kein Ermessen gibt, ist das détournement de pouvoir weiter als der Ermessensmißbrauch; nach der Lehre von den Ermessensbegriffen erfaßt dagegen der Ermessensmißbrauch Fälle, in denen eine Annullierung wegen détournement de pouvoir nicht in Betracht kommt. Auf Grund der bisherigen Untersuchungen kann zusammenfassend gesagt werden, daß von der Verschiedenheit der Anknüpfungspunkte her ein wesensmäßiger Unterschied zwischen Ermessensmißbrauch und détournement de pouvoir besteht.

B. Das Verhältnis des Ermessensmißbrauchs zu den französischen Aufhebungsgründen für Ermessensentscheidungen

Die zur Bestimmung dieses Verhältnisses vorzunehmende Betrachtung, bei der nunmehr vom deutschen System auszugehen ist, kann sich nicht in einer Gegenüberstellung der den einzelnen Tatbeständen zugehörigen Fallgestaltungen erschöpfen[57]. Denn diese haben sich als so mannigfaltig erwiesen und werden, wie gezeigt worden ist, in beiden Rechtsordnungen in Theorie und Praxis so uneinheitlich behandelt,

---

[56] So im Ergebnis auch *Börner* a.a.O. S. 170.

[57] So die im übrigen sehr knappen Darstellungen von *Becker* a.a.O. S. 39 f.; *Börner* a.a.O. S. 170 ff.; *Lagrange* in den Schlußanträgen zur Rechtssache 3/54, RsprGH I/158 ff. und 174 ff.; *Mathijsen* a.a.O. S. 117 ff.

daß sich auf diese Weise ein dogmatisch befriedigendes Ergebnis nicht erzielen läßt. Es muß daher versucht werden, ein jeder Ermessensentscheidung immanentes Kriterium zu finden, unter dem die Erscheinungsformen des Ermessensmißbrauchs sowohl erfaßt als auch gegen die äußeren Ermessensfehler abgegrenzt werden können, und das darüber hinaus eine Einordnung der französischen Aufhebungsgründe erlaubt. Es muß also so geartet sein, daß sich aus der Beziehung zu ihm die vorhandenen Unterschiede zwangsläufig ergeben.

I. Das Kriterium der Abwägung als Beziehungspunkt

Es bietet sich ein Gesichtspunkt an, der bereits bei der Darstellung der deutschen Ermessensfehlerlehre mehr oder weniger klar zum Ausdruck gekommen ist: das Kriterium der Abwägung[58]. In der Tat wird die Ausübung einer Ermessensbefugnis dadurch charakterisiert, daß eine Abwägung der im Spiel befindlichen Interessen und Umstände zu erfolgen hat. Diese müssen erkannt, in ihrem Gewicht richtig eingeschätzt und gegeneinander abgewogen werden. Diese *Erwägungen* können zu verschiedenen, rechtlich zulässigen Ergebnissen führen. Deshalb kann die gesetzte Rechtsfolge vom Richter nur dann beseitigt werden, wenn der Verwaltung *bei* der Abwägung ein Fehler unterlaufen ist. Es sind — nach *Jellineks* klassischer Formulierung[59] — „die einer im Ergebnis nicht beanstandbaren Entschließung vorangehenden gesetzwidrigen Erwägungen“, die die Maßnahme rechtswidrig machen.

Um eine Nachprüfung der Erwägungen der Behörde handelt es sich aber gerade auch bei der Kontrolle der motifs durch die französischen Verwaltungsgerichte[60]. Wird außerdem der enge Zusammenhang von motifs und mobiles — auf letztere wird, wie wir wissen, innerhalb des détournement de pouvoir abgestellt — in Betracht gezogen[61], so kann festgestellt werden, daß das gefundene Kriterium alle zur Lösung unseres Problems erforderlichen Eigenschaften besitzt. Um es dafür praktisch nutzbar zu machen, muß es jedoch zunächst in zweifacher Hinsicht präzisiert werden: Zum einen ist zu klären, welche Möglichkeiten fehlerhafter Erwägungen logisch denkbar sind, zum anderen ist die Frage zu beantworten, woraus sich die zu berücksichtigenden Gesichtspunkte ergeben und worin sie bestehen können.

---

[58] Siehe oben 2. Kap. D. II. und E. II. a. E. Vgl. ferner *Stern*, Ermessen und unzulässige Ermessensausübung S. 17 f.

[59] A.a.O. S. 37.

[60] Siehe dazu oben 1. Kap. B. III. a).

[61] Vgl. oben 1. Kap. B. II. d).

a) Die möglichen Abwägungsfehler

Es lassen sich fünf verschiedene Fallgestaltungen denken, die sowohl einzeln vorliegen als auch mancherlei Verbindungen miteinander eingehen können[62]. Dabei kann die Fehlerhaftigkeit der Erwägungen grundsätzlich immer auf einem Irrtum oder auf einer Pflichtwidrigkeit seitens der Verwaltung beruhen.

1. Es hat überhaupt keine Abwägung stattgefunden, das heißt, die Behörde hat keinerlei Erwägungen angestellt.
2. Die Behörde hat Gesichtspunkte berücksichtigt, die sie nicht berücksichtigen durfte; sie hat also zuviel in Betracht gezogen.
3. Die Behörde hat Gesichtspunkte nicht berücksichtigt, die sie hätte berücksichtigen müssen, das heißt, ihre Erwägungen sind unvollständig.
4. Es sind alle Gesichtspunkte berücksichtigt worden, die Behörde hat sie aber nicht hinreichend gegeneinander abgewogen oder falsche Schlüsse aus ihnen gezogen.
5. Die bei der Abwägung berücksichtigten Umstände liegen nicht vor.

b) Die zu berücksichtigenden Faktoren

Um diese zu bestimmen, ist zunächst eine Erkenntnis deutlich zu machen, die aus der Natur des soeben gefundenen Beziehungspunktes selbst folgt. Sie besteht darin, daß hier nur solche Gesichtspunkte in Betracht kommen, die Gegenstand einer echten Abwägung sein können. Ihre Bedeutung für die zu treffende Entscheidung muß mit anderen Worten von Fall zu Fall verschieden sein können und sich erst aus dem in concreto bestehenden Verhältnis zu weiteren derartigen Imponderabilien ergeben. Es können mithin nur diejenigen Faktoren eine Rolle spielen, die gerade bei der Ausübung des eigentlichen Ermessensteils einer Ermächtigung berücksichtigt werden müssen. Außerhalb dieses Bereichs, das heißt also, soweit die Verwaltung durch gesetzliche Voraussetzungen, sei es auf der Tatbestands- oder Rechtsfolgenseite, gebunden ist, ist für eine Abwägung kein Raum, sondern es gibt nur gesetzmäßiges oder gesetzwidriges Verhalten. Rechtmäßigkeit oder Rechtswidrigkeit der Maßnahmen folgen dann in jedem Falle nicht

---

[62] Ein ähnliches System entwickelt auch *Gasparri* in seiner Studie zum détournement de pouvoir (a.a.O. S. 164 ff.). Er stellt jedoch zum Teil auf andere Faktoren ab und nimmt insbesondere noch weitere Differenzierungen vor, die hier außer Betracht bleiben können. Ihm folgend Bondil, Le détournement de pouvoir en droit international public S. 30 ff.

erst aus den von der Behörde angestellten Erwägungen, sondern werden durch einen Vergleich der tatsächlichen Gegebenheiten mit der anzuwendenden Norm festgestellt[63]. Um eine solche Prüfung handelt es sich in den Fällen der Ermessensüberschreitung, die damit dogmatisch einwandfrei von den Abwägungsfehlern abgegrenzt sind. Ermessensüberschreitung ist nichts anderes als ungesetzliches Verhalten[64]. Sie wird daher im französischen Verwaltungsrecht folgerichtig als violation de la loi angesehen[65].

Wendet man diese Erkenntnis nun auf die Tatbestände an, die nach deutscher Auffassung verschiedentlich als Ermessensüberschreitung qualifiziert werden, so zeigt sich, daß sie zum Teil gar nicht als Verletzung gesetzlicher Bindung aufgefaßt werden können, sondern vielmehr mit dem Kriterium der Abwägung in Beziehung stehen. Dies gilt sowohl für den Fall der irrigen Annahme gesetzlicher Gebundenheit, der der ersten Gruppe der Abwägungsfehler unterfällt, als auch für die Fälle besonders schwerwiegenden Fehlverhaltens im Sinne der Willkür-Rechtsprechung des Reichsgerichts[66]. Letztere können auf eine Nichtbeachtung aller fünf Abwägungsgrundsätze zurückgeführt werden. Sie werden nur deshalb als Ermessensüberschreitung begriffen, weil der Verstoß gegen diese Regeln so offensichtlich ist, daß er sich jedem Betrachter ohne weiteres aufdrängt. Dies beruht auf der Vorstellung, daß ein derart objektiv feststellbarer Fehler den äußeren Ermessensrahmen verletze, wobei jedoch übersehen wird, daß Handeln nach objektivem Maßstab und objektive Erkennbarkeit der Fehlerhaftigkeit dieses Handelns zwei verschiedene Dinge sind. Schließlich bleibt ein Fall zu untersuchen, der von *Hans-J. Wolff* als Beispiel einer Ermessensüberschreitung angeführt wird: die Anwendung einer anderen als der „notwendigen" Maßnahme im Sinne von § 14 pr. PVG[67]. *Wolff* kommt hier zur Annahme einer Ermessensüberschreitung, weil eine nicht erforderliche Maßnahme eine Rechtsfolge darstelle, die von der Einräumung des Ermessens unter keinen Umständen gedeckt werde. Damit wird jedoch das für unsere Untersuchung entscheidende Problem nicht aufgeworfen, welches darin besteht, daß es gerade zweifelhaft sein kann, welche Maßnahme im Einzelfall notwendig, bzw. ob ein polizeiliches Einschreiten überhaupt geboten ist. Die Beantwortung dieser Frage setzt wiederum Erwägungen voraus, die unter Umständen sehr komplexer Natur sein können. Von dem hier entwickelten

---

[63] *Jellinek* a.a.O. S. 447.
[64] Vgl. oben 2. Kap. D. II.
[65] *Becker* a.a.O. S. 39; *Lagrange* RsprGH I/178; ferner *Börner* a.a.O. S. 171.
[66] Siehe dazu oben 2. Kap. D. II. c) und D. III.
[67] Siehe 2. Kap. Anm. 47.

System her steht dieses Beispiel daher ebenfalls mit dem Gesichtspunkt der Abwägung im Zusammenhang.

Ganz ähnlich verhält es sich auch mit der Anwendung unbestimmter Rechtsbegriffe, soweit ein rechtlich objektivierter Maßstab für eine richterliche Kontrolle fehlt. In der Tat sprechen die Anhänger der Lehre vom Beurteilungsspielraum selbst von einer Nachprüfung auf das Vorliegen sachfremder Erwägungen oder Motive[68]. Der hier bestehende Unterschied gegenüber der Ausübung von Handlungsermessen liegt einfach darin begründet, daß der unbestimmte Begriff selbst die Richtung angibt, in der im konkreten Falle die seiner inhaltlichen Ausfüllung dienende Abwägung vorzunehmen ist. Er liefert also selbst die Gesichtspunkte für die Sachbezogenheit der Erwägungen, zu deren Feststellung im Bereich des von jeglicher gesetzlichen Bindung freien Ermessens erst auf außerhalb des gesetzlichen Tatbestandes liegende Kriterien zurückgegriffen werden muß. Damit erweisen sich die angeblich qualitativen Unterschiede als solche quantitativer Art[69]. Es kann daher festgehalten werden, daß sich die bei der Abwägung zu berücksichtigenden Faktoren aus der Ermächtigungsnorm selbst ergeben, soweit diese unbestimmte Tatbestands- oder Rechtsfolgevoraussetzungen enthält.

Daneben und insbesondere dann, wenn das Gesetz keine solchen Voraussetzungen aufstellt, muß die Sachbezogenheit der Erwägungen allgemein aus Sinn und Zweck der Ermächtigungsnorm abgeleitet werden. Dazu treten als weitere Faktoren die allgemeinen Rechts- und Verfassungsgrundsätze (wie Gleichheit, Freiheit, Treu und Glauben, Rechts- und Sozialstaatlichkeit) sowie sonstige gesetzliche Wertentscheidungen[70]. Ferner ist in Betracht zu ziehen, daß das gewählte Mittel geeignet, notwendig und verhältnismäßig sein muß. Das Merkmal der Notwendigkeit einer Maßnahme ist bereits im einzelnen behandelt worden[71]. Die dort gemachten Ausführungen treffen auch für die beiden anderen Gesichtspunkte zu, wie überhaupt ein enger Zusammenhang zwischen ihnen besteht. Indessen ist bezüglich der allgemeinen

---

[68] Vgl. oben 2. Kap. unter C. II. c) a. E.

[69] Die französische Auffassung ist also systematisch richtig (vgl. 2. Abschn. unter A. I. a) a. E.). Wie hier auch *Gasparri* a.a.O. S. 160 ff.; vgl. auch *Stern* a.a.O. S. 19, der einerseits zutreffend ausführt, daß der unbestimmte Rechtsbegriff nach den Richtlinien und Zielsetzungen des Gesetzgebers auszufüllen sei, den Unterschied zum Ermessen dann aber damit begründet, daß dem subjektiven Verwaltungswollen dabei ein letztverbindlicher Entscheidungsraum nicht eingeräumt sei. Diese Begründung überzeugt nicht, da die Verwaltung auch dann letztverbindlich entscheidet, wenn sie über einen Beurteilungsspielraum verfügt.

[70] *Hans-J. Wolff* a.a.O. § 31 II d 2.

[71] Siehe dazu oben im vorletzten Absatz.

Rechts- und Verfassungsgrundsätze ein Vorbehalt zu machen. Wie gezeigt worden ist, unterfällt ihre Außerachtlassung nach französischem Recht dem Tatbestand der violation de la loi[72]. Eine ähnliche Tendenz ist insbesondere in bezug auf die Behandlung von Verstößen gegen den Gleichheitssatz auch in der Rechtsprechung deutscher Verwaltungsgerichte festgestellt worden[73]. Dem liegt die Auffassung zugrunde, daß es sich bei den genannten Grundsätzen um generelle Anforderungen an die Rechtmäßigkeit handelt, um gewissermaßen negative Voraussetzungen, die in jeder Ermächtigungsnorm stillschweigend enthalten sind und deren Beurteilung keinen Raum für einen subjektiven Maßstab läßt. Wenn der Begriff des Gesetzes in diesem Sinne ausgedehnt wird, so folgt daraus, daß die Beachtung der allgemeinen Rechts- und Verfassungsgrundsätze sich nicht als Frage der fehlerfreien Ausübung des Ermessens stellt, sondern ein Problem richtiger Gesetzesanwendung ist. Eine Verbindung zu dem Kriterium der Abwägung besteht hiernach nicht.

Demgegenüber beschränkt die deutsche Theorie den Begriff des Gesetzes auf dessen ausdrücklichen Inhalt. Sie wird, wie wir gesehen haben, dadurch charakterisiert, daß sie an die Grenzen des Ermessens anknüpft[74]. Bei Zugrundelegung dieser Konzeption, die ja Ausgangspunkt für unsere gegenwärtigen Überlegungen ist, wird die Berücksichtigung der allgemeinen Rechts- und Verfassungsgrundsätze gerade erst für die Ausübung des echten Ermessensteils der Ermächtigung relevant. Jene werden damit im Sinne des entwickelten Systems zu Faktoren, die bei der vorzunehmenden Abwägung zu berücksichtigen sind. Diese Auffassung hat gegenüber der oben dargelegten den Vorzug der Einheitlichkeit. Denn die Verletzung allgemeiner Rechts- und Verfassungsgrundsätze läßt sich nur bei direkten und offensichtlichen Verstößen allein aus dem Inhalt der Maßnahme erkennen[75]. Es ist jedoch typisch für die hier untersuchten Fälle, daß das Ergebnis der Entschließung normalerweise an sich nicht zu beanstanden ist, sondern daß die Fehlerhaftigkeit der Maßnahme erst durch ein Zurückgehen auf die von der Behörde angestellten Erwägungen erhellt, weil der verletzte Grundsatz in bezug auf den einzelnen Fall zunächst noch einer

---

72 Vgl. oben 1. Kap. B. II. c).

73 Siehe 2. Kap. D. III. und dort Anm. 84. Vgl. auch *Turegg - Kraus*, Lehrbuch des Verwaltungsrechts S. 31. *Stern* (a.a.O. S. 25 f. u. 33 f.) geht hierüber noch hinaus und folgert aus Art. 20 Abs. 3 GG materielle Bindungen, die den französischen principes généraux du droit entsprechen.

74 Das Verhältnis von weitem Gesetzesbegriff und Betonung der Befugnis und ihrer Grenzen hat zutreffend *Lagrange* erkannt (RsprGH I/179), ohne es jedoch praktisch auszuwerten.

75 Es handelt sich hier um dieselbe Beziehung, wie sie oben bereits bei der Willkür-Rechtsprechung des Reichsgerichts festgestellt worden ist.

Konkretisierung bedarf. Einige Beispiele mögen dies verdeutlichen. Für die Annahme eines Verstoßes gegen den allgemeinen Gleichheitssatz ist die rein äußerliche Feststellung, daß im wesentlichen gleiche Tatbestände ungleich behandelt worden sind, nicht ausreichend. Vielmehr kommt es gerade darauf an zu untersuchen, ob nicht im Einzelfall besondere Umstände die Behörde berechtigtermaßen zu einer Differenzierung veranlaßt haben. Dasselbe gilt für den Fall der Abweichung von einer Verwaltungsübung. Denn nicht die Abweichung schlechthin begründet die Verletzung von Art. 3 GG, sondern nur die Abweichung *ohne zureichenden Grund*[76]. Das bedeutet nichts anderes, als daß es wiederum auf die Erwägungen ankommt, die bei Kongruenz der Entscheidung mit der bestehenden Übung nicht mehr notwendig waren, da sich die Verwaltung insoweit gebunden hatte. Ähnlich verhält es sich, wenn ein Beamter eine Amtshandlung vornimmt, um einen Dritten zu begünstigen. Der unzweifelhaft darin liegende Verstoß gegen den Gleichheitssatz ergibt sich auch hier nur aus der Unsachgemäßheit der angestellten Erwägungen.

II. Die Einordnung der einzelnen Tatbestände des Ermessensmißbrauchs in das System der Abwägungsfehler

Nach dieser grundlegenden Betrachtung bereitet es keine Schwierigkeiten, das Verhältnis der Ermessensfehler zu dem entwickelten System zu bestimmen. Die Fälle der Ermessensüberschreitung sind bereits hiervon abgegrenzt worden. Auch die verschiedenen Erscheinungsformen des Ermessensmißbrauchs wurden zum Teil schon behandelt. Es bleibt aber noch übrig, sie in das System der Abwägungsfehler einzuordnen. Dabei ergibt sich folgendes Bild.

Zur ersten Gruppe gehören zwei Tatbestände: die irrige Annahme rechtlicher Gebundenheit[77] sowie die pflichtwidrige Unterlassung jeglicher Erwägungen. Letztere ist dadurch gekennzeichnet, daß es sich im Sinne der Formulierung des Reichsgerichts um Akte reiner Willkür handelt. *Fachinger*[78] spricht von sonstigem Handeln nach Belieben. Ferner kommt eine solche Unterlassung häufig dadurch zum Ausdruck, daß die Verwaltung nur eine pauschale Begründung für ihre Maßnahme gibt, indem sie sich, ohne auf die Umstände des Einzelfalles einzugehen, mit der Wiederholung des Wortlauts des Gesetzes begnügt. Nicht hierher gehören dagegen die Fälle, in denen es die Behörde unter-

---

[76] *Hans-J. Wolff* a.a.O.

[77] Vgl. dazu oben 2. Abschn. B. I. b).

[78] Siehe 2. Kap. unter D. II. c).

lassen hat, ihre Entscheidung mit einer Begründung zu versehen. Insoweit handelt es sich um einen formellen Verstoß.

Die zweite Fallgestaltung liegt vor, wenn der Organwalter aus rechts- oder zweckwidrigen Beweggründen — also per definitionem immer absichtlich — handelt, einen sachlich falschen Zweck verfolgt oder sonst Umstände in Betracht zieht, die zu berücksichtigen ihm verwehrt ist.

Bei der dritten Gruppe besteht die Fehlerhaftigkeit der Erwägungen darin, daß all jene Faktoren nicht oder nicht genügend beachtet worden sind, deren Berücksichtigung im vorigen Abschnitt als erforderlich festgestellt worden ist: also Rechts- und Verfassungsgrundsätze, das Verbot der Abweichung von einer Verwaltungsübung ohne zureichenden Grund, die Geeignetheit, Notwendigkeit und Verhältnismäßigkeit des angewandten Mittels sowie die aus dem Sinn und Zweck des Gesetzes folgenden Gesichtspunkte.

Die vierte Möglichkeit betrifft den gedanklichen Vorgang der Abwägung. Die Fehlerhaftigkeit wird dadurch begründet, daß die verschiedenen Faktoren in ihrer Bedeutung zueinander nicht richtig eingeschätzt worden sind, was auf einer Verkennung ihrer Tragweite für die zu treffende Entscheidung oder auf einem Verstoß gegen die Denkgesetze beruhen kann.

Hinsichtlich der letzten Fallgestaltung erübrigen sich weitere Erläuterungen.

Zusammenfassend kann festgestellt werden, daß sämtliche Erscheinungsformen des Ermessensmißbrauchs damit erfaßt worden sind.

III. Die Bestimmung des Verhältnisses der Tatbestände des Ermessensmißbrauchs zu den französischen Klagegründen an Hand des entwickelten Systems

Es zeigt sich auf den ersten Blick, daß im Rahmen der Abwägungsfehler nicht das détournement de pouvoir, sondern der Aufhebungsgrund der inexactitude des motifs vorherrscht. Denn die Kontrolle der motifs wird, wie im einzelnen dargetan worden ist[79], gerade durch eine Nachprüfung der considérations objectives, das heißt der in der Entscheidungsbegründung enthaltenen Erwägungen der Verwaltung, gekennzeichnet. Wir erinnern uns, daß der Conseil d'Etat diesen Tatbestand so weit ausgedehnt hat, daß er ihn nicht nur bei Bestehen einer Begründungspflicht anwendet, sondern auch dort, wo die Maßnahme

---

[79] Siehe 1. Kap. unter B. III. a).

ohne Rücksicht auf eine solche Verpflichtung mit einer Begründung versehen worden ist. Ja sogar dann hebt der Conseil d'Etat aus diesem Grunde auf, wenn die Behörde ihre Entscheidung zu Recht gar nicht begründet hat, indem er hinsichtlich der angestellten Erwägungen Vermutungen aufstellt[80]. Damit ist die Kontrolle der motifs das wirksamste Mittel zur Feststellung von Abwägungsfehlern geworden.

Um die Beziehungen im einzelnen zu konkretisieren, sind nunmehr wiederum die verschiedenen Fallgestaltungen des Systems zu betrachten.

Soweit bei der ersten Gruppe die Abwägung auf Grund irriger Annahme rechtlicher Gebundenheit unterblieben ist, liegt nach französischer Auffassung der typische Fall eines erreur de droit vor, das heißt, die motifs sind rechtlich unzutreffend[81]. Demgegenüber bedeutet die pflichtwidrige Unterlassung jeglicher Erwägungen, daß überhaupt keine motifs vorhanden sind, die die Entscheidung zu rechtfertigen vermögen[82]. Hier kann daher mit vollem Recht von inexistence und nicht allein von inexactitude des motifs gesprochen werden[81].

Innerhalb der zweiten Fallgestaltung nun haben die Tatbestände des détournement de pouvoir ihren Platz, allerdings mit Ausnahme des détournement de procédure, das, wie dargelegt worden ist[83], mit dem Kriterium der Abwägung nicht in Zusammenhang gebracht werden kann und deshalb an dieser Stelle aus der Untersuchung ausscheidet. Die beiden anderen Erscheinungsformen, Nichtverfolgung eines Allgemeininteresses bzw. Verfolgung eines unerlaubten Allgemeininteresses, werden in der Tat dadurch charakterisiert, daß Faktoren berücksichtigt worden sind, die die Verwaltung nicht hätte berücksichtigen dürfen. Indessen ist dabei der Einbruch der Kontrolle der motifs mit den im ersten Kapitel dieser Arbeit festgestellten Auswirkungen in Betracht zu ziehen[84], so daß insoweit ebenfalls der Aufhebungsgrund der inexatitude des motifs die dominierende Rolle spielt. Dies um so mehr, als bei einer Berücksichtigung von sonstigen nicht zulässigen Umständen, die in keinem Verhältnis zu den verfolgten Zielen stehen, ein détournement de pouvoir schon begrifflich nicht möglich ist.

---

80 Vgl. oben 1. Kap. C. I.

81 Über die Tatbestände der inexactitude des motifs vgl. auch für die folgenden Ausführungen 1. Kap. B. III. b).

82 Ein Fall von pauschaler Begründung ist z. B. die affaire Société nouvelle d'imprimerie, zit. im 1. Kap. Anm. 141.

83 Siehe oben 2. Abschn. A. II. c) dieses Kapitels.

84 Siehe dort unter C. bis E.

Auch wenn die Erwägungen der Behörde unvollständig sind — das ist die dritte Fallgruppe —, so bedeutet dies eine inexactitude, sei sie matérielle oder juridique, ihrer motifs. Dabei ergeben sich jedoch zwei Besonderheiten. Zum einen unterfällt die mangelnde Beachtung der allgemeinen Rechtsgrundsätze, der principes généraux du droit, der violation de la loi[85]. Auf der anderen Seite besteht in einigen Fällen eine enge Beziehung zum Klagegrund des vice de forme, wenn nämlich die Verwaltung ihre Entscheidung bei Vorliegen einer Begründungspflicht nur unzureichend begründet hat. Der Conseil d'Etat würdigt diesen Tatbestand unter dem Gesichtspunkt der Verletzung von Formvorschriften, wenn er feststellt, daß die Begründung der Maßnahme ihre materielle Nachprüfung nicht ermöglicht. Zwar vermeidet er es, materielle Kriterien in die formelle Untersuchung hineinzuziehen, doch sind die Übergänge zur inexactitude des motifs manchmal fließend. Im allgemeinen stellt eine unzureichende Begründung dann ein vice de forme dar, wenn sich die Behörde zu vom Gesetz eindeutig bestimmten Umständen überhaupt nicht geäußert hat, also beispielsweise bei einer unterlassenen Subsumtion[86]. Die Unvollständigkeit der Begründung steht insoweit ihrem Fehlen gleich[87]. Demgegenüber handelt es sich um materielle Kontrolle der motifs, wenn Umstände nicht erwähnt worden sind, die, um sie in ihrer Bedeutung zu erkennen, bereits eine rechtliche Beurteilung voraussetzen.

Die vierte und fünfte Fallgestaltung endlich werden ausschließlich von der inexactitude des motifs erfaßt. Dabei bleibt letztere auf die inexactitude matérielle beschränkt.

IV. Rechtsvergleichende Folgerungen

Nachdem deutsche und französische Auffassung zu dem entwickelten System in Beziehung gesetzt worden sind, können nunmehr weitere Aussagen über das Verhältnis von Ermessensmißbrauch und détournement de pouvoir gemacht werden. Während die deutsche h. M. unter Ermessensmißbrauch alle Fälle fehlerhafter Erwägungen begreift, ist die französische Lösung unter diesem Gesichtspunkt nicht einheitlich. Hauptaufhebungsgrund ist in allen Fallgestaltungen die inexactitude des motifs. Dabei wird jedoch einerseits mit den Verstößen gegen die principes généraux du droit ein gewisser Bereich der violation de la loi zugewiesen, da insoweit keine Verbindung zum Kriterium der Abwägung gesehen wird. Zum andern unterfällt die Verletzung der

---

[85] Vgl. 1. Kap. B. II. c).

[86] So z. B. CE 27. 1. 1950, Billard, S. 1950. 3. 41 (45) mit concl. *Letourneur*.

[87] Vgl. dazu oben bei II.

Begründungspflicht auch bei unzureichender Begründung dem Klagegrund des vice de forme, ein Tatbestand, der nach deutschem Recht ebenfalls als Ermessensmißbrauch qualifiziert wird[88]. Schließlich wird ein kleiner Teil der Erwägungen, nämlich das von der Verwaltung verfolgte Ziel, aus ihnen herausgenommen und im détournement de pouvoir einer besonderen Behandlung zugeführt[89]. Damit läßt sich der Unterschied zwischen Ermessensmißbrauch und détournement de pouvoir — unter Berücksichtigung der gerade erwähnten beiden Einschränkungen — durch das Verhältnis von fehlerhaften Erwägungen zu rechtswidrigen Beweggründen kennzeichnen[90].

Diese Feststellung bedarf indessen unter zwei Gesichtspunkten einer weiteren Konkretisierung, und zwar einmal vom begrifflichen Inhalt des détournement de pouvoir her und andererseits von seinem tatsächlichen Anwendungsbereich aus. Zunächst ist die Tatsache hervorzuheben, daß es, wie eingangs gezeigt worden ist[91], für die Annahme eines détournement de pouvoir nicht ausreicht, wenn die Maßnahme objektiv nicht mit dem Zweck des Gesetzes vereinbar ist — was jedenfalls die Voraussetzungen eines Ermessensmißbrauchs erfüllt —, sondern daß der Tatbestand des détournement de pouvoir die positive Feststellung einer rechtswidrigen Absicht verlangt. Daraus ergibt sich, daß auch dann, wenn man die Betrachtung auf den Gesichtspunkt des verfolgten Zieles beschränkt, per definitionem ein Unterschied zwischen Ermessensmißbrauch und détournement de pouvoir besteht.

Er läßt sich durch folgende Formel ausdrücken:

Ermessensmißbrauch =
negative Vereinbarkeitskontrolle, insbesondere auf Grund des Erfolges und der Auswirkungen der Maßnahme *(objektive Finalität);*

détournement de pouvoir =
positive Zweckverfolgungsprüfung (subjektive Finalität), wobei die fehlerhafte objektive Finalität von der Kontrolle der motifs erfaßt wird.

Ist somit auch in diesen engen Grenzen der Ermessensmißbrauch begrifflich noch weiter als das détournement de pouvoir, so verschiebt sich das Verhältnis vollends, wenn ferner der tatsächliche Anwendungs-

---

[88] Vgl. 2. Kap. D. II. b). Ergänzend sei bemerkt, daß Identität nur bei völlig fehlender Begründung besteht. Siehe dazu oben bei II.

[89] So zutreffend *Becker* a.a.O. S. 35 f., der jedoch irreführend von Motiv spricht.

[90] Darauf geht *Becker* in seinem kurzen Vergleich gar nicht ein, sondern setzt beide wohl im Sinne von Motiv gleich (a.a.O. S. 39 f.; vgl. auch die vorige Anmerkung).

[91] Siehe 1. Kap. B. II. d).

bereich des französischen Klagegrundes in Betracht gezogen wird. In dieser Hinsicht ist dargelegt worden[92], daß Rechtsirrtümer heute nicht mehr zu einer Aufhebung wegen détournement de pouvoir führen. Darüber hinaus hat sich gezeigt[93], daß dieses Angriffsmittel bei begründeten Entscheidungen seinem ganzen Umfang nach, also nicht nur im Falle einer rechtsirrtümlichen, sondern auch absichtlichen und damit verborgenen Verfolgung unrechtmäßiger Ziele, von der inexactitude des motifs verdrängt worden ist. Demgegenüber hat der Ermessensmißbrauch in diesem Sinne keinen Konkurrenztatbestand. Er beruht — bei Bestehen einer generellen Begründungspflicht für Verwaltungsakte — uneingeschränkt auf einer absichtlichen oder irrtümlichen Mißachtung der inneren Schranken des Ermessens[94]. Daraus folgt, daß, wenn begrifflich noch ein kleiner Teil des Ermessensmißbrauchs dem détournement de pouvoir entspricht, ihr Anwendungsbereich praktisch vollkommen verschieden ist. Eine Identität besteht nur noch in den Fällen, in denen der Conseil d'Etat ausnahmsweise das détournement de pouvoir der objektiven Kontrolle der motifs vorzieht. Sie ist jedoch systematisch nicht zu erklären. Damit entsprechen sich im wesentlichen die Tatbestände des Ermessensmißbrauchs und der inexactitude des motifs[95].

---

[92] Siehe 1. Kap. unter C. II. a).

[93] Siehe 1. Kap. unter C. II. b).

[94] Vgl. oben 2. Kap. unter D. II. b).

[95] In der Literatur wird zwar ebenfalls der — nicht immer klar ausgesprochene — Standpunkt vertreten, daß détournement de pouvoir und Ermessensmißbrauch nicht identisch seien (*Becker* a.a.O. S. 39 f.; *Börner* a.a.O. S. 170 ff.; *Breitner*, Der Gerichtshof der Montangem. und seine Anrufung bei fehlerh. Organakten S. 59; *Catalano*, Manuel de Droit des Communautés europ. S. 59; *Daig* in AöR 83/174; Handbuch der Montanunion Bd. V, Der Gerichtshof, Zuständigkeiten S. 12; *Jaenicke* in ZaöRV Bd. 14 (1951/52) S. 780 Anm. 169; *Jerusalem*, Das Recht der Montanunion S. 54 f.; *Münch* in Festschrift für Laun zu seinem 70. Geb. S. 131; *Roemer* in den Schlußanträgen zur Rechtssache 18/57, RsprGH V/147 f.; *Rupprecht*, Die Nachprüfungsbefugnis des Europ. Gerichtshofes S. 47 ff.; *Scheuner* in DöV 1963/718; *Schlochauer* in ArchVR Bd. 3 (1951/52) S. 402 f.; *Weizmann*, Die Europ. Gem. und ihr Rechtsschutz S. 203 f.; *Wohlfarth - Everling - Glaesner - Sprung*, Die EWG — Kommentar zum Vertrag Art. 173 Anm. 9; vgl. auch den Parteivortrag in der Rechtssache 34/62, RsprGH IX/307; a. A.: *Lagrange* in den Schlußanträgen zur Rechtssache 3/54, RsprGH I/158 ff. auf S. 177 f. und in Anlehnung daran *Mathijsen* a.a.O. S. 116 ff. auf S. 121, die jedoch beide von einem nicht zutreffenden Ermessensmißbrauchsbegriff ausgehen; ferner wohl auch *Ophüls* in NJW 1951/695 und *Ule* in DVBl. 1952/68 (ohne nähere Begründung). — Während dabei zum Teil auf den begrifflichen Unterschied hingewiesen wird (so insbesondere *Jerusalem* a.a.O.) und auch bei einigen Autoren die verschiedenen Fallgestaltungen anklingen (siehe die Angaben in Anm. 57 in diesem Kapitel; ferner *Schlochauer* a.a.O.), so ist jedoch bisher der Einfluß des Tatbestandes der inexactitude des motifs für das Verhältnis von Ermessensmißbrauch und détournement de pouvoir unbeachtet geblieben. Angedeutet wird das Problem lediglich von *Stern* (a.a.O. S. 28 f.), der jedoch den Tatbestand der inexactitude des motifs ebenfalls mit keinem Wort erwähnt.

Dritter Abschnitt

Zusammenfassendes Ergebnis über das Verhältnis von Ermessensmißbrauch und détournement de pouvoir

Grundlegend für den Versuch, das Verhältnis von Ermessensmißbrauch und détournement de pouvoir an Hand aller bisher erörterten Gesichtspunkte abschließend zu beurteilen, ist die Erkenntnis, daß beide Begriffe Fälle inhaltlicher Rechtswidrigkeit von Verwaltungsakten bezeichnen und, formell grundsätzlich übereinstimmend, in ein System von Fehlerquellen bzw. Klagegründen eingebettet sind, das aber formell und materiell im einzelnen in der deutschen und französischen Rechtsordnung bereits im Ansatz anders aufgebaut ist. Dieser Umstand hat zur Folge — und hier liegt gleichzeitig die Hauptschwierigkeit für eine rechtsvergleichende Betrachtung —, daß sich auch die Probleme nicht in derselben Weise stellen, sondern derart verschieden sind, daß sie innerhalb des jeweils anderen Systems entweder gar nicht auftauchen oder für die Lösung bedeutungslos sind. So bleibt einerseits das Ermessensproblem ohne Einfluß auf die Abgrenzung der Klagegründe des recours pour excès de pouvoir, da diese ohne Beziehung zu Art und Umfang gesetzlicher Bindung erfolgt. Umgekehrt kennt das deutsche Verwaltungsrecht bei der inhaltlichen Fehlerhaftigkeit keine Unterscheidung nach den Wesenselementen der Rechtshandlung. Insbesondere fehlt eine Kontrolle der motifs im Sinne der französischen Auffassung, so daß sich das Problem der Überschneidung und damit der Konkurrenz mit anderen Tatbeständen beim Ermessensmißbrauch in einer dem französischen Recht vergleichbaren Form nicht ergibt. Hieraus wird deutlich, daß es für die Klärung des Verhältnisses von Ermessensmißbrauch und détournement de pouvoir notwendig ist, die Beziehungen aufzuzeigen, die zwischen ihnen und der Problematik des Systems, dem sie nicht angehören, bestehen. Dabei stellt sich die Situation verschieden dar, je nachdem, ob die Untersuchung auf rein begrifflicher Ebene vorgenommen oder ob der tatsächliche Anwendungsbereich in Betracht gezogen wird.

Anders als bei der bisherigen Darstellung soll diese letzte Unterscheidung das Bild der nun folgenden Zusammenfassung bestimmen.

A. Die Abgrenzung der Begriffe

Ermessensmißbrauch und détournement de pouvoir unterscheiden sich zunächst grundsätzlich in ihrem Verhältnis zum Ermessen. Während ein Ermessensmißbrauch bei gebundener Verwaltung undenkbar ist, setzt das détournement de pouvoir einen Ermessensspielraum begrifflich nicht voraus. Vielmehr erscheint es von seinem Anknüpfungspunkt her als eine allgemeine Schranke jeglicher Verwaltungstätigkeit. Dies zeigt sich im Falle des sog. détournement de procédure, einer Erscheinungsform, die nicht auf einer falschen Ausübung des Ermessens, sondern auf einem Verstoß gegen zwingende Rechtsnormen beruht. Ermessensmißbrauch und détournement de pouvoir sind daher insoweit ihrem Wesen nach verschieden.

Andererseits ist beiden Begriffen in bezug auf ihren Inhalt gemeinsam, daß sie — mit Ausnahme des soeben erwähnten détournement de procédure — nicht die Auslegung und Anwendung des Gesetzes nach seinem Text, sondern nach seinem Sinn und Zweck zum Gegenstand haben. Der gegenüber der Verwaltung gemachte Vorwurf ist daher nicht auf eine falsche Gesetzesanwendung schlechthin, sondern auf absichtliche oder irrtümliche Fehler in den der Entscheidung zugrunde liegenden Erwägungen zurückzuführen. Während nun in Deutschland alle möglichen Abwägungsfehler vom Tatbestand des Ermessensmißbrauchs erfaßt werden, sind die Voraussetzungen eines détournement de pouvoir nur dann erfüllt, wenn die Fehlerhaftigkeit der Erwägungen darauf beruht, daß sich die Behörde von rechtswidrigen Beweggründen hat leiten lassen. Nur in diesem Rahmen können Ermessensmißbrauch und détournement de pouvoir demzufolge inhaltlich gleichgesetzt werden. Dabei ergibt sich jedoch ein weiterer Unterschied. Er ist eine Folge des Umstandes, daß das détournement de pouvoir rein subjektiv gesehen wird, das heißt, die Beweggründe des Organwalters sind stets positiv zu ermitteln. Dagegen genügt für die Feststellung eines Ermessensmißbrauchs die objektive Unvereinbarkeit der Maßnahme mit dem Zweck des Gesetzes.

B. Die Abgrenzung nach dem Anwendungsbereich

Unter diesem Gesichtspunkt erfahren die soeben aufgezeigten Ergebnisse zum Teil erhebliche Veränderungen. So erscheint nun das Verhältnis von détournement de pouvoir und Ermessen in einem anderen Licht, denn die begriffliche Zusammenhanglosigkeit wirkt sich lediglich im Falle des détournement de procédure praktisch aus. In seinen anderen Erscheinungsformen wird das détournement de pouvoir tatsächlich nur dann sanktioniert, wenn die Verwaltung über einen Ermessensspielraum verfügt.

Andererseits ist auch der Satz, daß der Ermessensmißbrauch den allgemeinen Erwägungsfehlertatbestand bezeichne, nur unter *einem Vorbehalt* richtig, da er allein für das Handlungsermessen uneingeschränkt gilt. Im Bereich rechtlicher Mehrdeutigkeit findet er nach der

Lehre vom Beurteilungsspielraum überhaupt keine Anwendung, während er nach der Lehre von den Ermessensbegriffen nur dann zutrifft, wenn der Richter kein Gesamturteil fällt, wenn er mit anderen Worten den unbestimmten Begriff sei es hinsichtlich der konkreten Subsumtion oder sei es sogar seinem ganzen Inhalt nach als Ermessensbegriff ansieht.

Demgegenüber macht das französische Recht keinen Unterschied zwischen Handlungs- und Beurteilungsermessen, es legt eine einheitliche Konzeption zugrunde. Daraus ergibt sich jedoch nicht, daß eine rechtswidrige Absicht ohne weiteres zu einer Aufhebung der Entscheidung wegen détournement de pouvoir führt; denn auch das détournement de pouvoir steht gewissermaßen unter einem Vorbehalt. Es kommt nicht zum Zuge, wenn und soweit eine Nachprüfung unter dem Gesichtspunkt der inexactitude des motifs erfolgt. In bezug auf die Anwendung unbestimmter Rechtsbegriffe scheidet das détournement de pouvoir daher nicht nur dann aus, wenn der Conseil d'Etat ein Gesamturteil abgibt, sondern auch in den Fällen, wo er sich einer abstrahierenden Betrachtungsweise bedient und die konkrete Subsumtion der Verwaltung hinnimmt. Allein, wenn er sich jeglicher Würdigung in der Sache enthält, tritt neben der Kontrolle der motifs, die sich auf die Richtigkeit der festgestellten Tatsachen beschränkt, das détournement de pouvoir selbständig in Erscheinung. Die französische Lösung liegt somit zwischen den beiden genannten deutschen Theorien.

Darüber hinaus stellt die inexactitude des motifs auch in allgemeiner Form den Konkurrenztatbestand des détournement de pouvoir dar. Er entspricht in seinen Anwendungsmöglichkeiten im wesentlichen dem objektiven Ermessensmißbrauch des deutschen Verwaltungsrechts. Somit bewirkt er eine Überlagerung und Verdrängung des détournement de pouvoir in den Bereichen, in denen es begrifflich mit dem Ermessensmißbrauch übereinstimmt, da der Conseil d'Etat die objektive Kontrolle der motifs der zur Feststellung eines détournement de pouvoir notwendigen Erforschung subjektiver Beweggründe vorzieht. Behält demnach das détournement de pouvoir in Frankreich in gewissen Fällen als letztes Hilfsmittel seine praktische Bedeutung, wenn eine Nachprüfung an Hand objektiver Kriterien nicht möglich ist, so kann es auch diesen Platz im deutschen Recht nicht einnehmen, da eine solche Situation auf Grund der Tatsache, daß dem deutschen Verwaltungsrichter stets eine Entscheidungsbegründung vorliegen muß, nicht entsteht.

Für das Recht der Europäischen Gemeinschaften erscheinen diese Ergebnisse in folgender Hinsicht vor grundlegender Bedeutung. Zum einen ist mit dem détournement de pouvoir ein Begriff in die Gemeinschaftsverträge aufgenommen worden, der in der nationalen Rechtsordnung, der er entlehnt wurde, auf Grund der neueren Rechtsentwicklung als überholt gelten kann. Daraus folgt, daß der Gerichtshof der Europäischen Gemeinschaften einen Schritt zurückgehen müßte, um diesem Klagegrund für die Effektivität des Rechtsschutzes den Einfluß einzuräumen, den er in Frankreich etwa in der Zeit um 1920, als er seinen Höhepunkt erreicht hatte, besaß. Andererseits wird das détournement de pouvoir in der deutschen Fassung der Verträge mit einem Begriff bezeichnet, der seinem Inhalt und seiner ganzen Stellung nach praktisch in jeder Beziehung verschieden ist[96] und der im wesentlichen gerade dem Tatbestand entspricht, der das détournement de pouvoir abgelöst hat. Wenn jedoch bedacht wird, daß das gesamte französische System von der Rechtsprechung entwickelt worden ist und es immer noch wird, wobei der Conseil d'Etat in der Vergangenheit eine sehr große Anpassungsfähigkeit bewiesen hat, so eröffnet sich für den Gerichtshof der Europäischen Gemeinschaften eine zweite Möglichkeit. Sie besteht darin, einen Schritt nach vorn zu tun und das détournement de pouvoir im Sinne des deutschen Ermessensmißbrauchs in dem Maße auszudehnen, als ein Bedürfnis hierfür vorhanden ist. Das muß wiederum davon abhängen, ob und inwieweit sich innerhalb des Gemeinschaftsrechts eine eigenständige Lösung anbietet.

Damit sind zugleich die entscheidenden Gesichtspunkte für die nun folgende Untersuchung aufgezeigt.

---

[96] *Münch* (a.a.O. und in Festschrift für Rudolf Laun zu seinem 80. Geb. S. 327) und *Schlochauer* (a.a.O.) ziehen daher die Bezeichnung „Amtsmißbrauch" vor.

Zweiter Teil

Der Ermessensmißbrauch im Recht der Europäischen Gemeinschaften

Erstes Kapitel

Stellung und Befugnisse des Gerichtshofs bei der Entscheidung über Nichtigkeitsklagen

Da sich dieser Teil der Abhandlung in der Hauptsache mit der Analyse der Rechtsprechung des Gerichtshofs zum *Ermessensmißbrauch*[1] beschäftigen wird, ist es erforderlich, die Stellung und Befugnisse des Gerichtshofs der Europäischen Gemeinschaften bei der Entscheidung über Nichtigkeitsklagen unter allgemeinen Gesichtspunkten zu betrachten, um eine Vorstellung davon zu gewinnen, in welchem Rahmen die anschließend im einzelnen zu erörternden Probleme zu sehen sind.

A. Die Bestimmungen der Verträge über die in Betracht kommenden Klageverfahren

I. Die Bedeutung der Übernahme der vier klassischen französischen Klagegründe

Die Art. 33 MV, 173 EWGV und 146 EuratomV bestimmen in ihrem ersten Absatz, daß Organakte wegen Unzuständigkeit, Verletzung wesentlicher Formvorschriften, Verletzung des Vertrages oder einer bei seiner Durchführung anzuwendenden Rechtsnorm sowie wegen *Ermessensmißbrauchs* vom Gerichtshof aufgehoben werden können. Es sind also die vier klassischen französischen Aufhebungsmöglichkeiten in das Gemeinschaftsrecht übernommen worden. Dabei wurde lediglich in der Bezeichnung des Klagegrundes der Rechtsverletzung berücksichtigt, daß das „Gesetz“ der Europäischen Gemeinschaften in erster Linie die drei

---

1 Mit dieser Schreibweise wird im folgenden gekennzeichnet, daß es sich um den Begriff des Gemeinschaftsrechts handelt.

Verträge sind[2]. Andererseits läßt sich dem zweiten Teil dieser Bezeichnung entnehmen, daß der Begriff der Rechtsverletzung in einem weiten Sinne zu verstehen ist[3]. Es fallen daher insbesondere auch Verstöße gegen allgemeine Rechtsgrundsätze darunter[4]. An diesen Bestimmungen verdient jedoch im Hinblick auf die Problemstellung dieser Abhandlung besondere Beachtung, daß sie die gesetzliche Festlegung eines ausschließlich von der Rechtsprechung aufgebauten und in ständiger Weiterentwicklung befindlichen Systems darstellen. Das Gemeinschaftsrecht hat sich damit für einen numerus clausus entschieden, der vom Gerichtshof nicht um neue Aufhebungsgründe erweitert werden kann[5]. In dieser Beziehung ist eine Erstarrung eingetreten, die schon jetzt gegenüber dem französischen Recht einen Rückschritt bedeutet; denn es wurde gerade jener Tatbestand nicht aufgenommn, der die Rechtsprechung des Conseil d'Etat heute beherrscht: die Kontrolle der motifs. Die Anpassungsfähigkeit des Systems beschränkt sich somit auf eine Verlagerung der Schwerpunkte innerhalb der zugelassenen Klagegründe[6]. Nur in ihrem Rahmen kann der Gerichtshof auch eine Kontrolle der motifs ausüben. Das Problem stellt sich also in anderer Weise als im französischen Verwaltungsrecht, ging es dort doch darum, das Verhältnis der vom Conseil d'Etat selbständig entwickelten Kontrolle der motifs zu den vorhandenen klassischen cas d'ouverture zu bestimmen, eine allein der Rechtswissenschaft vorbehaltene Aufgabe[7]. Im Gemeinschaftsrecht fehlt ihr aber gerade diese Selbständigkeit. Der Gerichtshof kann also nicht, wie es der Conseil d'Etat tut, eine Entscheidung als rechtswidrig aufheben, weil sie nicht durch ein zulässiges motif gerechtfertigt werde, er kann das nur, wenn er außerdem

---

[2] Der Ausdruck Rechtsverletzung ist auch im Gemeinschaftsrecht dem der Rechtswidrigkeit vorzuziehen. Siehe dazu oben 1. Teil, 1. Kap. Anm. 18. Ebenso *Jaenicke* in ZaöRV Bd. 14 (1951/52) S. 776, *Schlochauer* in ArchVR Bd. 3 (1951/52) S. 403 und neuerdings *Steindorff* in ArchVR Bd. 8 (1959/60) S. 69, anders noch in Nichtigkeitsklage S. 130. Daneben kann im Gemeinschaftsrecht in einem engeren Sinne natürlich auch von Vertragsverletzung gesprochen werden.

[3] *Lagrange* in den Schlußanträgen zur Rechtssache 3/54, RsprGH I/180.

[4] Siehe dazu die Rechtssachen 8/55, RsprGH II/311; verb. 7/56 und 3 bis 7/57, III/117 ff.; 9 und 10/56; IV/14 f. (Leitsätze) und 32 ff.; verb. 4 bis 13/59, VI/280 ff.; verb. 42 und 49/59, VII/162; 14/61, VIII/545 ff.; verb. 17 und 20/61, VIII/688 f.; verb. 5 bis 11 und 13 bis 15/62; VIII/944; 18/63, X/203 f.; 26/63, X/762 f.; 78/63, X/810; 80/63, X/868 f.; 102/63, X/1506 f.; vgl. auch *Ehle*, Klage- und Prozeßrecht Art. 164 Rdnr. 17 und Art. 173 Rdnr. 61.

[5] *V. d. Groeben - v. Boeckh,* Kommentar zum EWGV 2. Bd. Art. 173 Anm. 4; *Mühlenhöver* in Handbuch f. Europ. Wirtschaft zu Art. 173 Anm. 4; a. A. anscheinend *Wall,* The Court of Justice of the Europ. Communities S. 97 f.

[6] In diesem Sinne auch *Rivero* in AFDI 1958/304.

[7] Vgl. dazu die Darstellung im 1. Teil, 1. Kap. B. III. c) dieser Untersuchung.

feststellt, daß damit die Voraussetzungen eines der vier Klagegründe erfüllt seien. Andererseits darf die Lösung auch nicht auf theoretischer Grundlage allgemein zugunsten des Tatbestandes der Rechtsverletzung ausfallen, weil dieser weit gefaßt sei[8]. Dieser Umstand eröffnet lediglich eine nicht zwingende Möglichkeit, einzelne Fallgestaltungen der inexactitude des motifs der Rechtsverletzung zuzuordnen, vermag jedoch deren selbständige Entwicklung nicht zu begründen[9]. Daraus folgt, daß der Satz des französischen Verwaltungsrechts, „le Conseil d'Etat juge le motif et non la décision elle-même“[10], im Gemeinschaftsrecht nicht in derselben Weise gelten kann. Die Frage der Behandlung der Fallgestaltungen der inexactitude des motifs durch den Gerichtshof und ihrer Zuordnung zu den klassischen Aufhebungsgründen ist mithin für die folgende Untersuchung von großer Wichtigkeit, hängt von ihrer Beantwortung doch zugleich die Bedeutung des *Ermessensmißbrauchs* entscheidend ab.

II. Die verschiedenen Verfahrensarten

Neben den eigentlichen Nichtigkeitsklagen der Art. 33 MV, 173 EWGV und 146 EuratomV bestehen noch weitere Verfahrensarten, die die Aufhebung von Organakten zum Gegenstand haben. Dabei ergeben sich zwischen dem Montanvertrag einerseits und den Verträgen von Rom andererseits einige Abweichungen. Dies gilt zunächst in bezug auf die Untätigkeitsklage der Art. 35 MV, 175 EWGV und 148 EuratomV. Während sie im Montanvertrag in Anlehnung an das französische Recht als echte Nichtigkeitsklage gegen eine negative Entscheidung ausgestaltet ist mit der einzigen Besonderheit, daß sie im Falle der Nichtausübung einer Ermessensbefugnis allein auf einen *Ermessensmißbrauch* gestützt werden kann, lassen die Verträge von Rom nur eine Feststellungsklage wegen Vertragsverletzung zu. Nichtigkeitsklagen gegen individuelle Entscheidungen können nach Art. 184 EWGV und 156 EuratomV auch damit begründet werden, daß die einer solchen Entscheidung zugrunde liegende Verordnung aus einem der vier Klagegründe unanwendbar sei. Diese Einrede der Rechtswidrigkeit kennt der Montanvertrag nur innerhalb der Sanktionsklage des Art. 36. Der Gerichtshof hat daraus jedoch einen allgemeinen Grundsatz abgeleitet[11], so daß insoweit zwischen den Verträgen keine Unterschiede

[8] So offenbar *Lagrange* a.a.O., der dies jedoch primär auf die Abgrenzung unter dem Gesichtspunkt objektiver und subj. Prüfung bezieht. Von der Kontrolle der motifs spricht er ausdrücklich nicht.

[9] Das hat die Darstellung der franz. Lehren gezeigt. Oben 1. Teil, 1. Kap. B. III. c).

[10] Siehe im 1. Teil, 1. Kap. unter B. III. a).

[11] Rechtssachen 9 und 10/56, RsprGH IV/26 ff.

bestehen. Eine weitere Verfahrensart, bei der die Aufhebungsgründe eine Rolle spielen, sind Anträge auf Vorabentscheidung gem. Art. 41 MV[12], 177 EWGV und 150 EuratomV, soweit sie die Gültigkeit von Handlungen der Organe betreffen[13]. Mit dieser Maßgabe gilt dasselbe für die verschiedenen Verfahren mit unbeschränkter Ermessensnachprüfung[14] sowie innerhalb der Streitsachen zwischen den Gemeinschaften und ihren Bediensteten (Art. 179 EWGV und 150 EuratomV; der Montanvertrag enthält eine solche Vorschrift nicht). Letztere nehmen in der Rechtsprechung des Gerichtshofs einen breiten Raum ein. Obwohl eine entsprechende Bezugnahme in den Verträgen fehlt, hat der Gerichtshof sie hinsichtlich der zulässigen Klagegründe gegen Verfügungen der anstellenden Behörden wie echte Nichtigkeitsklagen behandelt[15].

III. Die besondere Rolle des Ermessensmißbrauchs für das Klagerecht Privater innerhalb des Montanvertrages

Gem. Art. 33 Abs. 2 MV können die Unternehmen eine Klage gegen allgemeine Entscheidungen und Empfehlungen nur darauf stützen, daß sie ihnen gegenüber einen *Ermessensmißbrauch* darstellen. In diesem restriktiven Sinne hat der Gerichtshof die nicht ganz klar gefaßte Vertragsbestimmung ausgelegt[16] und damit dem in der Literatur entstandenen Streit ein Ende bereitet, ob es sich insoweit nur um eine Zulässigkeitsvoraussetzung handle, die die Anwendung der übrigen Klagegründe nicht ausschließe. Aber noch ein weiterer Punkt war in diesem Zusammenhang zu klären: die Bedeutung des Begriffs „*Ermessensmißbrauch* ihnen gegenüber". Aus dieser Formulierung ist geschlossen worden, der Vertrag führe hiermit einen speziellen *Ermessensmißbrauch* ein, der sich inhaltlich von dem allgemeinen Klagegrund unterscheide. Dabei gingen die Meinungen wiederum auseinander. Eine enge Auffassung[17] vertrat den Standpunkt, wie er in den

---

[12] *Lagrange* in AO Bd. IV, S. 190; so wohl auch *de Nova* in AO Bd. IV, S. 125.

[13] Ein solcher Fall sind die verb. Rechtssachen 73 und 74/63, RsprGH X/1 sowie Rechtssache 16/65, RsprGH XI/1151.

[14] Eine gute Übersicht über die mannigfachen Verfahrensarten des Montanvertrages gibt *Breitner*, Der Gerichsthof der Montangem. und seine Anrufung bei fehlerh. Organakten S. 95 a f.

[15] Vgl. auch *Breitner* in EA 14. Jahrgg. 1959, S. 519.

[16] Rechtssachen 8 und 9/55, RsprGH II/226 f. Ob dem Gerichtshof das Recht zusteht, von Amts wegen weitere Klagegründe zu berücksichtigen, braucht hier nicht entschieden zu werden. Dafür *Börner*, Die Entscheidungen der Hohen Behörde S. 159 ff.

[17] *Lagrange* in RDP 1954/422; *Reuter*, La CECA S. 90; Parteivortrag der Hohen Behörde in der Rechtssache 8/55, RsprGH II/209.

Verträgen von Rom Gesetz geworden ist, daß eine getarnte Individualentscheidung vorliegen müsse. Die andere Ansicht wollte demgegenüber den Begriff zugunsten der Klagemöglichkeit der Unternehmen ausdehnen und verstand darunter eine Verletzung rechtlich geschützter Interessen[18]. Der Gerichtshof hat dazu ausgeführt[19], Art. 33 Abs. 2 MV betreffe echte allgemeine Entscheidungen, die von Unternehmen angefochten werden müßten, die den Gegenstand oder zumindest das Opfer des behaupteten *Ermessensmißbrauchs* bildeten. Damit hat er sich für eine einheitliche Konzeption entschieden[20]. Es besteht lediglich insofern eine gewisse Parallele zu der zweiten Meinung, als auch der Gerichtshof eine besondere Interessenbeeinträchtigung verlangt. Sie begründet aber nicht schon den *Ermessensmißbrauch*, sondern dieser muß daneben allgemein festgestellt werden[21].

B. Die Nachprüfungsbefugnisse und ihre Ausübung durch den Gerichtshof

I. Der Inhalt der Vertragsbestimmungen

a) Die Beschränkung auf die Kontrolle der Legalität

In den gleichlautenden Art. 31 MV, 164 EWGV und 136 EuratomV wird dem Gerichtshof die Aufgabe übertragen, die Wahrung des Rechtes bei der Auslegung und Anwendung der Verträge zu sichern. Bereits aus diesen mehr programmatischen Artikeln ergibt sich, daß der Gerichtshof auf eine Nachprüfung der Rechtmäßigkeit beschränkt ist[22]. Für Nichtigkeitsklagen betonen dies die Art. 173 EWGV und 146 EuratomV noch einmal ausdrücklich. Wie die Darstellung im ersten Teil dieser Abhandlung gezeigt hat, bedeutet dieser Grundsatz keine Antwort auf die Frage nach den Grenzen richterlicher Befugnisse, sondern das Hauptproblem besteht gerade darin, ihm einen konkreten Inhalt zu geben. Während die Verträge von Rom darüber nichts näheres aus-

---

[18] *Daig* in JZ 1955/370; ähnlich weitgehend auch *Ule* in DVBl. 1952/68.

[19] Rechtssachen 8 und 9/55, RsprGH II/225 f.

[20] *Bebr,* Judicial Control of the European Communities S. 100; *Gasparri* in AO Bd. IV, S. 174 f.; *Grassetti* in AO Bd. IV, S. 82 f.; *Lagrange* RsprGH I/182 ff.

[21] *Grassetti* a.a.O. S. 88; *de Nova* a.a.O. S. 118 f.; *Rupprecht,* Die Nachprüfungsbefugnis des Europ. Gerichtshofes S. 61. In seiner Besprechung zur Rechtssache 8/55 (in JZ 1958/205 f.) nimmt *Daig* leider nicht dazu Stellung, inwieweit er seine frühere Auffassung durch dieses Urteil als überholt ansieht. Mißverständlich auch *Roemer* in den Schlußanträgen zu den verb. Rechtssachen 55 bis 59 und 61 bis 63/63; RsprGH X/509.

[22] *Daig* in AöR 83/150 f.; *Mühlenhöver* a.a.O. zu Art. 164 Anm. 2.

sagen, bestimmt Art. 33 Abs. 1 Satz 2 MV, daß sich die Nachprüfung durch den Gerichtshof grundsätzlich nicht auf die Würdigung einer aus den wirtschaftlichen Tatsachen oder Umständen sich ergebenden Gesamtlage erstrecken darf. Eine solche Würdigung vorzunehmen ist dem Gerichtshof nur gestattet, wenn ein *Ermessensmißbrauch* oder die offensichtliche Verkennung von Vertragsbestimmungen gerügt worden ist. Damit wird dem *Ermessensmißbrauch* im Montanvertrag unter einem weiteren Gesichtspunkt eine besondere Rolle zugedacht.

Die Bedeutung des Art. 33 Abs. 1 Satz 2 MV wird in der Literatur sehr unterschiedlich eingeschätzt. Zum Teil ist behauptet worden, die Nachprüfung wirtschaftlicher Tatsachen sei dem Gerichtshof dadurch überhaupt verwehrt[23]. Weniger weit will offenbar *Münch*[24] gehen, der nur annimmt, daß nicht die „légalité" einer jeden Maßnahme geprüft werde. Eine andere im gegenteiligen Sinne extreme Auffassung hält diese Vorschrift für rein theoretischer Natur: Ließen nämlich schon die zahlreichen Ausnahmen nicht viel von dem Prinzip übrig[25], so sei es andererseits gar nicht möglich, dem Gerichtshof bei einer so delikaten Materie in der Kontrolle des Verwaltungsermessens genau fixierte Grenzen zu setzen[26]. Die überwiegende Meinung vertritt die Ansicht, Art. 33 Abs. 1 Satz 2 MV eröffne keine Ermessenskontrolle, sondern versuche ausschließlich, den Begriff der Rechtskontrolle zu definieren[27]. Er sei nur die Klarstellung, daß sich der Gerichtshof der Prüfung der Opportunität zu enthalten habe[28], und normiere damit eine selbstverständliche Regel, die der Zurückhaltung entspreche, die auch der Conseil d'Etat auf wirtschaftlichem Gebiet an den Tag lege[29]. Von diesem Standpunkt aus bedeutet das Fehlen einer solchen Vorschrift in den Verträgen von Rom keine Änderung[30]. Es wird dem Gerichtshof lediglich selbst überlassen, sich die notwendigen Beschränkungen aufzuerlegen[31].

---

[23] *Ule* a.a.O. S. 69 f. u. Gutachten f. d. 46. Deut. Juristentag S. 98.

[24] In Festschrift für Laun zu seinem 70. Geb. S. 130 f.

[25] *Reuter* a.a.O. S. 92.

[26] *Grassetti* a.a.O. S. 92.

[27] *Daig* a.a.O. S. 175; ebenso *Jaenicke* a.a.O. S. 777 ff.; *Schlochauer* a.a.O. S. 403 f.; *Steindorff*, Nichtigkeitsklage S. 131 ff.

[28] *Ehle* a.a.O. Art. 173 Rdnr. 66; *Jeantet* in Juris-Classeur de Droit Intern. Bd. I, Fascicule 161 — C, 2e cahier 1960, S. 16.

[29] *Lagrange* in RDP 1954/424 ff. auf S. 427; vgl. auch *Schlochauer* in Festschrift für Ophüls S. 184.

[30] *Daig* a.a.O.; *Mühlenhöver* a.a.O. zu Art. 173 Anm. 8; a. A. *Münch* in Festschrift für Laun zu seinem 80. Geb. S. 326; *Valentine*, The Court of Justice of the Europ. Communities I S. 293 f.

[31] *Bebr* in KSE 1, S. 113 Anm. 112; *Ehle* a.a.O. Art. 173 Rdnr. 3 u. 66; *Knöpfle* in NJW 1959/554; *Ule*, Gutachten f. d. 46. Deut. Juristentag S. 98; ebenso im Ergebnis seiner eingehenden Untersuchungen *Rupprecht* a.a.O. S. 87 ff. und 102.

Einen praktischen Nutzen erhält Art. 33 Abs. 1 Satz 2 MV daher insoweit, als er eindeutig zum Ausdruck bringt, daß dem Gerichtshof eine ähnlich autoritative Stellung, wie sie der Conseil d'Etat bei der Kontrolle der motifs weitgehend erlangt hat[32], nicht zukommt[33]. Der Gerichtshof soll sich allein an den Richtlinien der Verträge orientieren[34] und nicht seine wirtschaftlichen Werturteile an die Stelle derjenigen der Exekutivorgane setzen[35].

b) *Die Behandlung des Ermessensproblems*

Das soeben gewonnene Ergebnis wirft die Frage nach der Behandlung des Ermessensproblems auf, geht es doch bei Art. 33 Abs. 1 Satz 2 MV gerade um die Anwendung unbestimmter Rechtsbegriffe[36]. In dieser Hinsicht wird deutlich, daß eine unbeschränkte Nachprüfung nicht gewollt ist. Das hier vorhandene Spannungsverhältnis zwischen Legalität und Opportunität kann nicht, wie im französischen Recht[32], durch eine autoritäre Entscheidung des Richters gelöst werden[37]; der Gerichtshof kann die Opportunität nicht zum Bestandteil der Legalität erheben. Damit zeigt sich von einer anderen Seite, daß die Kontrolle der motifs im Gemeinschaftsrecht nicht dieselbe Bedeutung haben kann wie in der Rechtsprechung des Conseil d'Etat; denn die dazu erforderliche rechtsschöpferische Funktion ist dem Gerichtshof nicht eingeräumt worden[38]. Aber auch die dogmatisch dualistische Lösung des deutschen Verwaltungsrechts wurde nicht übernommen. Nach Art. 33 Abs. 1 Satz 2 MV ist die Subsumtion von Sachverhalten unter die wirtschaftlichen Normen mit unbestimmten Tatbeständen nicht einfache Rechtsanwendung, sondern steht grundsätzlich im Ermessen der Organe. Sie kann nur auf grobes Fehlverhalten[39] oder *Ermessensmißbrauch* hin überprüft werden. Davon wird jedoch die Beurteilung reiner Rechtsfragen sowie die Kontrolle der Richtigkeit festgestellter Tat-

---

[32] Vgl. dazu oben 1. Teil, 3. Kap., 2. Abschn. unter A. I. b).

[33] *Schlochauer* in ArchVR Bd. 3 (1951/52) S. 403; *Steindorff* a.a.O. S. 131.

[34] *Jaenicke* a.a.O. S. 779.

[35] *De Soto*, La Cour de Justice des Communautés europ., cours polycopié de la Faculté Intern. pour l'Enseignement du Droit Comparé S. 36. Vgl. auch die unter rechtsstaatl. Gesichtspunkten kaum haltbaren Formulierungen von *Lagrange* in den Schlußanträgen zur Rechtssache 13/57, RsprGH IV/358.

[36] *Becker*, Der Einfluß des franz. Verwaltungsrechts auf den Rechtsschutz in den Europ. Gemeinschaften S. 35; *Daig* a.a.O.; *Steindorff* a.a.O.; ferner *Rupprecht* a.a.O. S. 28 ff.

[37] Vgl. *P. R.* in RDP 1951/121.

[38] *Steindorff* a.a.O. S. 115 f. mit eingehender Begründung und S. 134 ff.

[39] In diesem Sinne hat der Gerichtshof den Begriff der offensichtl. Verkennung definiert, Rechtssache 6/54, RsprGH I/237; ebenso *Daig* in JZ 1956/277; *Steindorff* a.a.O. S. 137 ff.

sachen nicht berührt[40]. Das Gemeinschaftsrecht hat sich mithin für einen einheitlichen Ermessensbegriff entschieden. Es besteht kein Unterschied in der Behandlung von Beurteilungs- und Handlungsermessen[41]. Die Lösung liegt auf der Ebene der deutschen Lehre von den Ermessensbegriffen, jedoch ohne ihren dogmatischen Dualismus.

II. Beurteilung auf Grund der Rechtsprechung des Gerichtshofs

Bereits eine generelle Betrachtung der bisherigen Spruchpraxis des Gerichtshofs offenbart, daß er nicht versucht hat, eine ähnlich autoritative Position einzunehmen wie der französische Conseil d'Etat. Dies zeigt sich in zweierlei Hinsicht.

a) Die Abfassung der Urteile

Es ist zunächst ein Gesichtspunkt zu erwähnen, der in der allgemeinsten Form darüber Aufschluß gibt, wie der Gerichtshof seine Stellung auffaßt: seine Urteilstechnik. Sie ist eine klare Absage an die Praxis des Conseil d'Etat, dessen Erkenntnisse von einer extremen Kürze sind und die sich häufig durch eine „obskure Klarheit" auszeichnen[42]. Die Urteile des Gerichtshofs sind lang, selbst dann, wenn sie in der französischen Fassung in die Form des „attendu que ..." gekleidet sind[43]. Der Gerichtshof hat eine Art gewählt, die der Abfassung deutscher Gerichtsurteile entspricht, und, in etwa noch darüber hinausgehend, einen gemischten Urteils- und Gutachtenstil angenommen.

---

[40] *Steindorff* a.a.O. S. 131 ff., auf dessen ausführliche Untersuchungen verwiesen wird.

[41] *Daig* in AöR 83/175. Zutreffend ist daher von den Referenten der Kölner Tagung „Zehn Jahre Rechtsprechung" hervorgehoben worden, daß es auch unter Berücksichtigung der bisherigen Rechtsprechung nicht sinnvoll sei, die Unterscheidung des deutschen Verwaltungsrechts auf das Gemeinschaftsrecht zu übertragen: *v. Simson* in KSE 1, S. 397 ff.; *Reinicke* in KSE 1, S. 420 ff.; *Mathijsen* in KSE 1, S. 434. Die wesentlichen Argumente der Referenten ergeben sich aus den Ausführungen unter A. I. b) im 2. Abschn. des 3. Kap. des 1. Teils dieser Untersuchung. Vgl. auch den Bericht von *Skaupy* in JR 1963/328; a. A. *Stern*, Ermessen und unzulässige Ermessensausübung S. 10 Anm. 10 und *Ehle* a.a.O. Art. 164 Rdnr. 24 sowie Art. 173 Rdnr. 62, der sich zu Unrecht auf *Reinicke* bezieht. *Ehle* räumt im übrigen selbst ein, daß der Rechtsprechung des Gerichtshofs für eine solche Unterscheidung wenig zu entnehmen sei. Einen Versuch, der Unterscheidung zwischen Ermessen und unbestimmtem Rechtsbegriff im Gemeinschaftsrecht über Art. 33 Abs. 1 Satz 2 MV praktische Bedeutung zukommen zu lassen, stellt die bereits mehrfach zitierte Untersuchung von *Rupprecht* dar.

[42] So *Rivero* a.a.O. S. 299 f.

[43] Z. B. Rechtssachen 26/62, RsprGH franz. Ausgabe IX/1 und 6/64, RsprGH franz. Ausgabe X/1157.

Er richtet sich weitgehend nach den von den Parteien vorgebrachten Argumenten, die im übrigen Bestandteil des veröffentlichten Urteils sind. Diese untersucht und würdigt der Gerichtshof im allgemeinen sorgfältig. Dabei legt er stets den Gedankengang ausführlich dar, der ihn zu seiner Lösung geführt hat[44]. Er versucht also zu überzeugen und nicht, in autoritativer Weise Recht zu sprechen[45].

b) *Die Zurückhaltung in der materiellen Nachprüfung*

Es ist in der Literatur der Standpunkt vertreten worden, der Gerichtshof habe bei der materiellen Nachprüfung eine besondere Kühnheit an den Tag gelegt und gezeigt, daß die Beschränkung des Art. 33 Abs. 1 Satz 2 MV für ihn kein Hindernis sei[46]. Die Mehrzahl der Autoren bescheinigt dem Gerichtshof jedoch außerordentliche Vorsicht und Zurückhaltung[47]. Diese komme vor allem in dem Bemühen zum Ausdruck, die Bedeutung des Urteils auf den zu entscheidenden Fall zu beschränken und sich nicht für die Zukunft durch Prinzipien zu binden[48]. Sie gehe so weit, daß die Vorschrift des Art. 33 Abs. 1 Satz 2 MV überhaupt überflüssig zu sein scheine[49]. Gleichwohl beweise die Rechtsprechung, daß sich die Befürchtung, der Gerichtshof werde durch diese Bestimmung gelähmt, nicht bestätigt habe[50]. Diese im Ergebnis richtige Meinung bedarf indessen einiger Erläuterungen. Sie wird nämlich nur dann verständlich, wenn man sich vor Augen führt, wie der Gerichtshof im einzelnen seine Befugnisse ausübt.

Die grundlegende Unterscheidung in Fehler bei der Entscheidung abstrakter Rechtsfragen, Unrichtigkeit der festgestellten Tatsachen und Fehler bei der Würdigung der Tatsachen ist auch in der Rechtsprechung des Gerichtshofs zu erkennen[51]. Hinsichtlich der beiden ersten Punkte

---

[44] *Pinay* in Revue du Marché Commun 1959/142; *Roblot* in Droit Social 1958/3; siehe auch die Kritik von *Zweigert* in KSE 1, S. 592 f.

[45] *Rivero* a.a.O. S. 300.

[46] *De Soto* a.a.O. S. 37.

[47] *Bebr*, Judicial Control of the Europ. Communities S. 94 ff. und in KSE 1, S. 114; *Quadri - Monaco - Trabucchi - Tizzano* Art. 173 Bem. 15 S. 1273; *Roblot* a.a.O. S. 2; vgl. auch *Pescatore* in KSE 1, S. 534 ff.

[48] *Pinay* a.a.O.; *Rivero* a.a.O.; *Roblot* a.a.O.

[49] *Pinay* a.a.O. S. 143.

[50] *Lagrange* in AO Bd. IV, S. 190; *Reinicke* in KSE 1, S. 422 ff.; *Roblot* a.a.O. S. 74.

[51] Siehe dazu grundsätzlich oben 1. Teil, 1. Kap. unter B. III. b). Diese Unterscheidung wird von *v. Simson* (in KSE 1, S. 398 ff.) nicht vollständig durchgeführt; denn er trennt bei der Anwendung unbestimmter Rechtsbegriffe nicht zwischen der abstrakten Auslegung und der Subsumtion des Sachverhalts im konkreten Fall. Zutreffend demgegenüber *Reinicke* in KSE 1, S. 422 ff.

zeigt er keinerlei Zurückhaltung, jedoch bestehen einige Besonderheiten.

Der Gerichtshof scheint es als seine Hauptaufgabe anzusehen, die anzuwendenden Rechtsnormen verbindlich zu interpretieren, bzw., was dem gleichwertig ist[52], die Subsumtion unter eindeutig bestimmte Tatbestandsmerkmale nachzuprüfen. Darüber hinaus entwickelt er aus dem Geist der Verträge und, wo er damit nicht auskommt, unter Rückgriff auf das Recht der Mitgliedstaaten allgemeine Rechtsgrundsätze[53]. Das Schwergewicht seiner Spruchtätigkeit liegt mit anderen Worten auf der Lösung reiner Rechtsfragen. Dabei stellt er im Rahmen der Vertragsauslegung zum Teil so ausführliche Überlegungen gerade auch wirtschaftlicher Art an, daß man in der Tat zu der Annahme verleitet werden könnte, er erhebe sich zum Richter in Wirtschaftsfragen[54]. Dieser Eindruck bestätigt sich allerdings nicht, wenn man sich die Bedeutung der Urteile für die Befugnisse der Gemeinschaftsorgane klarzumachen versucht. Es gibt zwar mehrere Fälle, in denen der Gerichtshof die von der Hohen Behörde der Montanunion vorgenommene Vertragsauslegung abgelehnt und deshalb die angefochtene Entscheidung aufgehoben hat. Es kann hier sogar zuweilen von einer gewissen Kühnheit gesprochen werden[55]. Sie hält sich jedoch in sehr engen Grenzen und hört in dem Augenblick auf, wo die Gefahr besteht, daß die Exekutivorgane in ihrer Handlungsfreiheit entscheidend gehemmt werden könnten. So eingehend die wirtschaftlichen Betrachtungen sind, die der Gerichtshof im Rahmen reiner Auslegungsfragen vornimmt, sie gehen doch in die Richtung, den Gemeinschaftsorganen nicht nur in der Wahl der Ziele, sondern auch bei ihrer Verwirklichung die größtmögliche Freiheit einzuräumen[56].

---

[52] Vgl. *Ehle* a.a.O. Art. 164 Rdnr. 25; *Steindorff* a.a.O. S. 105 und 136.

[53] Vgl. die in diesem Kapitel Anm. 4 zit. Beispiele. Ferner Rechtssachen 20/58, RsprGH V/182 ff.; verb. 32 u. 33/58, V/314 ff.; 20 u. 25/59, VI/708; verb. 43, 45 u. 48/59 sowie 44/59, VI/989 f.; 21/64, XI/261; 111/63, XI/911 ff.; 54/65, XII/544 ff.

[54] So z. B. die Rechtssachen 8 u. 9/55, RsprGH II/307 ff.; 15/57, IV/192 ff.; 8 bis 13/57, IV/250 ff.; verb. 32 u. 33/58, V/317 ff.; 30/59, VII/42 ff.; 14/61, VIII/544 ff.; 66/63, X/1175 ff.; 111/63, XI/917 ff.; 37/64, XI/970 ff.; verb. 56 u. 58/64, XII/386 ff.

[55] Rechtssachen 1 u. 2/54, RsprGH I/25 ff. — vgl. dazu *Deringer* in BB 1955/79; 9 u. 10/56, IV/40 ff.; 20 u. 25/59, VI/706 ff.; 30/59, VII/52 ff.

[56] Rechtssachen 1 und 2/54, RsprGH I/20 ff.; 6/54, I/234 ff.; 15/57, IV/192 ff.; 8 bis 13/57, IV/250 ff.; verb. 32 und 33/58, V/317 ff.; 31/59, VI/178 ff.; verb. 3 bis 18, 25 und 26/58 sowie 19/58, VI/407 ff.; 9/61, VIII/477 ff.; 24/62, IX/154 f.; 34/62, IX/316 ff.; 13/63, IX/382 ff.; 66/63, X/1175 ff.; 111/63, XI/917 ff.; 37/64, XI/970 ff.; verb. 52 und 55/65, XII/236 f. (im Gegensatz zur Auffassung von Generalanwalt *Roemer* XII/250 ff.); verb. 56 und 58/64, XII/386 ff.; 32/65, XII/481 ff. Vgl. auch *Bebr*, Judicial Control of the Europ. Communities S. 95; *Boulouis* in AFDI 1958/322; einschränkend *Roblot* a.a.O. S. 78. Die Auslegung

In ähnlicher Weise günstig für die Befugnisse der Organe liegen die Verhältnisse in bezug auf die Nachprüfung der Richtigkeit von Tatsachen. Auch hier unterliegt der Gerichtshof keinen Beschränkungen, und er hat dafür mehrere Beweise geliefert[57]. Im wirtschaftlichen Bereich ergibt sich indessen die Schwierigkeit, daß es praktisch kaum möglich ist, die Frage nach dem Vorliegen der Tatsachen von ihrer Bewertung zu trennen[58]. Die Feststellung eines wirtschaftlichen Sachverhalts beinhaltet in der Regel ein Werturteil[59]. Die Möglichkeiten für eine uneingeschränkte Tatsachenprüfung sind daher gering[60], denn sie vermischt sich bei wirtschaftsverwaltenden Maßnahmen weitgehend mit dem Problem ihrer Beurteilung und teilt mithin deren Behandlung. Die oben zitierten einschlägigen Rechtssachen lassen diesen Zusammenhang klar erkennen.

Die Würdigung von Sachverhalten nun ist die zweite Hauptform, in der sich die Legalitätskontrolle des Gerichtshofs vollzieht. Soweit der Rechtsstreit nicht bereits mit der Beantwortung der Auslegungsfragen entschieden ist, hat sich der Gerichtshof fast immer auf irgendeine Weise hiermit zu befassen. Dabei übt er aber erst recht große Zurückhaltung. Er hat in dieser Hinsicht selbst betont, daß er die angefochtenen Entscheidungen nur auf ihre Rechtmäßigkeit überprüfen könne[61]. In welch engen Grenzen sich diese Prüfung jedoch bewegt, zeigt die Art ihrer Durchführung. Wie schon *Bebr*[62] zutreffend ausgeführt hat, erfolgt sie häufig in negativer Form. Der Gerichtshof stellt fest, daß die durch bestimmte wirtschaftliche Tatsachen und Umstände gekennzeichnete Lage die Eingriffe der Hohen Behörde prima facie nicht ausschließe[63], oder, es könne keinesfalls gesagt werden, daß die mit der Entscheidung verfolgten Zwecke mit den Zwecken der Ermächtigung unvereinbar wären[64]. Dies sind Formulierungen in Fällen, in denen es um die Nachprüfung typischer wirtschaftlicher Gesamtlagen ging

---

des Gerichtshofs geht nach Auffassung von *Bonaert u. a.* (Fragen S. 65) darin zu weit. *Reinicke* (in KSE 1, S. 427) glaubt entgegen der hier vertretenen Auffassung eine Tendenz des Gerichtshofs feststellen zu können, den nicht nachprüfbaren Bereich klein zu halten.

[57] So z. B. Rechtssachen 6/54, RsprHG I/235 f.; 13/60, VIII/234 f.; 13/63, IX/382 f. und 386 f.; 87/63, X/1037; 93/63, X/1095; 108/63, XI/H. 1, 16 f.; vgl. auch die eingehende Darstellung von *Bebr* in KSE 1, S. 100 ff.; ferner *Quadri - Monaco - Trabucchi - Tizzano* Art. 173 Bem. 15 S. 1274.

[58] Vgl. dazu *Bebr* in KSE 1, S. 112 f.

[59] *Bebr,* Judicial Control of the Europ. Communities S. 96; *Roemer* in den Schlußanträgen zur Rechtssache 6/54, RsprGH I/256 ff.

[60] Dies dürfte *Steindorff* übersehen haben, a.a.O. S. 149.

[61] Rechtssachen 14/61, RsprGH VIII/544; 66/63; X/1179.

[62] A.a.O.

[63] Rechtssachen 6/54, RsprGH I/238; 8 bis 13/57, IV/255.

[64] Rechtssachen 6/54, RsprGH I/239; vgl. ferner 34/62, IX/321 und 66/63, X/1182.

(Auswirkungen des Bestehens marktbeherrschender Unternehmen auf die Preisentwicklung, Versorgungsschwierigkeiten auf dem Schrottmarkt). Der Gerichtshof trägt damit den Einschränkungen des Art. 33 Abs. 1 Satz 2 MV in vollem Umfang Rechnung. Darüber hinaus — und das ist das Entscheidende an seiner Prüfungsmethode — enthält er sich aber auch dann einer umfassenden Würdigung, wenn sie sich lediglich auf einzelne wirtschaftliche Tatsachen oder Umstände bezieht. Art. 33 Abs. 1 Satz 2 MV läßt ihm darin Freiheit, und der Gerichtshof scheint sich dessen auch bewußt zu sein, denn er nimmt weder ausdrücklich noch sinngemäß auf diese Vorschrift Bezug[65]; es handelt sich also um eine echte Selbstbeschränkung. Sie kommt darin zum Ausdruck, daß sich der Gerichtshof einer abstrahierenden Betrachtungsweise bedient. Er prüft nicht die tatsächliche Richtigkeit des Subsumtionsschlusses, sondern nur seine Vereinbarkeit mit den Vertragsbestimmungen. Maßstab für die Rechtmäßigkeit der Subsumtion ist ihre *Vertretbarkeit*[66]. Im Ergebnis ist das aber nichts anderes als die von Art. 33 Abs. 1 Satz 2 MV geforderte Beschränkung bei der Beurteilung von Gesamtlagen; denn eine Entscheidung ist so lange vereinbar und vertretbar, als sie nicht in erheblichem Maße, also grob, von der Auffassung des Gerichtshofs abweicht[67]. Eine gewisse Ausnahme stellt das Urteil in den verbundenen Rechtssachen 106 und 107/63 dar[68], wo der Gerichtshof eine konkrete Subsumtion unter den Begriff „ernstliche Störung" im Sinne von Art. 22 VO Nr. 19 vornimmt und eine wirtschaftliche Prognose anstellt, wobei er einen großzügigeren Maßstab anlegt als die EWG-Kommission. Vom Standpunkt des Gerichtshofs handelt es sich dabei aber um eine krasse Fehleinschätzung der Lage durch die Kommission, so daß im Grunde auch wieder eine grobe Abweichung vorliegt. Es ergibt sich also, daß der Gerichtshof praktisch keinen Unterschied zwischen der Prüfung wirtschaftlicher Gesamtlagen und einzelner wirtschaftlicher Tatsachen macht. Er enthält sich auf diesem Gebiet eines subjektiven Werturteils. Die Vorschrift des Art. 33 Abs. 1 Satz 2 MV erscheint daher in der Tat als überflüssig[69].

---

[65] Die Auffassung von *Rupprecht* (a.a.O. S. 34 f.) und *Steindorff* (a.a.O. S. 136 f.), die bei jeglicher Subsumtion unter unbestimmte Tatbestände Art. 33 Abs. 1 Satz 2 anwenden wollen, hat der Gerichtshof daher nicht geteilt.

[66] Rechtssache 18/62, RsprGH IX/602 f.; vgl. ferner die Rechtssachen 1 und 2/54, RsprGH I/23; 8 und 9/55, II/318 f.; 2/57, IV/154 f.; 15/57, IV/194 f., 202; verb. 32 und 33/58, V/318 ff.; 14/61, VIII/544 ff., 552; 24/62, IX/155; 13/63, IX/385 f.; 26/63, X/764; verb. 109/63 und 13/64, X/1437; 10/64, XI/H. 5, 7; 30/65, XII/81 f.; vgl. auch 37/64, XI/971; verb. 56 und 58/64, XII/396.

[67] Vgl. *Steindorff* a.a.O. S. 139 f., dessen Ansicht somit im Ergebnis wieder zutrifft. Vgl. auch die Rechtssache 32/64, RsprGH XI/508, wo der Gerichtshof die angefochtene Entscheidung der EWG-Kommission auf eine gröbliche Pflichtverletzung untersucht.

[68] RsprGH XI/556 ff.

[69] Vgl. auch die Ausführungen unten im 3. Kap. unter B. II.

Vergleicht man diese Handhabung abschließend mit den Lösungen der im ersten Teil behandelten Rechtsordnungen[70], so stellt sie hinsichtlich der Effektivität des Rechtsschutzes einen Rückschritt dar. Sie liegt auf der Ebene der deutschen Vertretbarkeitslehre[71], bzw. entspricht der abstrahierenden Betrachtungsweise des Conseil d'Etat[72]. Eine unbeschränkte Nachprüfung gibt es nicht[73]. Damit zeigt sich gleichzeitig ein wichtiger Anhaltspunkt dafür, in welchem Rahmen eine Kontrolle der motifs innerhalb des Gemeinschaftsrechts zum Tragen kommen kann. Auch die Bedeutung des *Ermessensmißbrauchs* dürfte hiervon wesentlich abhängen.

Nach diesem allgemeinen Überblick ist nunmehr im einzelnen zu untersuchen, welche Rolle der *Ermessensmißbrauch* im Gemeinschaftsrecht spielt. Dabei bietet sich eine Unterscheidung an, die sich bereits für die Bestimmung des Verhältnisses von Ermessensmißbrauch und détournement de pouvoir als ausschlaggebend erwiesen hat. Dort war festgestellt worden, daß dieses Verhältnis in einem anderen Licht erscheint, je nachdem, ob man den Inhalt der Begriffe oder ihren Anwendungsbereich betrachtet. Von dieser Differenzierung ist daher auch bei der folgenden Darstellung auszugehen, soll doch der *Ermessensmißbrauch* gerade in seiner Beziehung zu Ermessensmißbrauch und détournement de pouvoir gesehen werden.

---

70 Siehe 1. Teil, 2. Kap. C. und 3. Kap., 2. Abschn. A. I. b).

71 Siehe oben 1. Teil, 2. Kap. C. II. c).

72 Siehe oben 1. Teil, 3. Kap., 2. Abschn. A. I. b).

73 Zur Frage der Nachprüfbarkeit wirtschaftlicher Entscheidungen durch den Gerichtshof siehe *Donner* in KSE 1, S. 7 ff. und *Ehle* a.a.O. Art. 164 Rdnr. 23. Vgl. insoweit auch die Kritik von *Bülow* (in AWD 1963/279 f.) an den Urteilen des Gerichtshofs in den Rechtssachen 24/62, RsprGH IX/154 f. und 34/62, RsprGH IX/316 ff.

Zweites Kapitel

Der Begriff des Ermessensmißbrauchs

A. Das Fehlen einer allgemein gültigen Definition

Die zahlreichen Bemerkungen, die sich in der Literatur zur Behandlung des *Ermessensmißbrauchs* durch den Gerichtshof finden, legen den Hauptakzent auf seine begriffliche Erfassung. Dabei wird immer wieder die Meinung geäußert, der Gerichtshof habe eine Definition des Begriffs nicht gegeben[1]. Nicht einmal zu allgemeinen Grundsätzen oder zu seiner abstrakten Natur habe er Stellung genommen, so daß eine bestimmte Vorstellung nur an Hand der in den verschiedenen Fällen vorliegenden Umstände gewonnen werden könne[2]. Andere Autoren behaupten demgegenüber, der Gerichtshof habe an der klassischen Definition des détournement de pouvoir festgehalten[3]. Wieder andere sind der Ansicht, es handele sich zwar nicht um eine ausdrückliche Übernahme, gleichwohl könne aus der Vielzahl der Entscheidungen geschlossen werden, daß ihnen im Prinzip der Begriff des französischen Verwaltungsrechts zugrunde liege[4]. Nach einer weiteren Meinung will der Gerichtshof den *Ermessensmißbrauch* nur als Willkürverbot verstanden wissen[5]. Schließlich wird der Rechtsprechung des Gerichtshofs entnommen, daß er, ausgehend

---

[1] *Becker*, Der Einfluß des franz. Verwaltungsrechts auf den Rechtsschutz in den Europ. Gemeinsch. S. 128; *Bonaert u. a.*, Fragen S. 57; *Bondil*, Le détournement de pouvoir en droit international public S. 131; *Bülow* in AWD 1963/280; *Daig* in JZ 1955/368; *Ehle*, Klage- und Prozeßrecht Art. 173 Rdnr. 64; *Pinay* in Revue du Marché Commun 1959/142; *Rivero* in AFDI 1958/304; *Roblot* in Droit Social 1958/77.

[2] *Bonaert u. a.* a.a.O.

[3] *Breitner* in EA 14. Jahrgg. 1959, S. 517; *Grassetti* in AO Bd. IV, S. 87; *Lagrange* in AO Bd. IV, S. 187 sowie in den Schlußanträgen zu den Rechtssachen 8/55, RsprGH II/255 ff. und 8 bis 13/57, IV/373 ff.; *Mathijsen*, Le droit de la CECA S. 122; *Mühlenhöver* in Handbuch für Europ. Wirtschaft zu Art. 173 Anm. 8; *Steindorff* in ArchVR Bd. 8 (1959/60) S. 69; *Valentine*, The Court of Justice of the Europ. Communities I S. 138; *Weizmann*, Die Europ. Gemeinsch. und ihr Rechtsschutz S. 203.

[4] *Becker* a.a.O.; *Daig* in AöR 83/174; *Jeantet* in Juris-Classeur de Droit Intern. Bd. I, Fascicule 161-C, 2e cahier 1960, S. 19; *Rivero* a.a.O. S. 305; *Roblot* a.a.O.; vgl. auch *Bondil* a.a.O. S. 154 f.

[5] *Bülow* a.a.O.; *Ehle* a.a.O. Rdnr. 53 und in NJW 1963/2198.

vom détournement de pouvoir, eine eigene Konzeption entwickelt habe, die erheblich weiter gehe und sich dem deutschen Ermessensmißbrauch nähere[6].

Eine Betrachtung der Rechtsprechung des Gerichtshofs offenbart, daß es in der Tat schwierig ist, eine für alle Fälle gültige Definition daraus abzuleiten. Zunächst nimmt der *Ermessensmißbrauch* im Verhältnis zu den übrigen Klagegründen einen subsidiären Charakter an. Der Gerichtshof zieht die Aufhebung aus anderen Gründen vor und prüft, wenn sie durchgreifend sind, die Rüge des *Ermessensmißbrauchs* meistens gar nicht mehr nach[7]. Es folgt in dieser Hinsicht also der Praxis des Conseil d'Etat. Zudem tendiert er dahin, wie *Rivero*[8] richtig bemerkt, die unter dem Gesichtspunkt des *Ermessensmißbrauchs* erhobenen Vorwürfe daraufhin zu untersuchen, ob sie sachlich begründet sind, und nicht, ob sie sich überhaupt als *Ermessensmißbrauch* qualifizieren lassen[9]. Nach dieser Methode geht er im allgemeinen sogar bei Unternehmerklagen gegen allgemeine Entscheidungen der Hohen Behörde gem. Art. 33 Abs. 2 MV vor[10]. So bleibt die Zahl der Urteile relativ gering, in denen sich der Gerichtshof dazu äußert, wann er die Voraussetzungen eines *Ermessensmißbrauchs* für erfüllt ansieht, und es ist *Boulouis* zuzustimmen, der ausführt[11], daß der Gerichtshof seine Abneigung gegenüber diesem Klagegrund kaum verberge. Die Umstände des Einzelfalles müssen deshalb besonders aufmerksam betrachtet werden.

Gleichwohl fehlt es — besonders in den ersten Jahren seiner Spruchtätigkeit — nicht an Entscheidungen, in denen der Gerichtshof in grundsätzlicher Form zum *Ermessensmißbrauch* Stellung nimmt, und sogar seinen Inhalt näher erläutert, wie im einzelnen zu beweisen

---

6 *Bebr*, Judicial Control of the Europ. Communities S. 99; *Becker* a.a.O. S. 128 ff.; *Börner*, Die Entscheidungen der Hohen Behörde S. 178 ff., für den jedoch der Vergleich mit den nationalen Rechten nur von untergeordneter Bedeutung ist; *Feld*, The Court of the Europ. Communities S. 68 und 89; *Jeantet* a.a.O.; *Pinay* a.a.O. S. 144; *Riese* in DRiZ 1958/273; vgl. auch *Roemer* in den Schlußanträgen zur Rechtssache 18/57, RsprGH V/147 ff.; *Rupprecht*, Die Nachprüfungsbefugnis des Europ. Gerichtshofes S. 51 ff.; *Strauß* in Staat und Wirtschaft im nation. und übernat. Recht S. 212; *Wolf* in KSE 1, S. 200.

7 So zutreffend *Boulouis* in AFDI 1958/323.

8 A.a.O. S. 304; in diesem Sinne auch *Quadri - Monaco - Trabucchi - Tizzano* Art. 173 Bem. 14 S. 1267 f.

9 Dies hat besonders am Anfang Generalanwalt *Lagrange* wiederholt gefordert, später jedoch, ebenso wie Generalanwalt *Roemer*, mehr und mehr davon abgelassen.

10 Vgl. z. B. Rechtssachen 3 und 4/54, RsprGH I/148 f.; 8/55, II/307 ff.; 2/57, IV/150 ff.; 8 bis 13/57, IV/253 ff. Ausnahmen stellen hier jedoch die verb. 55 bis 59 und 61 bis 63/63, X/491 ff. sowie insbes. verb. 3 und 4/64, XI/615 f. dar.

11 A.a.O.; ebenso *Quadri - Monaco - Trabucchi - Tizzano* a.a.O. S. 1268.

sein wird; jedoch fällt auch hier auf, daß er dies mit großer Vorsicht tut und es vermeidet, eine endgültige Position zu beziehen. Er will offenbar die Möglichkeit nicht ausschließen, gegebenenfalls sich als notwendig erweisende Anpassungen vornehmen zu können[12]. Auch insoweit ist die Haltung des Gerichtshofs daher der des Conseil d'Etat sehr ähnlich und die anfangs gezeigte Uneinheitlichkeit in der Beurteilung der Rechtsprechung unter diesen Umständen weniger erstaunlich.

B. Die Erscheinungsformen des Ermessensmißbrauchs

Auf Grund der Ausführungen des vorhergehenden Abschnitts ist deutlich geworden, daß es sich eine Untersuchung über den *Ermessensmißbrauch* im Gemeinschaftsrecht nicht zur Aufgabe machen kann, eine für alle Fälle zutreffende Definition dieses Begriffes zu finden. Eine solche Absicht ist angesichts der Vielgestaltigkeit der Rechtsprechung des Gerichtshofs nicht zu verwirklichen. Sie müßte zwangsläufig zu einer Lösung führen, die nicht die nötige Anpassungsfähigkeit besäße. Darum ist es richtiger, von verschiedenen Erscheinungsformen des *Ermessensmißbrauchs* zu sprechen und diese unter sachlichen Gesichtspunkten voneinander abzugrenzen. Auch in der bisher vorhandenen Literatur wird dieser Weg in mehr oder weniger klarer Weise beschritten.

I. Der Ermessensmißbrauch in der Form des détournement de pouvoir

Gleich in den ersten Rechtssachen 1 und 2/54 ist der Vorwurf des *Ermessensmißbrauchs* in Formulierungen erhoben worden, die sehr stark an die eines détournement de pouvoir erinnern. Die Hohe Behörde habe, so argumentierten die Klägerinnen[13], ihre Befugnisse aus Art. 60 MV dazu benutzt, um das allgemeine Preisniveau zu senken und Preiskartelle zu verhüten, Ziele, die sie nur im Rahmen der Art. 61 und 65 verfolgen könne, während sie Art. 60 nur zur Verhinderung diskriminierender Praktiken anwenden dürfe. Der Gerichtshof hat diese Ansicht als unzutreffend abgelehnt und einen *Ermessensmißbrauch* deshalb verneint[14]. Es wird jedoch bereits offenbar, daß die Absichten und Beweggründe des die Entscheidung erlassenden Organs untersucht werden. Das Spezifikum des détournement de pouvoir ist damit angesprochen. Diese Ausrichtung bei der Prüfung eines

---

[12] Vgl. *Roblot* a.a.O.
[13] RsprGH I/16.
[14] A.a.O. S. 34.

Ermessensmißbrauchs taucht in einer Vielzahl von Urteilen immer wieder auf. Sie durchzieht in unterschiedlich ausgeprägter Form die gesamte Rechtsprechung. Doch ist der Gerichtshof dabei nicht stehengeblieben. Vielmehr hat er auch ausdrücklich und weitgehend losgelöst vom konkreten Fall den *Ermessensmißbrauch* im Sinne des détournement de pouvoir definiert. So faßt er das Vorbringen der Klägerin zum *Ermessensmißbrauch* in der Rechtssache 6/54 folgendermaßen zusammen[15]:

> „Mit diesem Angriffsmittel wird geltend gemacht, daß die Hohe Behörde ihre Befugnisse aus Art. 61 MV zu einem anderen Zweck ausgeübt habe als zu demjenigen, für den ihr diese Befugnisse gewährt worden sind."

Noch deutlicher erklärt der Gerichtshof im 3. Leitsatz der Rechtssache 2/57[16]:

> „Ein *Ermessensmißbrauch* liegt nur dann vor, wenn erwiesen ist, daß mit der angefochtenen Entscheidung ein anderes Ziel verfolgt worden ist, als die Hohe Behörde rechtmäßigerweise verfolgen durfte."

Diese Definition wiederholt er noch mehrere Male[17]. Sie deckt sich vollständig mit der des détournement de pouvoir im französischen Verwaltungsrecht[18]. Es kann daher festgestellt werden, daß die Auffassung, der Gerichtshof habe bisher den Begriff des *Ermessensmißbrauchs* in keiner Weise näher bestimmt, nicht den Tatsachen entspricht.

Die Übernahme der französischen Konzeption zeigt sich jedoch nicht nur in bezug auf die Definition selbst, sondern sie wird gerade auch deutlich, wenn man ihre praktische Anwendung betrachtet. Dies gilt zunächst für die Einschränkung des Conseil d'Etat, eine rechtswidrige Absicht nur dann zu sanktionieren, wenn sie den alleinigen Beweggrund des Organwalters bildet und die Entscheidung nicht von weiteren rechtmäßigen getragen wird[19]. Der Gerichtshof hat diesen Gedanken aufgenommen und die Ablehnung eines *Ermessensmißbrauchs* wiederholt darauf gestützt, daß die von den klagenden Parteien der Hohen Behörde vorgeworfenen unrechtmäßigen Beweggründe lediglich zu außerdem vorhandenen rechtmäßigen hinzuträten und daher, selbst wenn sie begründet sein sollten, unschädlich seien[20].

---

15 RsprGH I/239.

16 RsprGH IV/135, ferner S. 151.

17 Rechtssachen 8 bis 13/57, RsprGH IV/235 (Leitsatz 2); verb. 36 bis 38 und 40/59, VI/931; verb. 17 und 20/61, VIII/694.

18 Siehe dazu oben 1. Teil, 1. Kap. B. II. d).

19 Vgl. oben 1. Teil, 1. Kap. unter B. II. d) vor 1.

20 Rechtssachen 1 und 2/54, RsprGH I/34; 8/55, II/314; 2/57, IV/135 (Leitsatz 4) und S. 155. Siehe dazu auch die Erläuterungen von *Valentine* a.a.O. S. 142 f.

Darüber hinaus kommt der Einfluß des französischen Verwaltungsrechts auch in den Anwendungsformen klar zum Ausdruck. Die drei Fallgruppen des détournement de pouvoir[21] lassen sich in der Rechtsprechung des Gerichtshofs ohne Schwierigkeiten erkennen. Sie erscheinen nur deshalb in einer teilweise etwas veränderten Gestalt, weil das Gemeinschaftsrecht im Vergleich zu den nationalen Rechtsordnungen erst eine partielle Regelung des gesamten Bereichs öffentlicher Verwaltung darstellt. Der Begriff des „intérêt public" kann daher nicht in seinem umfassenden Sinne als Gegensatz zum Privatinteresse verstanden werden. Er bleibt in seiner Bedeutung von vornherein auf das beschränkt, was der Verwirklichung der Verträge dienlich ist. Öffentliches Interesse ist mithin durch Vertrags- bzw. Gemeinschaftsinteresse zu ersetzen. Dementsprechend läßt sich folgende Einteilung vornehmen:

a) Die Verfolgung absolut vertragsfremder Ziele

Dazu finden sich die besten Beispiele in Rechtssachen auf dem Gebiet des Dienst- und Beamtenrechts. Der *Ermessensmißbrauch* nimmt hier eine der typischen Formen des détournement de pouvoir an, das Handeln aus persönlichen Gründen. So hat sich der Gerichtshof in der Rechtssache 10/55 mit dem Vorwurf auseinandergesetzt, die Entlassung der Klägerin sei nicht im dienstlichen Interesse erfolgt, sondern der wirkliche Grund für ihre Entfernung aus dem Dienst habe darin bestanden, daß der maßgebliche Beamte der Hohen Behörde einem Freund ihren Posten verschaffen wollte, was er auch tatsächlich erreicht hatte[22]. Generalanwalt *Lagrange*[23] sah hierin einen sehr ernst zu nehmenden Ansatz für den Nachweis eines *Ermessensmißbrauchs*, ohne jedoch den Beweis bereits für erbracht zu halten. Der Gerichtshof ist ihm darin gefolgt. In der Rechtssache 1/56 hatte die Entlassung des Klägers ihren Grund in einer Neuorganisation des Verwaltungsapparates der Gemeinsamen Versammlung. Dadurch wurden zwei Stellen überflüssig. Der Kläger behauptete, man habe seinen Dienstgrad und sein Dienstalter in böswilliger Weise verkannt. Hinter dem Organisationsakt verberge sich eine Strafmaßnahme[24]. Um eine verschleierte Disziplinarmaßnahme ging es auch in der Rechtssache 44/59. Sie sollte in einer Kündigung enthalten sein, die nur ausgesprochen worden sei, weil der Kläger einen kritischen Artikel zur Lage der

---

[21] Siehe oben 1. Teil, 1. Kap. B. II. d) 1. bis 3.

[22] RsprGH II/404 f.

[23] A.a.O. S. 432.

[24] RsprGH II/460.

Übersetzer bei der Kommission der EWG veröffentlicht hatte[25]. In den verbundenen Rechtssachen 35/62 und 16/63 beruhte die Ablehnung der Übernahme des Klägers in das Beamtenverhältnis auf einem ungünstigen Überleitungsbericht seines unmittelbaren Dienstvorgesetzten. Der Kläger machte geltend, sein Vorgesetzter habe sich dabei von seiner persönlichen feindseligen Einstellung ihm gegenüber bestimmen lassen[26]. In allen Rechtssachen hat der Gerichtshof die erhobenen Vorwürfe für nicht hinreichend bewiesen gehalten. Indessen hat er in den verbundenen Rechtssachen 18 und 35/65 eine angeblich aus dienstlichen Gründen erfolgte Versetzung eines Beamten wegen *Ermessensmißbrauchs* aufgehoben[27]. Dies ist bisher der einzige Fall, wo der Gerichtshof diesem Klagegrund ausdrücklich stattgegeben hat. Dabei hat er, der Praxis des französischen Conseil d'Etat folgend, aus objektiven Indizien geschlossen, „daß die Verwaltung bei der Anordnung der Versetzung des Klägers von ihren Befugnissen nicht zu dem Zweck Gebrauch gemacht hat, den eine solche Maßnahme nach dem Statut (der Beamten) haben soll"[28]. Als derartige Indizien führt der Gerichtshof an: eine Meinungsänderung der die Entscheidung erlassenden Behörde bezüglich der Beurteilung des Klägers, Widersprüche in der Rechtfertigung der angefochtenen Verfügung sowie die Gleichzeitigkeit einer Stellenausschreibung mit der Versetzung des Klägers auf eben diese ausgeschriebene Stelle, in der man den Kläger zudem noch längere Zeit in Untätigkeit beließ[29].

Faßt man nun die charakteristischen Merkmale dieser Beispiele zusammen, so ergibt sich zweierlei: Einmal besteht der *Ermessensmißbrauch* durchweg darin, daß ein Privatinteresse angeblich an die Stelle des Dienstinteresses gesetzt worden ist; zum andern handelt es sich ausschließlich um Fälle einer bösen und darum verborgenen Absicht. Diese Vorwürfe liegen somit ganz im Rahmen der ersten Fallgruppe des détournement de pouvoir. Ihre Übereinstimmung mit dem französischen Begriff ist umso leichter zu erklären, als sie eine Materie zum Gegenstand haben, die zu den herkömmlichen Rechtsgebieten des innerstaatlichen Verwaltungsrechts gehört.

Weniger eindeutig sind derartige Fallgestaltungen im Bereich wirtschaftsverwaltender Maßnahmen; denn für ein Handeln aus rein persönlichen Gründen sind hier kaum Möglichkeiten vorhanden, da

---

[25] RsprGH VI/1136 ff.

[26] RsprGH IX/445; ebenso die Rechtssachen 84/63, X/722; 26/63, X/763; 78/63, X/811; 11/64, XI/402; verb. 19 und 65/63, XI/733, 746.

[27] RsprGH XII/176 ff.

[28] A.a.O. S. 177 f.

[29] A.a.O. S. 177.

alle Gemeinschaftsorgane insoweit nur Kollegialentscheidungen treffen können. Es bietet sich jedoch eine Begehungsform an, deren die Hohe Behörde verschiedene Male verdächtigt worden ist, nämlich die einer Diskriminierung zum Nachteil einzelner Unternehmen. Dies ist, wie bereits verdeutlicht wurde[30], der Tatbestand, den die Vorschrift des Art. 33 Abs. 2 MV in bezug auf das Klagerecht Privater gegen allgemeine Entscheidungen im Auge hat. Darauf bleibt er aber nicht beschränkt.

Schon in der Rechtssache 6/54 hat der Gerichtshof die angefochtene Entscheidung auf verborgene Absichten nachgeprüft, solche allerdings nicht feststellen können[31]. Aus seinen Ausführungen in der Rechtssache 9/55 ergibt sich, daß eine Diskriminierung die Voraussetzungen eines *Ermessensmißbrauchs* erfüllt, wenn sie in willkürlicher Benachteiligungsabsicht vorgenommen wird[32], die darum aber nicht auf persönlichen Gefühlen zu beruhen braucht. Besonders aufschlußreiche Überlegungen stellt der Gerichtshof dazu in den Rechtssachen 8 bis 13/57 an. Dort sagt er ausdrücklich[33], daß die Mißachtung des Grundsatzes der Gleichheit der Verbraucher vor der Wirtschaftsgesetzgebung einen *Ermessensmißbrauch* gegenüber den absichtlich aufgeopferten Personen oder Personenkreisen bedeuten könne. Auch hier also erscheint der *Ermessensmißbrauch* in der Form einer Benachteiligungsabsicht. Um dieselben Vorwürfe geht es schließlich in den verbundenen Rechtssachen 5 bis 11 und 13 bis 15/62[34] sowie in der Rechtssache 108/63[35]. In engem Zusammenhang mit dem Gedanken der Diskriminierung steht endlich ein weiterer Fall von *Ermessensmißbrauch* in der Rechtssache 2/57[36]. Bei der Gründung der Schrottausgleichseinrichtung hatte die Hohe Behörde für alle Schrottarten einen einheitlichen Satz als Ausgleichsabgabe eingeführt. Die Klägerin war der Meinung, dies sei nicht gerechtfertigt und die Hohe Behörde habe es nur getan, um eine verwaltungstechnische Mehrbelastung zu vermeiden. Der Gerichtshof hat diese Argumentation, obschon er ihr nicht gefolgt ist, grundsätzlich für die Begründung eines *Ermessensmißbrauchs* geeignet gehalten.

Handelt es sich in all diesen Fällen wiederum um verborgene rechtswidrige Absichten, so sind innerhalb dieses Abschnitts jedoch noch einige Urteile zu erwähnen, die den Rahmen der ersten Fallgruppe

---

30 Oben 1. Kap. des 2. Teils unter A. III.
31 RsprGH I/239.
32 RsprGH II/371.
33 RsprGH IV/257.
34 RsprGH VIII/942.
35 RsprGH XI/H. 1, 9 ff. und 16 f.
36 RsprGH IV/153 ff.

des détournement de pouvoir sprengen. Der *Ermessensmißbrauch* nimmt hier nämlich eine Form an, die im französischen Verwaltungsrecht der zweiten Fallgestaltung des détournement de pouvoir zugeordnet wird: die absichtliche *oder* rechtsirrtümliche — und damit nicht notwendigerweise verborgene — Verkennung der innerhalb der Verträge sachlich zugelassenen Ziele, das heißt, der Gebrauch vertraglicher Befugnisse zu Zwecken, die von den Bestimmungen der Verträge unter keinen Umständen mehr gedeckt sind[37]. Der partielle Charakter des Gemeinschaftsrechts bedingt ihre Abhandlung an dieser Stelle.

Zum ersten Male taucht der *Ermessensmißbrauch* in dieser Gestalt in der Rechtssache 8/55 auf[38]. Die Klägerin machte geltend, die Hohe Behörde habe mit der erlassenen Entscheidung — sie betraf die Aufstellung einer Preistafel für den belgischen Bergbau gem. § 26 Ziff. 2 a ÜA — eine bestimmte Politik der belgischen Regierung unterstützen wollen und deshalb eine zu weitgehende und künstlich niedrige Festsetzung der Preise zu erreichen versucht[39]. Der Gerichtshof hat diese Rüge jedoch als nicht begründet erachtet. In der Rechtssache 31/59[40] griff die Klägerin eine Maßnahme der Hohen Behörde mit der Behauptung an, sie habe ihre Auskunfts- und Nachprüfungsrechte aus Art. 47 MV in ein inquisitorisches Verfahren umwandeln wollen, um dadurch ihre Befugnisse über das im Vertrag vorgesehene Maß hinaus auszudehnen. Diesen Vorwurf hat der Gerichtshof als unschlüssig abgelehnt, weil die Klägerin nicht dargetan habe, welche über den Rahmen des Vertrages hinausgehenden Ziele die Hohe Behörde verfolgt haben solle. Das ändert aber nichts an der Tatsache, daß der Gerichtshof die Möglichkeit eines so begangenen *Ermessensmißbrauchs* grundsätzlich einräumt. Ähnliche Verhältnisse bestehen auch in den verbundenen Rechtssachen 3 bis 18 und 25 und 26/58 sowie in der Rechtssache 19/58[41]. Schließlich muß in diesem Zusammenhang auf ein Urteil eingegangen werden, welches so bedeutungsvoll ist, daß es in ausführlicherer Weise behandelt werden soll. Es ist die Rechtssache 20/59[42]. Ihr liegt folgender Sachverhalt zugrunde:

Mit Schreiben vom 12. August 1958 forderte die Hohe Behörde die Regierungen der Mitgliedstaaten auf, bestimmte Maßnahmen zu ergreifen,

---

37 Vgl. auch *Börner* a.a.O. S. 186.

38 RsprGH II/319.

39 Vgl. auch die Ausführungen von *Lagrange* in den Schlußanträgen zu dieser Rechtssache, a.a.O. S. 294.

40 RsprGH VI/183 f.

41 RsprGH VI/418.

42 RsprGH VI/681; gleichlautend Rechtssache 25/59, VI/743. Vgl. auch die ausführl. Besprechung dieses Urteils durch *de Grooth* in ZHR Bd. 126 (1964) S. 274 ff.

damit die Frachttafeln, Frachten und Tarifbestimmungen, die auf die Binnentransporte von Kohle und Stahl innerhalb jedes Mitgliedstaates und zwischen den Mitgliedstaaten Anwendung fänden, nach Maßgabe des Art. 70 Abs. 3 MV veröffentlicht würden. Die Regierung der Italienischen Republik, die Klägerin in diesem Verfahren, antwortete der Hohen Behörde, daß die innerhalb Italiens geltende Regelung bereits den im Vertrag niedergelegten Verpflichtungen entspräche. Sie bot jedoch verschiedene andere Maßnahmen an, um der Hohen Behörde entgegenzukommen. Letztere erließ nach Ablauf der den Regierungen gesetzten Frist am 18. Februar 1959 eine Entscheidung, in der sie selbst die erforderlichen Bestimmungen gem. Art. 70 Abs. 3 MV traf und dies im Ergebnis damit begründete, daß sämtliche Mitgliedstaaten, somit auch der italienische Staat, einer ihnen nach dem Vertrage obliegenden Verpflichtung nicht nachgekommen seien.

Die Klägerin rief daraufhin den Gerichtshof an. Sie stützte ihre Klage im wesentlichen auf Vertragsverletzung und *Ermessensmißbrauch*. Unter anderem behauptete sie, die Hohe Behörde habe einen *Ermessensmißbrauch* begangen, weil sie bestrebt sei, unter Inanspruchnahme von Art. 88 MV ein rechtswidriges Ziel zu verfolgen, indem sie auf Befugnisse übergegriffen habe, die ganz eindeutig allein in den inneren Zuständigkeitsbereich des betreffenden Staates fielen[43].

In den Entscheidungsgründen hat der Gerichtshof ein eigenartiges Verfahren eingeschlagen. Er prüft die erhobenen Vorwürfe nicht unter dem Gesichtspunkt der verschiedenen Klagegründe, sondern löst sich ganz von dem System des Art. 33 MV[44]. Zu Beginn seiner Untersuchung führt er aus, daß sich die Entscheidung der Hohen Behörde als eine Anwendung von Art. 88 Abs. 1 MV darstelle. Anschließend wirft er drei Fragen auf, die er als die Kernprobleme bezeichnet. Die erste sei materiell-rechtlicher Natur. Es müsse geklärt werden, welche Rechtssetzungsbefugnisse die Hohe Behörde gem. Art. 70 Abs. 3 MV für sich in Anspruch nehmen könne. In zweiter Linie sei die formell-rechtliche Frage zu beantworten, ob Art. 88 MV zu dem erstrebten Zweck angewendet werden dürfe. Endlich bleibe zu prüfen, ob Art. 88 in der vorgeschriebenen Art und Weise angewendet worden sei. Nachdem der Gerichtshof dann zunächst festgestellt hat, daß die Hohe Behörde keine Befugnis habe, die Vorschriften von Art. 70 Abs. 3 MV im Entscheidungswege durchzuführen, wendet er sich der zweiten Frage zu und verneint sie. Es sei, so führt er aus[45], der Hohen Behörde weder durch den Wortlaut noch durch den Gesamtzusammenhang von Art. 88 MV gestattet, sich auf die Vorschriften dieses Artikels zu stützen, um über die sich aus dem Vertrag ergebenden allgemeinen

---

[43] A.a.O. S. 705.

[44] A.a.O. S. 706 ff. Dies ist im übrigen ein häufig vom Gerichtshof angewandtes Verfahren, vgl. z. B. Rechtssachen 30/65, RsprGH XII/77 ff.; verb. 56 und 58/64, XII/385 ff.

[45] A.a.O. S. 711.

Befugnisse hinaus besondere Verordnungsbefugnisse auszuüben. Die Hohe Behörde habe niemals die Wahl zwischen der „Gesetzgebungs“-Gewalt des Art. 14 MV und dem Verfahren nach Art. 88. Keinesfalls dürfe sie von diesem Artikel zur Verfolgung von Zielen Gebrauch machen, welche sie nach dem Vertrag nicht unmittelbar im Entscheidungswege verwirklichen könne[46]. Auf Grund dieser Erwägungen kommt er für den zu entscheidenden Rechtsstreit zu folgendem Ergebnis[47]:

> „Die Hohe Behörde hat zu Unrecht und *unter Verletzung von Art. 88 MV* von dieser Vorschrift Gebrauch gemacht, um Durchführungsbestimmungen zu Art. 70 Abs. 3 MV zu erlassen. Sie hat damit nicht nur die *Tragweite des* erstgenannten *Artikels verkannt,* sondern *gleichzeitig das darin vorgesehene Vollstreckungsverfahren mißbraucht,* um Rechtsnormen zu setzen, für deren Erlaß sie *nicht zuständig* war.“

Diese Feststellungen wirken auf den ersten Blick verwirrend, wenn man versucht, sie auf ihr Verhältnis zu den Klagegründen des Art. 33 MV zu analysieren; denn der Gerichtshof hat sich nicht auf einen bestimmten Aufhebungsgrund festgelegt, sondern es fließen drei verschiedene Gesichtspunkte zusammen. Einmal spricht er von Verletzung des Art. 88 MV und spielt damit auf eine Vertragsverletzung an. Zum zweiten erklärt er, daß die Hohe Behörde nicht zuständig gewesen sei, die angefochtene Entscheidung zu erlassen. Schließlich ergibt sich aus der Formulierung: Verkennung der Tragweite von Art. 88 und Mißbrauch des darin vorgesehenen Vollstreckungsverfahrens zur Ausübung unzulässiger Befugnisse, daß er die Voraussetzungen eines *Ermessensmißbrauchs* ebenfalls als erfüllt ansieht. Der Umstand, daß er diesen Klagegrund nicht ausdrücklich nennt, steht dieser Interpretation nicht entgegen, da die anderen Aufhebungstatbestände nicht deutlicher hervortreten. Andererseits sind aber überzeugende Anzeichen dafür vorhanden, daß der Gerichtshof die angegriffene Maßnahme mindestens auch wegen eines *Ermessensmißbrauchs* aufgehoben hat. Er gibt nämlich genau dem Vorwurf statt, den die Klägerin unter dem Gesichtspunkt des *Ermessensmißbrauchs* erhoben hatte, und bedient sich dabei einer Ausdrucksweise, die mit der klassischen Definition des détournement de pouvoir vollständig übereinstimmt. Demgegenüber bestehen Bedenken gegen die Annahme, daß er die Nichtigerklärung auf den Klagegrund der Unzuständigkeit gestützt hat; denn diese Rüge wurde von der Klägerin formell nicht vorgebracht, und es ist in der bisherigen Rechtsprechung des Gerichtshofs kein Beispiel dafür ersichtlich, daß er diesen Klagegrund von Amts wegen berücksichtigt. Ein letztes Argument gegen die hier vor-

---

[46] A.a.O. S. 713.
[47] A.a.O. S. 714.

genommene Auslegung könnte sich daraus ergeben, daß der Gerichtshof die angeführten Überlegungen im Rahmen einer Untersuchung unter formell-rechtlichen Gesichtspunkten anstellt. Dieser Einwand kann jedoch aus zwei Gründen nicht überzeugen. Auf der einen Seite steht ihm die Erwähnung der Verletzung von Art. 88 MV entgegen, zum andern kennt das französische Verwaltungsrecht mit dem détournement de procédure eine Erscheinungsform des détournement de pouvoir, bei der gerade eine formell-rechtlich unzulässige Zielsetzung sanktioniert wird. Der Gerichtshof hat sich offenbar von der Vorstellung an einen solchen Verfahrensmißbrauch leiten lassen. Seine Formulierung: Mißbrauch des in Art. 88 vorgesehenen Vollstreckungsverfahrens, läßt daran keinen Zweifel. Gleichwohl handelt es sich nicht um einen Fall von détournement de procédure im Sinne des französischen Verwaltungsrechts. Dies würde voraussetzen, daß die Hohe Behörde von zwei an sich möglichen Verfahren das falsche eingeschlagen hätte[48]. Davon kann aber keine Rede sein, da der Hohen Behörde ein anderes Verfahren, mit Hilfe dessen sie hätte vorgehen können, gar nicht zur Verfügung stand. Vielmehr beruht der von ihr begangene Verstoß darauf, mittels eines im Vertrag festgelegten Verfahrens *der Sache nach vertragsfremde Ziele* verfolgt zu haben.

Dieses in der Rechtsprechung des Gerichtshofs auf dem Gebiet des Wirtschaftsverwaltungsrechts bisher einzige Beispiel für die Aufhebung einer Entscheidung wegen *Ermessensmißbrauchs* zeigt diesen Klagegrund gleich in einer Anwendungsform, die in der klassischen Konzeption des détournement de pouvoir nicht vorkommt. Sie ist durch die besonderen Gegebenheiten des Gemeinschaftsrechts beeinflußt. Wie zu Beginn dieses Abschnitts ausgeführt wurde, vermag sich dadurch jedoch das Wesen des détournement de pouvoir nicht zu verändern, solange darin nur eine Anpassungserscheinung zu bemerken ist. Indessen offenbart eine genauere Analyse, daß das Urteil des Gerichtshofs dabei nicht stehenbleibt. Denn ein typisches Merkmal des détournement de pouvoir, seine alleinige Anwendung bei einer an sich ordnungsmäßigen Entscheidung, einem „acte régulier en apparence“[49], ist hier in den Hintergrund getreten und wird vom Gerichtshof vernachlässigt. Der *Ermessensmißbrauch* erscheint gleichberechtigt neben den anderen Klagegründen. Sein subsidiärer Charakter ist in diesem Falle aufgegeben worden. Es wird weiter unten zu zeigen sein, in welcher Beziehung der Gerichtshof damit eine Abkehr vom klassischen Begriff des détournement de pouvoir vollzogen hat[50].

---

[48] Vgl. oben 1. Teil, 1. Kap. B. II. d) 3. und 3. Kap., 2. Abschn. A. II. c).

[49] Vgl. dazu oben 1. Teil, 1. Kap. unter B. II. d).

[50] Siehe unter B. II. in diesem Kapitel.

b) Die Verfolgung von Vertragszielen in unerlaubter Weise

Diese Fallgestaltung unterscheidet sich von der aus den zuletzt besprochenen Urteilen hervorgegangenen Form des *Ermessensmißbrauchs* allein dadurch, daß die verfolgten Ziele nicht schlechthin unzulässig sind, sondern nur unter bestimmten Umständen. Sie gehören zwar zum „intérêt public" des Gemeinschaftsrechts, doch ist ihre Verwirklichung mit Hilfe von Befugnissen erstrebt worden, die für diesen Zweck nicht vorgesehen waren. Dies kann wiederum auf einer absichtlichen oder rechtsirrtümlichen Verkennung ihrer Tragweite beruhen. In der Rechtssache 8/55 wurde dieser Vorwurf gleich zweimal erhoben. Er bestand einmal darin, daß die Hohe Behörde mit der Herabsetzung der Preise gem. § 26 Ziff. 2 a ÜA einen Strukturwandel im belgischen Bergbau habe hervorrufen und den Absatzschwierigkeiten habe begegnen wollen[51]. Hierbei handelt es sich eindeutig um Ziele, die im Interesse der Montangemeinschaft liegen (Art. 3 Ziff. a und g), die Klägerin beanstandete aber, daß es unzulässig sei, sie im Rahmen des § 26 Ziff. 2 a ÜA zu erreichen. Der Gerichtshof hat sich demgegenüber auf den Standpunkt gestellt, diese Folgen gehörten, abgesehen davon, daß sie nicht bewiesen seien, zwangsläufig zu den Auswirkungen der nach § 26 Ziff. 2 a ÜA zu treffenden Maßnahmen. Des weiteren wurde der Hohen Behörde vorgeworfen, sie habe die Preise über die voraussichtlichen Produktionskosten am Ende der Übergangszeit hinaus gesenkt, um bereits die endgültige Eingliederung des belgischen Bergbaus in den Gemeinsamen Markt herbeizuführen[52]. Dazu hat der Gerichtshof ausgeführt, daß das Ziel der völligen und endgültigen Eingliederung der belgischen Kohle zwar dem allgemeinen Gedanken des Vertrages entspreche. Die Hohe Behörde hätte sich jedoch eines *Ermessensmißbrauchs* schuldig gemacht, wenn sie die Preise nur im Hinblick darauf und unter völliger Außerachtlassung der Höhe der voraussichtlichen Produktionskosten am Ende der Übergangszeit festgesetzt hätte. Der Gerichtshof läßt diese Form des *Ermessensmißbrauchs* also ausdrücklich zu.

Als eine Verkennung gesetzlich zulässiger Zwecke stellt sich der *Ermessensmißbrauch* auch in den Rechtssachen 2/57[53] und 8 bis 13/57[54] dar. Letztere hatten den Vorwurf zum Gegenstand, die Hohe Behörde habe mit der Bildung der Schrottausgleichseinrichtung einige Ziele

---

[51] RsprGH II/313 f.

[52] A.a.O. S. 314 ff.

[53] RsprGH IV/150 ff.

[54] RsprGH IV/250 ff.

des Art. 3 MV in schwerwiegender Weise verkannt. Der Gerichtshof vermochte sich der Ansicht der Klägerinnen nicht anzuschließen; denn, so lauten seine Entscheidungsgründe, die Hohe Behörde sei zwar gehalten, alle Ziele des Art. 3 MV zu berücksichtigen und miteinander in Einklang zu bringen. Dies dürfe jedoch wegen der zwischen ihnen teilweise bestehenden Widersprüche auch so geschehen, daß einzelnen Zielen zeitweise der Vorrang zuerkannt werden könne. Die Würdigung der Lage, auf Grund deren die Hohe Behörde die angefochtenen Bestimmungen erlassen habe, rechtfertige als solche nicht den Schluß, daß sie sich hierbei von fehlerhaften Beweggründen habe leiten lassen. Indessen setzt der Gerichtshof der Hohen Behörde in dieser Beziehung eine Schranke, durch die er jedenfalls theoretisch in weitem Umfang die Möglichkeit der Begehung eines *Ermessenmißbrauchs* eröffnet. Er erklärt nämlich, daß die der Hohen Behörde derart übertragenen Befugnisse ihre Grenzen in den im dritten Teil des Vertrages enthaltenen besonderen Vorschriften fänden, insbesondere würden diese Befugnisse dann ihrem gesetzlichen Zweck entfremdet, wenn die Hohe Behörde sie ausschließlich oder zum mindesten vorwiegend dazu verwenden würde, ein spezielles Verfahren zu umgehen, das der Vertrag für eine zu bewältigende Sachlage vorsehe.

Damit geht die hier behandelte Erscheinungsform des *Ermessensmißbrauchs* bereits in eine weitere Begehungsart über, die in Frankreich ebenfalls mit der zweiten Fallgruppe des détournement de pouvoir in engem Zusammenhang steht[55].

c) *Der Verfahrensmißbrauch*

Auch bei der Anwendungsmöglichkeit des *Ermessensmißbrauchs* in der Erscheinungsform des Verfahrensmißbrauchs stimmen die Beweggründe des die Maßnahme erlassenden Organs mit den allgemeinen Zielen der Gemeinschaftsverträge überein. Jedoch ist zu ihrer Verwirklichung ein unzulässiges Verfahren gewählt worden. Aus der Rechtsprechung des Gerichtshofs wird klar, daß der Verfahrensmißbrauch die am häufigsten auftretende Form des *Ermessensmißbrauchs* ist. Sie kommt in fast allen Rechtssachen vor. Gleich in seinen ersten Urteilen hat sich der Gerichtshof mit dem Vorwurf auseinandergesetzt[56], die Hohe Behörde habe mit Hilfe ihrer Befugnisse aus Art. 60 MV Ziele erreichen wollen, die sie nur unter Anwendung des Verfahrens nach Art. 61 oder 65 MV verfolgen dürfe. Der Gerichtshof hat den *Ermessensmißbrauch* abgelehnt, da auch im Rahmen des

---

[55] Vgl. oben 1. Teil, 1. Kap. B. II. d) 3. und 3. Kap., 2. Abschn. Anm. 52.
[56] Rechtssachen 1 und 2/54, RsprGH I/34.

Art. 60 die Verbote der Art. 2, 3 und 4 MV zu berücksichtigen seien. Das bedeutet gleichzeitig, daß die Hohe Behörde im Verfahren nach Art. 60 auf das Preisniveau (Art. 61) und die Auswirkungen von Unternehmenszusammenschlüssen (Art. 65) einwirken kann. Unter diesen Umständen erscheint die in der Literatur an dem vorliegenden Urteil geübte Kritik[57], der Gerichtshof hätte trotzdem prüfen müssen, ob Art. 60 MV gegenüber den Art. 61 und 65 MV nicht als Vorwand benutzt worden sei, ungerechtfertigt; denn darauf kann es gar nicht mehr ankommen, nachdem der Gerichtshof die Vertragsbestimmungen in dem dargelegten weiten Sinne interpretiert hat.

Eine ähnliche Situation liegt in den Rechtssachen 6/54[58] und 8/55[59] vor. Dort ging es um das Verhältnis von Art. 61 a MV zu den Art. 65 und 66 MV bzw. von § 26 Ziff. 2 a ÜA zu Art. 61 MV. Weitere Beispiele sind die Rechtssachen 2/57[60] und 8 bis 13/57[61]. Hier hat sich der Gerichtshof mit der Frage befaßt, ob die Hohe Behörde zur Bekämpfung der Versorgungsschwierigkeiten auf dem Schrottmarkt bewußt auf Art. 53 b MV und die darin vorgesehenen finanziellen Einrichtungen zurückgegriffen habe, um die in den Art. 59 und 54 MV enthaltenen besonderen Verfahren und Garantien zu umgehen. Er hat eingeräumt, daß ein solches Verhalten einen Verfahrensmißbrauch darstellte, wenn dies der ausschließliche oder zumindest vorwiegende Beweggrund der Hohen Behörde gewesen wäre und sie absichtlich einen Artikel gegenüber dem anderen bevorzugt hätte. Derartige Absichten der Hohen Behörde seien jedoch nicht bewiesen. Im Anschluß an das Urteil in der Rechtssache 20/59[62] hatte die Hohe Behörde eine neue Maßnahme ergriffen und den Bedenken des Gerichtshofs dadurch Rechnung getragen, daß sie nunmehr zur Durchführung von Art. 70 Abs. 3 MV eine Empfehlung an die Mitgliedstaaten richtete. Diese Empfehlung wurde in der Rechtssache 9/61[63] von der niederländischen Regierung mit der bereits aus der Rechtssache 20/59 bekannten und dort erörterten Begründung angegriffen. Darüber hinaus erblickte die Klägerin einen weiteren *Ermessensmißbrauch* darin, daß es sich in Wirklichkeit um eine verdeckte Entscheidung handele. Auch dieser Vorwurf ist der typische Fall eines Verfahrensmißbrauchs. Er

---

[57] *Bonaert u. a.* a.a.O. S. 65.

[58] RsprGH I/239.

[59] RsprGH II/309 f.

[60] RsprGH IV/151 f.

[61] RsprGH IV/264 ff.

[62] Vgl. dazu oben unter B. I. c) in diesem Kapitel, besonders die Ausführungen zum Verfahrensmißbrauch.

[63] RsprGH VIII/433.

wurde jedoch vom Gerichtshof als sachlich nicht begründet zurückgewiesen[64].

Das letzte Beispiel ist ein Urteil aus dem EWG-Recht: In den verbundenen Rechtssachen 73 und 74/63 wurde ein Verfahrensmißbrauch geltend gemacht, der darin bestehen sollte, daß die Kommission Art. 235 EWGV durch Art. 226 EWGV umgangen habe. Der Gerichtshof hat diese Rüge abgelehnt, da die Voraussetzungen des Art. 226 EWGV im Gegensatz zur Auffassung der Klägerinnen erfüllt gewesen seien[65].

An diesen Urteilen nun ist auffallend, daß sich der Verfahrensmißbrauch im Grunde nicht von der zuvor behandelten Erscheinungsform des *Ermessensmißbrauchs* unterscheidet. Man braucht nur den Schwerpunkt auf die Befugnisse der einzelnen Vertragsbestimmungen zu legen und die damit verbundenen Verfahren zu vernachlässigen, um diese Verwandtschaft zu verdeutlichen. Befugnis und Verfahren sind hier kaum voneinander zu trennen. Der Verfahrensmißbrauch erscheint daher im Gemeinschaftsrecht lediglich als eine Variation der zweiten Fallgruppe des détournement de pouvoir[66]. Wie aber kommt es dann, daß sich demgegenüber das détournement de procédure im französischen Verwaltungsrecht verselbständigt hat? Die Antwort ist wiederum in den besonderen Verhältnissen des Gemeinschaftsrechts zu finden. Wie im ersten Teil dieser Untersuchung dargelegt worden ist[67], hängt die zweite Gruppe des détournement de pouvoir eng mit der Kompetenzverteilung unter zumindest juristisch *verschiedenen* Hoheitsträgern zusammen. Andererseits betrifft jedoch das détournement de procédure ein Fehlverhalten, das sich auf die Befugnisse *ein und derselben* Behörde bezieht. Die Behörde tut etwas, was ihr unter anderen Voraussetzungen erlaubt wäre. In den Gemeinschaften ist aber eine sachliche Aufteilung der Vertragszwecke auf verschiedene Organe nicht vorhanden. Auch dort, wo sich Kommission und Rat in die Ausübung von Befugnissen teilen, liegt keine Aufgliederung in voneinander abgegrenzte Materien vor, sondern nur eine Abstufung nach der Tragweite der zu treffenden Entscheidungen. Einzig im Verhältnis der drei Gemeinschaften zueinander kann ein in dieser Beziehung dem détournement de pouvoir gleichstehender *Ermessensmißbrauch* vorkommen. Er ist jedoch bisher nicht ins Spiel gebracht

---

64 A.a.O. S. 474 f.

65 RsprGH X/29.

66 So auch *Roblot* a.a.O. S. 78. *Börner* (a.a.O. S. 182 ff.) unterscheidet daher zutreffend nur zwischen einem materiellen und formellen Übergriff der Hohen Behörde auf eine andere Eingriffsnorm.

67 Vgl. 1. Teil, 1. Kap. B. II. d) 2.

worden und fiele im übrigen mit der Verfolgung absolut vertragsfemder Ziele zusammen. Aus diesen Überlegungen ergibt sich, daß es nur eine folgerichtige Erscheinung ist, wenn der Verfahrensmißbrauch in der Rechtsprechung des Gerichtshofs den größten Raum einnimmt[68].

II. Die Objektivierungstendenzen des Gerichtshofes

Es wurde bereits bei der Besprechung der Rechtssache 20/59 festgestellt[69], daß der Gerichtshof dort den subsidiären Charakter des *Ermessensmißbrauchs* aufgegeben hat. Dieses Urteil stellt einen Fall dar, in dem sich der *Ermessensmißbrauch* nicht hinter einer an sich ordnungsgemäßen Entscheidung verbirgt, sondern durch einen Vergleich ihres Inhalts mit den angewendeten Rechtsnormen erhellt. Er nimmt also eine objektive Gestalt an, die sich klar von der engen subjektiven Form des französischen détournement de pouvoir abhebt. An die Stelle der „finalité subjective" des Organs, zu der sich allerdings unschwer eine Beziehung herstellen läßt, tritt die „finalité objective" der Maßnahme, eine Wandlung, die, wie wir gesehen haben[70], in der französischen Literatur verschiedentlich gefordert, jedoch vom Conseil d'Etat nicht vollzogen worden ist. Für die klassische französische Auffassung kann es sich insoweit lediglich um ein Indiz für ein détournement de pouvoir handeln, in der Rechtssache 20/59 erscheint dieses Indiz verselbständigt. Ähnliche Tendenzen des Gerichtshofs werden auch in weiteren Urteilen sichtbar. Sie äußern sich dadurch, daß er nicht so sehr auf die Absichten der Hohen Behörde abstellt, sondern mehr die Zweckbestimmung des angefochtenen Organaktes und sein Ergebnis im Verhältnis zu den durch den Vertrag erlaubten Zielen betrachtet. So erklärt er in den Rechtssachen 1 und 2/54, die *Entscheidung* dürfe das wesentliche Ziel nicht preisgeben[71]. In der Rechtssache 8/55 lehnt er den *Ermessensmißbrauch* ab, da nicht bewiesen sei, daß die Auswirkungen der Maßnahme sich von denen unterschieden, die bei ihrer ordnungsmäßigen Anwendung eingetreten wären[72]. In der Rechtssache 2/57 prüft er, ob die Wirkungslosigkeit einer Anordnung eine Verkennung des gesetzlichen Zwecks bedeute[73].

---

68 Die Auffassung von *Boulouis* (a.a.O. S. 323), die Zulassung des Verfahrensmißbrauchs sei nicht mehr als eine Absicht, erscheint daher nicht gerechtfertigt. Wie hier auch *Quadri - Monaco - Trabucchi - Tizzano* a.a.O. S. 1270.

69 Siehe in diesem Kapitel unter B. I. a) a. E.

70 Oben 1. Teil, 1. Kap. unter B. II. d).

71 RsprGH I/34.

72 RsprGH II/313 f.

73 RsprGH IV/153.

Allen diesen Urteilen ist gemeinsam, daß die Zweckbestimmung des Organaktes zum entscheidenden Kriterium erhoben wird. Dabei steht allerdings die zuletzt erwähnte Rechtssache 2/57 in etwa auf der Grenze zwischen seiner Verselbständigung und der Behandlung als bloßem Beweismittel. Dieses Beispiel zeigt, daß bisher nicht von einer klaren Haltung des Gerichtshofs, sondern lediglich von Ansätzen einer begrifflichen Erweiterung des *Ermessensmißbrauchs* über das französische détournement de pouvoir hinaus gesprochen werden kann. Wie gefährlich Verallgemeinerungen sind, wird schließlich in der Rechtssache 6/54 deutlich. Hier steht der Gerichtshof noch ganz auf dem Boden der französischen Lehre, indem er die Unvereinbarkeit des Ergebnisses der angefochtenen Maßnahme ausdrücklich nur als Indiz für einen *Ermessensmißbrauch* wertet[74].

Andererseits kommt jedoch die an anderer Stelle erwähnte Zurückhaltung des Gerichtshofs[75] den aufgezeigten Tendenzen entgegen. Denn in zahlreichen Urteilen entscheidet sich das Schicksal des *Ermessensmißbrauchs* schon bei der Untersuchung, ob die Entscheidung mit den Vertragszielen vereinbar ist. Der Gerichtshof hat wiederholt zum Ausruck gebracht, daß dann, wenn eine Befugnis ordnungsgemäß ausgeübt worden sei, ein *Ermessensmißbrauch* nicht mehr vorliegen könne[76]. Er ist allerdings nicht so weit gegangen anzunehmen, daß im umgekehrten Falle, also bei Unvereinbarkeit der Maßnahme mit den zulässigen Zielen, ohne weiteres die Voraussetzungen eines *Ermessensmißbrauchs* erfüllt seien. Vielmehr hat er in den Rechtssachen 8 bis 13/57 die Auffassung abgelehnt, daß sich nach dieser Feststellung jede weitere Untersuchung der Zweckbestimmung der Maßnahme erübrige, und erklärt, daß sich die Prüfung eines *Ermessensmißbrauchs* im wesentlichen *auf das verfolgte Ziel, auf die Zweckbestimmung der angefochtenen Maßnahme* erstrecke und keine Vorschrift des Montanvertrages in dieser Hinsicht eine Abweichung rechtfertige[77]. Diese Ausführungen sind jedoch insoweit von großer Bedeutung, als sie einmal mehr erkennen lassen, daß der Gerichtshof die Zweckbestimmung einer Maßnahme mit dem von ihrem Urheber verfolgten Ziel gleichsetzt. Damit beginnt er, eine Fallgestaltung unter dem Gesichtspunkt des *Ermessensmißbrauchs* zu erfassen, die in Frankreich der objektiven Kontrolle des motifs unterfällt[78].

---

[74] RsprGH I/239. Vgl. auch *Börner* a.a.O. S. 188 f.

[75] Siehe oben 2. Teil, 1. Kap. B. II. b).

[76] Rechtssachen 8/55, RsprGH II/321; verb. 73 und 74/63, X/29.

[77] RsprGH IV/253.

[78] Siehe 1. Teil, 1. Kap. unter C. II. a); vgl. auch Bondil a.a.O. S. 131 f.

Kann darum aber gesagt werden, daß der Gerichtshof von der positiven Zweckverfolgungsprüfung französischer Prägung abgerückt und sie durch eine negative Vereinbarkeitskontrolle im Sinne des deutschen Ermessensmißbrauchs zu ersetzen bestrebt ist[79]? Dies ist jedenfalls in allgemeiner Form nicht möglich. Dem steht entgegen, daß der Gerichtshof in mehreren Rechtssachen den Vorwurf des *Ermessensmißbrauchs* als unschlüssig oder unsubstantiiert abgelehnt hat, weil es die Klägerinnen unterlassen hatten, die angeblich rechtswidrigen Ziele positiv zu nennen[80]. Indessen hat der Gerichtshof eine Begehungsart des *Ermessensmißbrauchs* entwickelt, die auch insoweit über den Begriff des détournement de pouvoir hinausgeht. In der Rechtssache 8/55 führt er aus, daß sich die Hohe Behörde eines *Ermessensmißbrauchs* schuldig mache, wenn sie *objektiv, infolge schwerwiegenden Mangels an Voraussicht oder Umsicht,* was einer Verkennung des gesetzlichen Zweckes gleichkäme, andere Ziele als diejenigen verfolgt habe, zu deren Erreichung ihr die vorgesehenen Befugnisse übertragen worden seien[81]. Aus dieser Formulierung folgt, daß die objektiv ohne weiteres erkennbare, weil auf Verstößen besonders schwerer Art beruhende Unvereinbarkeit der Maßnahme mit den Vertragszielen einen *Ermessensmißbrauch* darstellen kann. Daß der Gerichtshof die Definition des détournement de pouvoir daran anschließt, spricht nicht gegen diese Auslegung; denn, insoweit zutreffend Generalanwalt *Lagrange*[82], ein derartiger Verstoß bedeutet gleichzeitig, daß die Ermächtigung zu unerlaubten Zwecken angewendet worden ist. Es kommt dabei aber nicht mehr darauf an festzustellen, worin diese Ziele positiv bestanden haben. Der *Ermessensmißbrauch* erscheint hier in einer Form, die im Ergebnis auf die Willkürrechtsprechung des Reichsgerichts hinausläuft[83] und sich auch von einer offensichtlichen Verkennung im Sinne des Art. 33 Abs. 1 Satz 2 MV schwerlich unterscheiden läßt[84]. Sie hat jedoch bisher kaum Einfluß gewinnen können. Zwar haben die klagenden Parteien immer wieder versucht, sie ins Spiel zu bringen, der Gerichtshof hat sie aber nicht weiter entwickelt. Sie kann daher ebenfalls nur als Ansatz einer Erweiterung des *Ermessensmißbrauchs* im Sinne des deutschen Begriffs gewertet werden. Selbst diese begrenzte Bedeutung hat indessen der Generalanwalt

---

79 Vgl. dazu oben 1. Teil, 3. Kap., 2. Abschn. unter B. IV.

80 Rechtssachen 31/59, RsprGH VI/184; verb. 3 bis 18 und 25 bis 26/58 sowie 19/58, VI/418.

81 RsprGH II/317 f.; ebenso Rechtssachen 8 bis 13/57, IV/258; verb. 3 und 4/64, XI/615 f.; vgl. auch 39/64, XI/1014 ff.

82 Schlußanträge zu Rechtssachen 8 bis 13/57, RsprGH IV/373 f.

83 Vgl. dazu oben 1. Teil, 2. Kap. unter D. II. c) und III.

84 Die von *Rupprecht* (a.a.O. S. 68 ff.) herausgearbeitete Abgrenzung findet in der Rechtsprechung des Gerichtshofs keine Stütze.

Lagrange, der im übrigen ganz in französischen Vorstellungen verhaftet ist und jegliche Tendenzen zu einer Objektivierung des *Ermessensmißbrauchs* scharf abgelehnt hat[85], in Abrede gestellt und behauptet, der Begriff des détournement de pouvoir werde dadurch nicht beeinflußt, sondern nur ein Beweiserfordernis näher bezeichnet[86]. Diese Ansicht vermag nicht zu überzeugen. Jeder objektive Verstoß gegen das Gesetz verletzt nämlich letzten Endes auch dessen Zweck und könnte als Beweismittel eines détournement de pouvoir angesehen werden. *Lagrange* übersieht, daß der Gerichtshof hier in der Tat eine negative Vereinbarkeitskontrolle zulassen will, die der Konzeption des détournement de pouvoir fremd ist[87].

III. Weitere Erscheinungsformen

In der Literatur wird vereinzelt die Meinung vertreten, auch die Nichtberücksichtigung eines vom Vertrag als berücksichtigungswert gewollten Umstandes stelle einen *Ermessensmißbrauch* dar. *Daig*[88] leitet diese Erkenntnis aus Art. 35 MV ab, da es sinnlos sei, bei der Unterlassung einer Amtshandlung nach einem Zweck zu fragen. *Becker*[89] nimmt an, der Gerichtshof habe den *Ermessensmißbrauch* in dieser Form in der Rechtssache 8/55 zugelassen[90]. Die Auffassung *Beckers* läßt sich jedoch schwerlich auf dieses Urteil stützen. Es ist zwar zuzugeben, daß die Formulierung des Gerichtshofs: „... unter völliger Außerachtlassung der voraussichtlichen Produktionskosten am Ende der Übergangszeit ...“, zu einer solchen Auslegung verleitet. Betrachtet man aber den Zusammenhang, so zeigt sich, daß nicht die Nichtberücksichtigung dieses Umstandes für den Gerichtshof das den *Ermessensmißbrauch* begründende Kriterium ist, sondern der Versuch

---

85 Schlußanträge zur Rechtssache 8/55, RsprGH II/255 ff.

86 RsprGH IV/373; ebenso *Mathijsen* a.a.O. S. 123 f. sowie *Rupprecht* a.a.O. S. 56 f. mit der Begründung, daß eine solche Interpretation wegen der Abgrenzung zur violation de la loi sinnvoll sei.

87 Wie hier auch *Jeantet* a.a.O.; *Riese* in EuR 1966/39; *Roemer* in den Schlußanträgen zu Rechtssache 18/57, RsprGH V/149; *Steindorff* a.a.O. S. 69 f. Auch *Börner* (a.a.O. S. 193 ff.) kommt, allerdings mit angreifbaren Feststellungen in bezug auf das franz. Recht zu einem ähnlichen Ergebnis. Unverständlich erscheint die Auffassung von *Becker* (a.a.O. S. 129), diese Frage sei bisher offen geblieben. Unvollständig ist die Darstellung von *Valentine* (a.a.O. S. 143 ff.), der den objekt. Einschlag überhaupt nicht erwähnt, sondern lediglich aus der in diesem Kapitel unter A. a. E. dargelegten Praxis des Gerichtshofs den Schluß zieht, er habe den *Ermessensmißbrauch* in der Form der Vertragsverletzung zugelassen (a.a.O. S. 136).

88 In JZ 1955/370.

89 A.a.O. S. 131.

90 Ebenso *Rupprecht* a.a.O. S. 53 f. ohne Begründung. Die entscheidende Stelle aus dem Urteil ist oben unter B. I. b) in diesem Kapitel wiedergegeben.

der Hohen Behörde, den belgischen Bergbau mit Hilfe des § 26 Ziff. 2 a ÜA nicht nur vorläufig, sondern bereits endgültig, was diese Vorschrift nicht vorsieht, in den Gemeinsamen Markt einzugliedern. Es liegt also ein klassisches détournement de pouvoir vor.

Ebenso angreifbar erscheint die Folgerung, die *Becker* aus dem Urteil in den Rechtssachen 8 bis 13/57 zieht, der *Ermessensmißbrauch* umfasse auch die Verletzung des Gleichheitsgrundsatzes[91]. *Becker* konnte zu diesem Ergebnis nur kommen, weil er die entscheidende Stelle unvollständig wiedergegeben hat. So hat er übersehen, daß der Gerichtshof nicht eine Diskriminierung schlechthin als ermessensmißbräuchlich ansieht, sondern nur dann, wenn darüber hinaus bestimmte Personen oder Personenkreise absichtlich aufgeopfert worden sind. Dies hat er in den verbundenen Rechtssachen 3 und 4/64 neuerlich wieder ausgesprochen[92]. Objektive Verstöße gegen das Diskriminierungsverbot erfüllen daher die Voraussetzungen eines *Ermessensmißbrauchs* nicht.

IV. Ergebnis

Die vorstehenden Darlegungen lassen sich abschließend dahingehend zusammenfassen, daß der Gerichtshof im Prinzip den Begriff des détournement de pouvoir übernommen hat, und zwar sowohl seine Definition als auch alle seine Erscheinungsformen. Letztere hat er jedoch den besonderen Gegebenheiten des Gemeinschaftsrechts angepaßt. Wenn er sich auch in der großen Mehrzahl der Urteile zu der französischen Lösung bekennt, so ist doch andererseits deutlich geworden, daß er dabei nicht stehen geblieben ist, sondern in verschiedenen Ansätzen begonnen hat, dem *Ermessensmißbrauch* eine objektivere Gestalt zu geben. Damit hat er ihn in den Bereich der Kontrolle der motifs übergreifen lassen. Es handelt sich aber lediglich um eine in einzelnen Erkenntnissen mehr oder weniger stark hervorgetretene Tendenz, die nur mit großer Vorsicht auf andere Fälle angewendet werden kann. Dies umso mehr, als diese Tendenz im wesentlichen gerade in jenen Rechtssachen feststellbar ist, bei denen wegen der Beschränkung des Art. 33 Abs. 2 MV die Klage nur auf einen *Ermessensmißbrauch* gestützt werden konnte[93]. Unternehmerklagen gem. Art. 33 Abs. 2 MV werden jedoch heute nur noch äußerst selten ange-

---

[91] A.a.O. S. 129. Die Stelle des Urteils ist oben unter B. I. b) dieses Kapitels erwähnt. Wie *Becker* auch *Rupprecht* a.a.O. S. 53, allerdings ohne Begründung.

[92] RsprGH XI/616.

[93] Dies stellen auch *Quadri - Monaco - Trabucchi - Tizzano* a.a.O. S. 1269 fest.

strengt[94]. Im Ergebnis erscheint daher weder die Ansicht als zutreffend, die den *Ermessensmißbrauch* ausschließlich als détournement de pouvoir begreifen will, noch die, derzufolge der Gerichtshof eine eigene, dem deutschen Begriff angenäherte Konzeption angenommen habe[95]. Es kann auch kaum noch erwartet werden, daß der Gerichtshof seine im Sinne der zweiten Auffassung gemachten Versuche zu „einer eigenen Konzeption" entwickeln wird. Dazu besteht angesichts des seit längerem in der Rechtsprechung zum *Ermessensmißbrauch* zu beobachtenden Stillstandes wenig Hoffnung. *Riese*[96] weist in diesem Zusammenhang wohl zu Recht darauf hin, daß das hohe Ansehen, welches die Rechtsprechung des Conseil d'Etat beim Gerichtshof genieße, eine weitergehende Auslegung des *Ermessensmißbrauchs* durch den Gerichtshof wenig wahrscheinlich mache.

C. Das Verhältnis des Ermessensmißbrauchs zum Ermessen

Es wurde bereits an anderer Stelle festgestellt[97], daß der dem Gemeinschaftsrecht zugrunde liegende Ermessensbegriff ein einheitlicher ist. Ein *Ermessensmißbrauch* ist daher im Gegensatz zur deutschen Lehre vom Beurteilungsspielraum nicht auf Fälle von Handlungsermessen beschränkt, sondern kann auch im Zusammenhang mit der Subsumtion unter unbestimmte Tatbestände auftreten. So liegen die Verhältnisse z. B. in den verbundenen Rechtssachen 36 bis 38 und 40/59[98]. Dort hat der Gerichtshof die Möglichkeit eines *Ermessensmißbrauchs* im Rahmen der Erteilung einer Genehmigung nach Art. 65 § 2 MV bejaht, nachdem er zuvor ausgeführt hatte, daß dies von der Erfüllung sämtlicher in dieser Vorschrift enthaltenen Voraussetzungen abhängig sei. Diese Voraussetzungen sind aber in hohem Maße unbestimmt, und in der Tat prüft der Gerichtshof die Richtigkeit der Subsumtion der Hohen Behörde innerhalb der Sachentscheidung nicht nach[99]. Er läßt also den *Ermessensmißbrauch* bei der Beurteilung unbestimmter Tatbestände zu, ohne daß er überhaupt das Ermessensproblem im Sinne der deutschen Verwaltungsrechtslehre aufwirft. Die Unterscheidung von volitivem und kognitivem Ermessen als Möglich-

---

[94] Siehe dazu im einzelnen unten im 3. Kap. B. I. a).

[95] Vgl. dazu die verschiedenen Meinungen unter A. dieses Kapitels. Zutreffend erscheint demgegenüber das Ergebnis von *Danner*, Die Klagemöglichkeit privater Personen gegen Maßnahmen der Kommission S. 51 f.

[96] In EuR 1966/40.

[97] Oben 2. Teil, 1. Kap. B. I. b).

[98] RsprGH VI/930 f.

[99] Vgl. aber im übrigen die Ausführungen zu diesem Urteil unten 3. Kap. B. II.

keit einer Ausdehnung seiner Nachprüfungsbefugnisse zieht er gar nicht erst in Betracht. Andererseits sind aber auch die Differenzierungen der französischen Lösung nicht vorhanden[100], weil der Gerichtshof, wie dargelegt worden ist[101], nur die abstrakte Vereinbarkeitsprüfung vornimmt.

Somit bleibt noch zu klären, welcher Art die Beziehungen zwischen *Ermessensmißbrauch* und dem so verstandenen Ermessensbegriff sind. Da der Gerichtshof in der Hauptsache die Erscheinungsformen des détournement de pouvoir zugelassen hat, kann bezüglich der theoretischen Untersuchung im wesentlichen auf die Ausführungen des ersten Teils dieser Abhandlung verwiesen werden[102]. Auf das Gemeinschaftsrecht übertragen, ergeben die dort gewonnenen Erkenntnisse folgendes Bild: *Ermessensmißbrauch* setzt begrifflich kein Ermessen voraus, sondern es besteht insoweit nur ein zufälliger Zusammenhang; Verfahrensmißbrauch stellt eine Erscheinungsform des *Ermessensmißbrauchs* bei gebundener Verwaltung dar. Es muß nunmehr geprüft werden, ob dieses paradox anmutende Ergebnis mit den Verträgen vereinbart werden kann und inwieweit es durch den Gerichtshof bestätigt worden ist.

Grundsätzlich unterscheiden sich die Verhältnisse des Gemeinschaftsrechts in bezug auf das aufgeworfene Problem nicht vom französischen Recht. Soweit die in der Literatur wiederholt vertretene Auffassung, das Vorliegen eines Ermessensspielraums sei für einen *Ermessensmißbrauch* unabdingbar, darauf gestützt wird, daß dieses Prinzip in Frankreich ebenfalls gelte[103], kann sie daher zur Lösung nicht beitragen. Außerdem hat *Mathijsen*[104] die Richtigkeit dieser Ansicht aus Art. 35 Abs. 2 MV folgern zu können geglaubt. Diese Bestimmung erklärt die Untätigkeit der Hohen Behörde hinsichtlich der Ausübung einer Ermessensbefugnis nur unter dem Gesichtspunkt des *Ermessensmißbrauchs* für anfechtbar. Die Begründung *Mathijsens* vermag jedoch nicht zu überzeugen. Art. 35 Abs. 2 MV besagt allein, daß der *Ermessensmißbrauch* gegen Ermessensentscheidungen vorgebracht werden

---

[100] Siehe dazu oben 1. Teil, 3. Kap., 2. Abschn. A. II. b).

[101] 2. Teil, 1. Kap. B. II. b) a. E.

[102] 3. Kap., 2. Abschn. A. II. a) und c).

[103] *Gasparri* in AO Bd. IV, S. 157; *Grassetti* a.a.O. S. 87; *Jeantet* a.a.O., der von einem Quasi-Ermessen spricht, womit er aber offenbar dasselbe meint; *Lagrange* in den Schlußanträgen zur Rechtssache 8/55, RsprGH II/256 f.; *Mathijsen* a.a.O. S. 116; *Steindorff*, Nichtigkeitsklage S. 157; vgl. auch *Bondil* a.a.O. S. 162 ff.; a. A. *Roemer* in den Schlußanträgen zu den verb. Rechtssachen 7 und 9/54, RsprGH II/115. Er kommt im Wege einer unbefangenen Begriffsanalyse des détournement de pouvoir zu dem Ergebnis, ein *Ermessensmißbrauch* setze nicht unbedingt Ermessen voraus.

[104] A.a.O. S. 125. Siehe auch *Bondil* a.a.O. S. 163 f.

kann, enthält aber keinen Hinweis darauf, daß dieser Klagegrund bei gebundener Verwaltung nicht erhoben werden dürfe. Darüber kann nur aus Abs. 1 des Art. 35 MV etwas entnommen werden, der die Anfechtung der Nichterfüllung einer der Hohen Behörde obliegenden Verpflichtung regelt. Betrachtet man diese Vorschrift, so verkehrt sich die Argumentation von *Mathijsen* in ihr Gegenteil. Art. 35 Abs. 1 MV schränkt nämlich die zulässigen Angriffsmittel nicht in einer Abs. 2 entsprechenden Weise ein. *Bebr*[105] führt daher zutreffend aus, nur die Natur selbst der „negativen" Entscheidung begrenze die möglichen Klagegründe. Die Rüge der Unzuständigkeit und der Verletzung wesentlicher Formvorschriften seien demnach nicht denkbar. Wohl aber könne eine Klage gem. Art. 35 Abs. 1 MV auf Vertragsverletzung und *Ermessensmißbrauch* gestützt werden. Diese Auslegung hat der Gerichtshof in der Rechtssache 49/59 im Ergebnis bestätigt. Zwar hat er die stillschweigende ablehnende Entscheidung der Hohen Behörde wegen einer Rechtsverletzung aufgehoben, da die Hohe Behörde gegen von ihm in dem Urteil 32 und 33/58 aufgestellte Rechtsgrundsätze verstoßen habe[106]. Andererseits hat er jedoch bei der Zulässigkeitsprüfung ausdrücklich erklärt, daß alle Aufhebungsgründe innerhalb einer Klage gem. Art. 35 Abs. 1 MV erhoben werden könnten[107]. Trotzdem hat sich der Gerichtshof gescheut, die zwingende Konsequenz seiner Auslegung klar auszusprechen. In derselben Rechtssache hat er es dahinstehen lassen, ob ein *Ermessensmißbrauch* auch im Rahmen einer gebundenen Kompetenz denkbar sei[108]. Mit dieser Aussage setzt er sich in einen gewissen Widerspruch zu dem, was er vorher eindeutig entschieden hat[109]. Denn es ergibt keinen Sinn, sämtliche Angriffsmittel innerhalb von Art. 35 Abs. 1 MV zuzulassen, wenn sie nicht „denkbar" sind. Man kann die Formulierung des Gerichtshof daher vernünftigerweise nur so verstehen, daß er einen *Ermessensmißbrauch* bei gebundener Verwaltung zwar begrifflich für möglich hält, es jedoch offenlassen will, ob er auch relevant werden kann. Diese Interpretation erscheint umso richtiger, als sie mit dem Verhältnis von détournement de pouvoir und pouvoir discrétionnaire im französischen Verwaltungsrecht übereinstimmt[110]. Sie deckt sich ferner mit der allgemeinen Haltung des Gerichtshofs, nämlich entgegen einer verschiedentlich erhobenen Forderung[111] bei der Untersuchung eines *Ermessensmißbrauchs*

---

105 A.a.O. S. 127 f.

106 RsprGH VII/167.

107 A.a.O. S. 160 f.

108 A.a.O. S. 161.

109 Dies hat *Becker* (a.a.O. S. 130) offenbar übersehen.

110 Siehe 1. Teil, 3. Kap., 2. Abschn. A. II. a) dieser Untersuchung. Vgl. auch *Börner* a.a.O. S. 191 f.

111 *Lagrange* a.a.O.; *Mathijsen* a.a.O.

nicht zunächst zu prüfen, ob die Organe der Gemeinschaften über einen Ermessensspielraum verfügen, und bei einer negativen Antwort diese Rüge ohne weiteres abzulehnen, sondern unabhängig von dieser Frage die als *Ermessensmißbrauch* erhobenen Vorwürfe sogleich einer sachlichen Beurteilung zu unterziehen.

Auf diese Weise ist es in der Tat mehrfach dazu gekommen, daß der Gerichtshof diesem Klagegrund auch bei gebundener Verwaltung nachgegangen ist. Das erste Beispiel hierfür ist die Rechtssache 8/55[112], in der er im Gegensatz zur Auffassung von Generalanwalt *Lagrange*[113] die Verletzung der ausdrücklichen Verpflichtung, den Produktionskosten am Ende der Übergangszeit Rechnung zu tragen, als *Ermessensmißbrauch* bezeichnet[114]. Ebenso kann in den verbundenen Rechtssachen 36 bis 38 und 40 und 41/58 von Ermessen nicht die Rede sein. Die angefochtene Entscheidung stellt sich lediglich als die Ausführung der der Hohen Behörde durch den Gerichtshof in den Urteilen 9 und 10/56 auferlegten Verpflichtung dar, die Übertragung von Ermessensbefugnissen auf die Brüsseler Organe der Schrottausgleichseinrichtung zu beseitigen. Dessen ungeachtet räumt der Gerichtshof jedoch die Möglichkeit eines *Ermessensmißbrauchs* ein[115]. Ähnlich verhält es sich in den verbundenen Rechtssachen 17 und 20/61[116]. Schließlich hat der Gerichtshof in der Rechtssache 20/59 sogar einen *Ermessensmißbrauch* im Falle gebundener Verwaltung als gegeben angenommen[117]; denn einerseits kann die Hohe Behörde im Rahmen von Art. 88 MV nichts anderes tun, als die Vertragsverletzung eines Mitgliedstaates im Entscheidungswege festzustellen, und andererseits gem. Art. 70 Abs. 3 MV keine Entscheidungen erlassen. Damit ist der Beweis erbracht, daß im Gemeinschaftsrecht der *Ermessensmißbrauch* nicht von einem Ermessensspielraum abhängig ist. Der Gerichsthof geht hierin weiter als die französische Rechtsprechung. In Frankreich besteht in solchen Fällen immerhin ein zufälliger Zusammenhang zwischen détournement de pouvoir und pouvoir discrétionnaire. Nur beim détournement de procédure fehlt es auch daran.

Betrachtet man demgegenüber die Vorwürfe, die der Gerichtshof als Verfahrensmißbrauch gewertet hat[118], so kommt man zu dem umge-

---

[112] RsprGH II/316 f.
[113] RsprGH II/260 f.
[114] Die entscheidende Stelle ist oben unter B. I. b) dieses Kapitels wiedergegeben. Wie hier auch *Becker* a.a.O. S. 131.
[115] RsprGH V/369 ff.
[116] RsprGH VIII/694 f.
[117] RsprGH VI/713 f. Vgl. die ausführliche Darstellung dieses Urteils unter B. I. a) dieses Kapitels.
[118] Siehe oben unter B. I. c) dieses Kapitels.

kehrten Ergebnis. Zwar sieht der Gerichtshof diese Erscheinungsform im wesentlichen als ein Problem der Handlungsvoraussetzungen an[119], indessen geht es in fast allen Rechtssachen um die Anwendung von Ermessensnormen. Dabei spielt aber das Verfahren eine so bedeutende Rolle, daß der Gerichtshof es vorzieht, von Verfahrensmißbrauch zu sprechen. Gleichwohl unterscheiden sich diese Fälle vom détournement de procédure dadurch, daß es nicht um die Verfolgung sekundärer Ziele geht, sondern das Hauptziel des Handelns in Rede steht. Dies ist eine Folge des dargelegten engen Zusammenhanges von Verfahren und Befugnis[120]. Verfahrensmißbrauch kann somit im Gemeinschaftsrecht nicht ohne weiteres mit détournement de procédure gleichgesetzt werden. Lediglich in bezug auf den Vorwurf in der Rechtssache 9/61[121], die Hohe Behörde habe mit einer Empfehlung eine verdeckte Entscheidung erlassen, ist Identität zwischen beiden gegeben.

D. Das Verhältnis des Ermessensmißbrauchs zum System der Abwägungsfehler

Zum Abschluß dieses Kapitels bleibt noch zu erörtern, wie sich der *Ermessensmißbrauch* zu dem im ersten Teil entwickelten System der Abwägungsfehler verhält[122]. Auf diese Weise soll versucht werden, ihn von dem deutschen Begriff abzugrenzen.

Zunächst können die Fälle, die sich im vorigen Abschnitt als *Ermessensmißbrauch* bei gebundener Verwaltung herausgestellt haben, hierunter nicht erfaßt werden. Sie haben mit dem Gesichtspunkt der Abwägung nichts zu tun, sondern betreffen schlechthin ungesetzliches Verhalten. Das gilt gleichermaßen für die Erscheinungsform des Verfahrensmißbrauchs. Zwar liegt in den bisher entschiedenen Rechtssachen meistens ein Ermessensspielraum vor, gleichwohl stellen die erhobenen Vorwürfe nicht im eigentlichen Sinne Fehler in den Erwägungen dar; sie haben vielmehr Verstöße gegen den äußeren Ermessensrahmen, das heißt Ermessensüberschreitungen, zum Gegenstand. Ihr Kern besteht stets darin, daß die Hohe Behörde oder die Kommission bestimmte Artikel angewendet hätten, obwohl deren Voraussetzungen nicht erfüllt gewesen seien, und so ein zulässiges Vorgehen auf Grund anderer Artikel hätten vermeiden wollen. Der Verfahrensmißbrauch wird mithin als Problem der Handlungsvoraussetzungen ge-

---

119 Vgl. dazu auch den folgenden Abschnitt.

120 Vgl. oben B. I. c) dieses Kapitels.

121 RsprGH VIII/474 f.

122 Siehe dazu 3. Kap., 2. Abschn. B. I. a).

sehen und nicht als Problem einer falschen Ausübung des Ermessens. Dem entspricht die Begründung, mit der der Gerichtshof ihn regelmäßig zurückgewiesen hat. Seine Ablehnung beruht einfach darauf, daß die Voraussetzungen des angeblich zu Unrecht angewandten Artikels doch zuträfen. Der Gerichtshof erklärt also beide Artikel für anwendbar. Dabei ist noch bemerkenswert, daß er mehrfach den Ausdruck „Umgehung" gebraucht[123] und sich somit der deutschen Terminologie bedient[124].

Zusammenfassend kann daher festgestellt werden, daß mit all diesen Beispielen Fälle von *Ermessensmißbrauch* angesprochen worden sind, die nicht als Ermessensmißbrauch aufgefaßt werden können. Der Wesensunterschied von détournement de pouvoir und Ermessensmißbrauch hat sich im Gemeinschaftsrecht fortgesetzt.

Dieses Ergebnis schlägt jedoch in sein Gegenteil um, wenn man nunmehr den *Ermessensmißbrauch* innerhalb des Systems der Abwägungsfehler betrachtet. Soweit er in den Anwendungsformen des détournement de pouvoir verbleibt, kann er nur in Gestalt der zweiten Gruppe des Systems auftreten, das heißt bei der Berücksichtigung nicht erlaubter Gesichtspunkte. Im Verhältnis zum Ermessensmißbrauch ist sein Inhalt also bedeutend eingeschränkt. Daran ändert sich auch nichts Wesentliches, wenn man die gezeigten Objektivierungstendenzen berücksichtigt[125]. Denn selbst dort, wo die Zweckrichtung der Maßnahme an die Stelle der Absichten ihres Urhebers tritt, verläßt der *Ermessensmißbrauch* diesen Rahmen nicht, obwohl dies in bezug auf die französische Konzeption bereits eine Erweiterung darstellt, da der Einbruch der Kontrolle der motifs insoweit beseitigt ist[126]. Diese Erscheinung ist aber nur eine natürliche Folge davon, daß letzterer Tatbestand im Gemeinschaftsrecht nicht vorhanden ist. Überspitzt ausgedrückt handelt es sich hier um die Entwicklung der Kontrolle der motifs innerhalb des *Ermessensmißbrauchs*. Den entscheidenden Schritt einer Ausdehnung des *Ermessensmißbrauchs* auf die übrigen Abwägungsfehler hat der Gerichtshof auf breiter Basis jedoch nicht vollzogen. Das hätte vorausgesetzt, daß er bei Unvereinbarkeit einer Maßnahme mit dem Zweck ihrer Ermächtigung schlechthin einen *Ermessensmißbrauch* hätte zulassen müssen. Die Analyse seiner Rechtsprechung hat indessen ergeben, daß er dies ausdrücklich abgelehnt

---

123 Vgl. die Rechtssachen 2/57, RsprGH IV/151 und 8 bis 13/57, IV/265 f. sowie die verb. Rechtssachen 73 und 74/63, X/29.

124 Siehe dazu oben 1. Teil, 3. Kap., 2. Abschn. A. II. c) a. E.

125 Vgl. oben B. II. dieses Kapitels.

126 Vgl. dazu die Ausführungen im 1. Teil, 1. Kap. unter C. und 3. Kap., 2. Abschn. unter B. III. dieser Untersuchung.

hat[127]. Eine allgemeine Einbeziehung der Kontrolle der motifs in den *Ermessensmißbrauch* ist also von ihm verneint worden. Lediglich bei besonders schwerem Fehlverhalten hat er eine Form des *Ermessensmißbrauchs* entwickelt, die auf sämtliche Abwägungsfehler zurückgeführt werden kann und sich daher mit dem Begriff des Ermessensmißbrauchs deckt.

Trotzdem bietet die vorsichtige, aber nichtsdestoweniger in ihrer Tendenz deutlich sichtbare Erweiterung des *Ermessensmißbrauchs* an sich gute Möglichkeiten, auch die praktische Wirksamkeit dieses Angriffsmittels im Vergleich zum détournement de pouvoir zu erhöhen. Umso erstaunlicher ist es, daß genau das Gegenteil zutrifft. Nur in zwei Rechtssachen hat der Gerichtshof bisher die Nichtigkeit einer Maßnahme aus diesem Grunde ausgesprochen und dabei lediglich in einer von ihnen expressis verbis. Damit ist die Frage nach dem Anwendungsbereich des *Ermessensmißbrauchs* gestellt.

---

[127] Siehe oben unter B. II. dieses Kapitels. So im Ergebnis auch *Riese* a.a.O. S. 39 f. Die in diese Richtung gehenden Erkenntnisse, die *Gasparri* in seiner mehrfach zitierten Studie zum détournement de pouvoir im Recht der Montanunion gewonnen hat, sind folglich Theorie geblieben. Über die Rechtsprechung hinaus gehen auch die Ausführungen von *Roemer* in den Schlußanträgen zur Rechtssache 6/54, RsprGH I/269.

Drittes Kapitel

Der Anwendungsbereich des Ermessensmißbrauchs

Zwei Ursachen kommen für die geringe Bedeutung des *Ermessensmißbrauchs* in Betracht, die im folgenden nacheinander untersucht werden sollen: Die eine beruht auf der Freiheit der Organe der Gemeinschaften bei der Verwirklichung der Vertragsziele; die andere hängt mit der Stellung des *Ermessensmißbrauchs* im System der Klagegründe zusammen.

A. Die umfangreichen Ermessensbefugnisse der Gemeinschaftsorgane als Hindernis für die Anwendung des Ermessensmißbrauchs

I. Die Unbestimmtheit der in den Verträgen enthaltenen Normen

Der Charakter der in den Gemeinschaftsverträgen geregelten Materie als hoheitlicher Wirtschaftsverwaltung bedingt, daß die Normierung fest umrissener Tatbestände die Ausnahme bleibt. Die gesetzliche Bindung vollzieht sich fast ausschließlich in der Form unbestimmter Begriffe und durch die Setzung von Zielen. Letztere werden zur entscheidenden Schranke des Handelns der Gemeinschaftsorgane überhaupt. Sie sind weitgehend der alleinige Maßstab für die Rechtmäßigkeit von Organakten[1].

Die Ausgestaltung dieser Bindung ist in den einzelnen Verträgen unterschiedlich. Der Montanvertrag kennt hier eine Art von Hierarchie der Zielnormen[2]. In seinen Anfangsartikeln werden die grundlegenden Ziele der Gemeinschaft normiert, und zwar einmal positiv (Art. 2, 3 und 5) und zum andern in der Gestalt eines negativen Zielkatalogs[3],

---

[1] *Steindorff*, Nichtigkeitsklage S. 101 ff., S. 111 ff. und S. 140 ff. Er hat die Schwierigkeiten einer gesetzlichen Regelung wirtschaftlichen Verhaltens im einzelnen dargelegt und überzeugend nachgewiesen, daß eine solche Regelung notwendigerweise unbestimmt sein müsse, wobei der Schwerpunkt auf Zielnormen liege. Mit Hilfe dieser Untersuchungen hat er dann die Bestimmungen des Montanvertrages analysiert. Auf seine Ausführungen wird im wesentlichen Bezug genommen.

[2] *Bebr*, Judicial Control of the European Communities S. 95.

[3] Vgl. dazu allgemein *Laun*, Das freie Ermessen und seine Grenzen S. 266.

der Diskriminierungsverbote des Art. 4. Diese werden durch die in den besonderen Vorschriften der Art. 46 ff. niedergelegten speziellen Ziele konkretisiert. Dabei besteht jedoch ein enger Zusammenhang zwischen beiden Kategorien von Zielen. Fast alle besonderen Vertragsbestimmungen nehmen auf die allgemeinen Vertragsziele, vor allem auf Art. 3, ausdrücklich Bezug, die damit zum Bindeglied zwischen jenen werden. Demgegenüber weist der Vertrag über die EWG zwei Unterschiede auf. Zunächst sind die grundlegenden Vertragsziele wesentlich allgemeiner gefaßt. Zwar deckt sich Art. 2 EWGV noch in etwa mit der entsprechenden Vorschrift des Montanvertrages; schon Art. 3 EWGV aber enthält lediglich die Grundsatzerklärung über die Tätigkeit der Gemeinschaft auf den verschiedenen ihr unterworfenen Sektoren. Art. 7 EWGV beschränkt das Diskriminierungsverbot auf Diskriminierungen aus Gründen der Staatsangehörigkeit. Diese Abweichungen sind dadurch bedingt, daß der Montanvertrag ein in sich geschlossenes Sachgebiet regelt, während die EWG das ganze Wirtschaftsleben umfaßt. Der gesamte Art. 3 MV erscheint, würde man beide Verträge miteinander verbinden, nur als eine zusätzliche — wenn auch weiter aufgegliederte — Ziffer von Art. 3 EWGV. Daraus folgt bereits der zweite Unterschied zum Montanvertrag, der sich auf die Normierung spezieller Ziele bezieht. Solche Bestimmungen fehlen zwar im EWG-Vertrag ebenfalls nicht[4], indessen handelt es sich hierbei nicht um eine Spezialisierung im Sinne des besonderen Teils des Montanvertrages, sondern um eine Art. 3 MV entsprechende Aufstellung allgemeiner Ziele auf einem bestimmten Sektor, deren Konkretisierung erst noch im Verordnungswege zu erfolgen hat. So ist die Ähnlichkeit der Art. 29, 39 und 54 EWGV mit Art. 3 MV offensichtlich. Die übrigen Artikel erreichen nicht einmal diesen Grad der Bestimmtheit, sie bleiben im wesentlichen Programmsatz. Spezielle Ziele im eigentlichen Sinne gibt es daher, abgesehen von einzelnen im Vertrag verstreuten Artikeln[5], im EWG-Vertrag nicht, so daß auch die im Montanvertrag vorhandene Bezugnahme der besonderen auf die einleitenden Artikel nicht vorliegt. Der EWG-Vertrag kennt keine Hierarchie der Zielnormen. Die Zielbindung ist also bedeutend unvollkommener als im Montanvertrag.

II. Die praktisch unbeschränkte Ausübung einer rechtlich freien Zweckwahl

Angesichts der dargelegten Konzeption der Verträge drängt sich die Frage auf, inwiefern der Gerichtshof dadurch in der Möglichkeit, eine

---

[4] Vgl. die Art. 29, 39, 54, 87, 123, 130 und 132 EWGV.

[5] Siehe insbes. die verschiedenen Bestimmungen über die schrittweise Verwirklichung des Gemeinsamen Marktes; vgl. auch Art. 36, der deshalb besonders bemerkenswert ist, weil er zwei typische Fälle eines détournement de pouvoir normiert.

angefochtene Entscheidung wegen *Ermessensmißbrauchs* aufzuheben, beeinflußt wird. Eine rein theoretische Betrachtung des Problems ergibt, daß die praktische Bedeutung dieses Klagegrundes deshalb grundsätzlich gestiegen sein müßte; denn durch die Normierung der Ziele entfällt für den Gerichtshof die im französischen Recht als ein wesentliches Hindernis für die Sanktionierung eines détournement de pouvoir angesehene rechtsschöpferische Aufgabe, die „règle de but" selbst erst aus dem Sinn des Gesetzes ableiten zu müssen[6]. Dies gilt jedoch wegen der unterschiedlich weit gehenden Normierung der Ziele hauptsächlich für den Montanvertrag. Da sich der EWG-Vertrag überwiegend auf Richtlinien beschränkt, verfügen Rat und Kommission bei der Auswahl der zu verfolgenden Ziele über „erhebliche Ermessens-, ja fast politische Befugnisse"[7]. Insoweit ist die Aufgabe des Gerichtshofs daher kaum leichter als die des französischen Conseil d'Etat, und bisher sind auch keine Beispiele dafür vorhanden, daß der Gerichtshof in dieser Beziehung dem obersten französischen Verwaltungsgericht vergleichbare rechtsschöpferische Funktionen ausübt. Daher erscheint innerhalb der EWG die Möglichkeit für die Anwendung eines *Ermessensmißbrauchs* ausgeschlossen, solange sich die Organe im Rahmen der allgemeinen Vertragsziele halten. Lediglich Bestimmungen wie die bereits zitierten Art. 29, 39 und 54 enthalten ähnlich genaue Zielkataloge wie Art. 3 MV und bieten dem *Ermessensmißbrauch* mithin theoretisch bedeutende Wirkungsmöglichkeiten.

In umso größerem Gegensatz dazu steht die Tatsache, daß der *Ermessensmißbrauch* weder im Rahmen des Montanvertrages noch innerhalb der EWG praktisch wirksam geworden ist. Worauf nun ist dies zurückzuführen? Wie *Mosler*[8] zutreffend bemerkt, hätte eine solche Entwicklung vorausgesetzt, daß der Gerichtshof den gesetzlich zulässigen Zweck — und zwar auch unter verschiedenen Zielen, wie z. B. denen des Art. 3 MV — in jedem konkreten Fall eindeutig bestimmt haben müßte. Das aber wäre wiederum ohne ein rechtsschöpferisches Urteil nicht möglich gewesen. Der Gerichtshof hätte — so *Steindorff*[9] — wirtschaftspolitische Justiz ausgeübt, wenn er beispielsweise darüber entschieden hätte, welchem der Ziele des Art. 3 MV in concreto der

---

[6] *Bondil*, Le détournement de pouvoir en droit international public S. 30.

[7] *Bebr* a.a.O.

[8] In ZaöRV Bd. 14 (1951/52) S. 42 f.; vgl. auch *Steindorff* a.a.O. S. 160, der *Moslers* Ausführungen wohl nicht richtig verstanden haben dürfte, da er sie nur auf die Auslegung bestimmter Ziele beschränkt sehen will. *Mosler* spricht jedoch eindeutig von einer „Projizierung der Ziele der Gemeinschaft auf den konkreten Fall". Ebenso neuerdings *Börner*, Die Entscheidungen der Hohen Behörde S. 178 ff.

[9] A.a.O. S. 160 f.

Vorrang eingeräumt werden müßte. Da der Gerichtshof hierzu nicht berufen sei, hat *Steindorff* gefolgert, daß es eine Wahlfreiheit zwischen den einzelnen der Hohen Behörde gesetzten Zielen nicht geben könne, und damit das Problem, wie er selbst einräumt, umgangen. Der Gerichtshof nun hat eine Lösung entwickelt, durch die er einerseits eine Wahlfreiheit der Gemeinschaftsorgane anerkennt, gleichwohl aber zu dem Ergebnis *Steindorffs* kommt, indem er sich, über dessen Forderung noch hinausgehend, bei der Nachprüfung ein weiteres Mal selbst beschränkt. In den Rechtssachen 8 bis 13/57 hat er sich im Ausgangspunkt zwar der Auffassung *Steindorffs* angeschlossen, daß die in den Art. 2 bis 5 MV niedergelegten Ziele der Montangemeinschaft eine Einheit bildeten und daher stets gleichzeitig ins Auge gefaßt werden müßten[10], er hat jedoch daran anschließend entschieden[11]:

> „Gleichwohl ist festzuhalten, daß in der Praxis die verschiedenen Ziele des Art. 3 aufeinander abgestimmt werden müssen, da es offensichtlich unmöglich ist, sie alle gleichzeitig und jedes einzeln bis zur letzten Konsequenz zu verwirklichen; sie enthalten allgemeine Grundsätze, die es im weitestmöglichen Umfange zu verwirklichen und miteinander in Einklang zu bringen gilt... Bei der Verfolgung der in Art. 3 des Vertrages niedergelegten Ziele hat die Hohe Behörde dafür zu sorgen, daß diese ständig aufeinander abgestimmt werden, falls sie, bei getrennter Würdigung, zueinander im Widerstreit stehen sollten; ist ein solcher Ausgleich nicht möglich, so hat sie dem einen oder dem anderen Ziel zeitweilig *den Vorrang einzuräumen, wenn sie dies* auf Grund derjenigen wirtschaftlichen Tatsachen oder Umstände *für geboten erachtet,* die jeweils den Entscheidungen zugrunde liegen, welche sie zur Durchführung der ihr nach Art. 8 des Vertrages übertragenen Aufgaben erläßt."

Daraus folgt, daß die Hohe Behörde bei der Verfolgung der Ziele des Art. 3 MV über echte Ermessensbefugnisse verfügt[12]. Dasselbe gilt nach dem Urteil in der Rechtssache 34/62 in bezug auf Art. 29 EWGV[13], und es dürfte deshalb zulässig sein, diese Grundsätze auch auf die Art. 39 und 54 EWGV zu übertragen. *Steindorff*[12] hat hieraus den Schluß gezogen, daß die Hohe Behörde damit im Rahmen des Art. 3 MV einen *Ermessensmißbrauch* begehen könne. Diese Ansicht erscheint indessen angreifbar. Sie könnte nur dann zutreffen, wenn der Gerichtshof, was *Steindorff* offenbar voraussetzt, dabei nachprüfen würde, ob der von der Hohen Behörde unter den Zielen des Art. 3 MV gefundene Kompromiß vernünftig gewesen sei und ob die Hohe Behörde nicht einige der darin genannten Ziele auf Kosten anderer preisgegeben

---

[10] RsprGH IV/251 f.

[11] A.a.O. S. 252 und 254.

[12] *Jeantet* in Juris-Classeur de Droit Intern. I. Bd., Fascicule 161 — C, 2e cahier 1960, S. 14; *Steindorff* in ArchVR Bd. 8 (1959/60) S. 70; *Roblot* in Droit Social 1958/75.

[13] RsprGH IX/318.

habe[14]. Eine solche Untersuchung nimmt der Gerichtshof jedoch gerade nicht vor[15]. Vielmehr geht aus seinen zitierten Urteilsgründen unzweideutig hervor, daß er die Rechtfertigung der Bevorzugung einzelner Ziele des Art. 3 MV der autonomen Entscheidung der Hohen Behörde überläßt. In der Tat hatten die Klägerinnen in der Rechtssache 13/57 den vorstehenden Vorwurf erhoben[16]. Der Gerichtshof ist aber mit keinem Wort darauf eingegangen. Es ist daher bloße Theorie, wenn verschiedentlich die Meinung vertreten wird, die Hohe Behörde mache sich eines *Ermessensmißbrauchs* schuldig, wenn sie bewußt eines der Ziele des Art. 3 MV vernachlässige[17]. Richtig dürfte demgegenüber nur die Beurteilung sein, daß es in der Praxis immer möglich ist, auch eine solche bewußte Bevorzugung durch die wirtschaftlichen Umstände zu rechtfertigen, so daß für den Beweis eines so gegangenen *Ermessensmißbrauchs* unüberwindliche Schwierigkeiten bestehen[18].

Ist es also praktisch ausgeschlossen, daß in dieser Hinsicht ein *Ermessensmißbrauch* relevant werden kann, so bleibt noch zu prüfen, wie sich das Problem mit Bezug auf die speziellen Ziele des Montanvertrages darstellt. Hierbei ist zu berücksichtigen, daß die besonderen Vorschriften der Art. 46 ff. MV weitgehend ausdrücklich auf die grundlegenden Art. 2 bis 5 verweisen, mit der Folge, daß der dargelegte Ermessensspielraum auch in diese Bestimmungen hineingetragen wird und ihre Spezialität mithin nur eine scheinbare ist[19]. Ebenfalls in den Rechtssachen 8 bis 13/57 hat der Gerichtshof diese Auffassung bestätigt und ist sogar noch darüber hinausgegangen. Er hat ausgeführt[20]:

„Die ausdrückliche Erwähnung des Art. 3[21] befreit die Hohe Behörde nicht von der Pflicht, die anderen Vorschriften des Vertrages zu beachten, insbesondere die *Art. 2, 4 und 5, die zusammen mit Art. 3 stets zu berücksichtigen sind,* weil sie die grundlegenden Ziele der Gemeinschaft festlegen. Diese Bestimmungen sind sogar zwingender Natur und müssen gleichzeizeitig ins Auge gefaßt werden, damit ihre sachgemäße Anwendung gewährleistet ist. Sie genügen sich selbst, *sind also, soweit sie nicht* im

---

[14] Vgl. *Reuter,* La CECA S. 91.

[15] Vgl. die insoweit richtige Kritik bei *Bonaert u. a.,* Fragen S. 65. Abzulehnen ist daher die Interpretation von *Börner* a.a.O. S. 186.

[16] RsprGH IV/292 f.

[17] *Lagrange* in den Schlußanträgen zu den Rechtssachen 8 bis 13/57, RsprGH IV/375; *Steindorff,* Nichtigkeitsklage S. 161.

[18] *Jeantet* a.a.O. S. 19 f.; vgl. auch *Boulouis* in AFDI 1958/323. Die Darstellung von *Rupprecht* (Die Nachprüfungsbefugnis des Europ. Gerichtshofes S. 38 ff.), der die Zielkataloge der Verträge als Begrenzung für das Ermessen der Gemeinschaftsorgane ansieht, ist daher zumindest einseitig.

[19] Dies wird von *Börner* (a.a.O. S. 182 ff.), dessen Ausführungen zudem im Theoretischen bleiben, nicht berücksichtigt.

[20] RsprGH IV/251 f.

[21] Zu ergänzen ist: in Art. 53 Abs. 1 MV.

Einzelfall *in andere Bestimmungen des Vertrages Eingang gefunden haben, unmittelbar anzuwenden.*"

Damit wird es überhaupt unmöglich, einen *Ermessensmißbrauch* zu begehen, solange die angefochtene Maßnahme im Rahmen der Vertragsziele bleibt. Dies ist umso mehr der Fall, als sonstige rechtswidrige Beweggründe, wie gezeigt worden ist[22], nicht relevant werden können, weil sie als überflüssig angesehen werden. Nichts anderes sagt der Gerichtshof in den Rechtssachen 1 und 2/54[23] und 6/54[24], in denen er zum Ausdruck bringt, daß sich die Hohe Behörde nur dann eines *Ermessensmißbrauchs* schuldig machen kann, wenn sie Ziele verfolgt, die mit den im Vertrag vorgesehenen nichts zu tun haben und mit ihnen unvereinbar sind[25]. Dieses Ergebnis ist lediglich durch den Vorbehalt einzuschränken, daß die der Hohen Behörde auf diese Weise eingeräumte Freiheit in der Wahl ihrer Ziele wohl nicht so weit gehen dürfte, daß sie diese Ziele beliebig vertauschen kann[26]. Wenn auch ein einschlägiges Beispiel in der Rechtsprechung des Gerichtshofs bisher fehlt, so wird man doch annehmen können, daß er hier ebenfalls besonders schwere und offensichtliche Verstöße sanktionieren wird. Fraglich erscheint nur, ob es jemals dazu kommen wird. Sicherlich aber werden solche Fälle seltene Ausnahmen bleiben.

Zusammenfassend kann daher festgestellt werden, daß die zweite Fallgestaltung des *Ermessensmißbrauchs*, genau wie die ihr entsprechende Erscheinungsform des détournement de pouvoir, praktisch bedeutungslos ist[27]. So erklärt sich auch der Versuch des Gerichtshofs, durch Verlegung des Schwerpunktes auf das mit der Befugnis verbundene Verfahren die Tendenz der französischen Rechtsprechung zum détournement de procédure nachzuvollziehen. Bisher konnte er dabei aber keinen Erfolg haben, da die meisten der vom Gerichtshof als Verfahrensmißbrauch behandelten Vorwürfe insofern keine Fälle von détournement de procédure darstellen, als bei ihnen, wie beim echten *Ermessensmißbrauch*, das Hauptziel des Handelns in Rede steht[28]. Bezieht man die hier gewonnenen Ergebnisse abschließend auf die diese

---

22 Siehe oben 2. Teil, 2. Kap. B. I. vor a).

23 RsprGH I/34.

24 RsprGH I/239.

25 So *Bonaert u. a.* a.a.O. Vgl. auch die weiteren innerhalb des Verfahrensmißbrauchs behandelten Beispiele oben unter B. I. c) im vorigen Kapitel.

26 *Roblot* a.a.O. S. 78.

27 In diesem Sinne schon *P. R.* in RDP 1951/122. Der noch vorsichtige Optimismus von *Roblot* (a.a.O. S. 77) wird durch die Entwicklung der Rechtsprechung nicht gerechtfertigt. Zum détournement de pouvoir vgl. oben 1. Teil, 1. Kap. D.

28 Siehe oben unter B. I. c) und D. im vorigen Kapitel.

Untersuchung leitenden Gesichtspunkte, so läßt sich bereits sagen, daß Begriff und Anwendungsbereich des *Ermessensmißbrauchs* weit auseinandergehen. Mag der Gerichtshof den *Ermessensmißbrauch* in Form der Verfolgung unerlaubter Vertragszwecke grundsätzlich zugelassen haben, so kann er ihn doch nicht sanktionieren, da er es den Organen der Gemeinschaften überläßt, darüber zu entscheiden, welche Ziele sie im Einzelfall verwirklichen wollen. Die schon im ersten Kapitel dieses Teils der Abhandlung dargelegte Zurückhaltung des Gerichtshofs bei der materiellen Nachprüfung von Organakten[29] hat somit die Entfaltung des *Ermessensmißbrauchs* im Gemeinschaftsrecht zu einem wesentlichen Teil verhindert.

B. Die Stellung des Ermessensmißbrauchs im System der Klagegründe

Während der *Ermessensmißbrauch* bei der bisherigen Untersuchung isoliert betrachtet worden ist, kommt es nunmehr darauf an, sein Verhältnis zu den übrigen Klagegründen zu beleuchten. Dadurch soll geklärt werden, ob und inwieweit seine praktische Bedeutungslosigkeit damit zusammenhängt, daß er, ähnlich wie im französischen Verwaltungsrecht, von Konkurrenztatbeständen überlagert wird.

I. Das Verhältnis von Ermessensmißbrauch und Rechtsverletzung

Die gesetzliche Festlegung der Vertragsziele war bereits Gegenstand der Erörterungen des vorigen Abschnitts. Noch unter einem weiteren Gesichtspunkt schränkt sie jedoch die Anwendungsmöglichkeiten des *Ermessensmißbrauchs* ein. Sie bedeutet nämlich, daß die Gemeinschaftsorgane in bezug auf die Ziele ihres Handelns dem Gesetz unterworfen sind. Der Zweck der Ermächtigungsnorm ist nicht nur mittelbares Auslegungskriterium zur Ermittlung eines *Ermessensmißbrauchs*, sondern wird selbst zum unmittelbaren Maßstab der Rechtmäßigkeit einer Entscheidung und damit einer Nachprüfung im Rahmen des Klagegrundes der Rechts- bzw. Vertragsverletzung zugänglich[30]. Diese Erscheinung spielt im staatlichen Recht keine bemerkenswerte Rolle, da sie nur in Ausnahmefällen vorkommt[31]. Es ist daher zu prüfen, wie sie sich auf die Stellung des *Ermessensmißbrauchs* im Gemeinschaftsrecht auswirkt. Dies soll wiederum mit Beziehung zum französischen und deutschen Recht deutlich gemacht werden.

---

[29] Siehe 2. Teil, 1. Kap. B. II. b).

[30] Vgl. dazu die eingehenden Ausführungen von *Steindorff* a.a.O. S. 111 ff. und 140 ff. sowie *v. Simson* in KSE 1, S. 409; ferner Bondil a.a.O. S. 180, der das Problem jedoch lediglich andeutet.

[31] *Steindorff* a.a.O. S. 159 f.

a) Die Normierung der Vertragsziele als Ersatz für den französischen Tatbestand der inexactitude des motifs

Auf Grund der bisherigen Betrachtung hat sich ergeben, daß der Gerichtshof die Unvereinbarkeit einer Maßnahme mit den Vertragszielen als ein entscheidendes Kriterium des *Ermessensmißbrauchs* ansieht. Andererseits zeigt nun seine Rechtsprechung, daß er den soeben angedeuteten Auswirkungen der vertraglichen Normierung dieser Ziele in vollem Umfang Rechnung trägt und dieselbe Frage bereits innerhalb des Aufhebungsgrundes der Vertragsverletzung untersucht. In allen Rechtssachen, in denen die Klage darauf gestützt wurde, die angefochtene Entscheidung stehe im Widerspruch zu einer Zielnorm, hat er diesen Vorwurf in erster Linie unter dem Gesichtspunkt einer Vertragsverletzung gewürdigt. Auf diese Weise ist der *Ermessensmißbrauch* in ein Abhängigkeitsverhältnis zur Vertragsverletzung getreten, das in den Urteilen des Gerichtshofs in verschiedener Hinsicht zum Ausdruck kommt.

Wenn der Gerichtshof den angegriffenen Organakt mit den Zielen der Verträge für vereinbar hält, so schließt diese Feststellung gleichzeitig die Ablehnung des außerdem gerügten *Ermessensmißbrauchs* ein; denn in der Sache bestehen keine Unterschiede zwischen beiden Vorwürfen. In einer umfangreichen Rechtsprechung ist der Gerichtshof so verfahren[32]. Dabei hat er entweder die zum Ausschluß der Vertragsverletzung gegebene Begründung innerhalb der Prüfung des *Ermessensmißbrauchs* im wesentlichen wiederholt oder sich nur auf sie bezogen. In anderen Fällen wieder hat er von einer Unterscheidung beider Klagegründe gänzlich abgesehen und nur ganz allgemein die Rechtmäßigkeit der angefochtenen Maßnahme geprüft oder aber die Rüge des *Ermessensmißbrauchs* überhaupt für nicht genügend substantiiert erklärt, weil über die Vertragsverletzung hinausgehende Umstände und Tatsachen nicht vorgebracht worden seien. Besonders aufschlußreich in dieser Beziehung sind die Entscheidungsgründe in den verbundenen Rechtssachen 17 und 20/61[33]. Nachdem der Gerichtshof im Rahmen der Vertragsverletzung zunächst die Ansicht der Klägerinnen als unbegründet abgelehnt hat, die Hohe Behörde habe die Grundsatzentscheidung über die Schrottausgleichseinrichtung unrichtig angewandt

---

[32] So die Rechtssachen 1 und 2/54, RsprGH I/23 f. und 34; 6/54, I/235, 239; 31/59, VI/182 ff.; verb. 3 bis 18 und 25 bis 26/58 sowie 19/58, VI/407 ff. und 418; verb. 36 bis 38/59 und 40/59, VI/930 f.; 9/61, VIII/471 ff.; 34/62, IX/316 ff.; 18/62, IX/602 f.; verb. 2 bis 10/63, IX/739 ff.; verb. 73 und 74/63, X/27 ff.; 66/63, X/1177 f. und 1183; 111/63, XI/914; 39/64, XI/1014 ff.; 51/65, XII/143 f.; verb. 52 und 55/65, XII/236 f.; 32/65, XII/482 ff.

[33] RsprGH VIII/689 ff.

und ihnen zu Unrecht keine Freistellung von der Umlagepflicht gewährt, äußert er zum *Ermessensmißbrauch* die folgenden Erwägungen[34]:

> „Die Klägerin stützt diesen Klagegrund auf dieselben Ausführungen, wie sie zur Rüge der Vertragsverletzung vorgebracht hat ... Diese Ausführungen beweisen jedoch keineswegs, daß die Hohe Behörde mit dem Erlaß der angefochtenen Entscheidung ein anderes Ziel als die korrekte und vertragsgemäße Anwendung der Grundsatzentscheidungen verfolgt hätte."

Hier betrachtet also der Gerichtshof den *Ermessensmißbrauch* nicht nur ausdrücklich als innerhalb der Vertragsverletzung mitbehandelt, sondern sieht das vertragsgemäße Handeln selbst als das Ziel der Maßnahme an. Die Unterscheidung des französischen Verwaltungsrechts von Gegenstand bzw. motif und Beweggrund wird somit verwischt und verliert ihre Bedeutung als Abgrenzungskriterium zwischen Rechtsverletzung und *Ermessensmißbrauch*[35]. Ein von den angeführten Beispielen etwas abweichendes Bild bietet sich in den verbundenen Rechtssachen 5 bis 11 und 13 bis 15/62[36]. Dort haben die vom Gerichtshof innerhalb von Vertragsverletzung und *Ermessensmißbrauch* untersuchten Vorwürfe der Sache nach nichts miteinander zu tun. Die behauptete Vertragsverletzung taucht aber nur deshalb im Rahmen des *Ermessensmißbrauchs* nicht mehr auf, weil sie nicht auf einen unmittelbaren Verstoß gegen eine Zielnorm zurückgeführt werden kann[37]. Der geltend gemachte *Ermessensmißbrauch* beruht demgegenüber in seinem Kern auf einer Diskriminierung und hätte mithin ohne weiteres als Verletzung des Art. 4 MV, also als Vertragsverletzung, vorgebracht werden können. Dasselbe kann von all den als *Ermessensmißbrauch* gerügten Fehlern gesagt werden, die den Gegenstand von Klagen bilden, die wegen der Einschränkung des Art. 33 Abs. 2 MV nur auf diesen Aufhebungsgrund gestützt werden konnten[38]. Auch hier liegt

---

[34] A.a.O. S. 695.

[35] *Bonaert u. a.* (a.a.O. S. 63 f.) dürften daher vergeblich versucht haben, das Verhältnis von Rechtsverletzung und *Ermessensmißbrauch* mit Hilfe dieser Unterscheidung zu bestimmen.

[36] RsprGH VIII/942 ff.

[37] In dieser Form kann eine Vertragsverletzung überhaupt nicht gleichzeitig zur Begründung eines *Ermessensmißbrauchs* dienen. Dafür ist das Urteil des Gerichtshofs in den Rechtssachen 9 und 10/56 (RsprGH IV/35 ff.) ein überzeugender Beweis; denn der Gerichtshof qualifiziert dort aus diesem Grunde unter dem Gesichtspunkt des *Ermessensmißbrauchs* erhobene Vorwürfe als Vertragsverletzungen; vgl. zu diesem Urteil die zutreffenden Ausführungen von *Becker*, Der Einfluß des franz. Verwaltungsrechts auf den Rechtsschutz in den Europ. Gemeinschaften S. 131 f., *Börner* a.a.O. S. 157 und *Boulouis* a.a.O. S. 323.

[38] Rechtssachen 8 und 9/55, RsprGH II/307 ff. sowie außerdem 9/55, II/371; 2/57, IV/150 ff.; 8 bis 13/57, IV/250 ff., dabei besonders 12/57, IV/532 f.; verb. 36 bis 38 und 40 bis 41/58, V/369 ff.

dem angeblichen *Ermessensmißbrauch* stets eine Vertragsverletzung, überwiegend wiederum in der Gestalt einer Diskriminierung, zugrunde. Dies zeigt sich besonders deutlich in den Rechtssachen 2 und 15/57[39]. In der ersteren hatte die Klägerin, ein Unternehmen der Eisen- und Stahlindustrie, eine allgemeine Entscheidung der Hohen Behörde unmittelbar angefochten und konnte daher nur den Klagegrund des *Ermessensmißbrauchs* vorbringen. In der Rechtssache 15/57 nun ging dieses Unternehmen gegen eine individuelle Entscheidung der Hohen Behörde vor, die auf jener allgemeinen Entscheidung fußte. Zur Begründung dieser zweiten Klage erhob die Klägerin unter anderem auch die Einrede der Rechtswidrigkeit gegen die allgemeine Entscheidung, und zwar unter den Gesichtspunkten der Vertragsverletzung und des *Ermessensmißbrauchs*. Daran ist zunächst bemerkenswert, daß es sich in der Sache wiederum um dieselben Vorwürfe handelt, der Gerichtshof betont dies ausdrücklich. Noch aufschlußreicher ist indessen die Tatsache, daß sämtliche in der Rechtssache 2/57 als *Ermessensmißbrauch* bezeichneten und vom Gerichtshof als solche geprüften Fehler der allgemeinen Entscheidung in der Rechtssache 15/57 als Vertragsverletzungen wiederkehren. Dies war nur möglich, weil sie alle in irgendeiner Form einen Verstoß gegen Zielnormen darstellen. Ebenso liegen die Verhältnisse zwischen den Rechtssachen 2/54[40] einerseits und 3 und 4/54[41] andererseits[42].

Indessen scheint der Gerichtshof neuerdings bestrebt, solche Ergebnisse zu vermeiden, indem er bei Unternehmerklagen gem. Art. 33 Abs. 2 MV seine bisher geringen Anforderungen an die Zulässigkeit solcher Klagen verschärft hat. Den ersten Schritt in diese Richtung hat er in den verbundenen Rechtssachen 55 bis 59 und 61 bis 63/63 unternommen, wo er das Vorbringen der Klägerin zum *Ermessensmißbrauch* als unzulässig zurückgewiesen hat, soweit es nur die Wiederholung der zur Vertragsverletzung vorgetragenen Begründung darstellte[43]. In den verbundenen Rechtssachen 3 und 4/64 ist er noch darüber hinausgegangen und hat erstmalig die gesamte Klage als unzulässig abgewiesen, weil die erhobenen Vorwürfe nicht als *Ermessensmißbrauch* qualifiziert werden könnten[44]. Der enge Zusammenhang zwischen

---

39 RsprGH IV/150 ff. und 193 ff.

40 RsprGH I/86 ff.

41 RsprGH I/141 ff. und 200 ff.

42 Vgl. dazu die Analyse von *Valentine*, The Court of Justice of the Europ. Communities I, S. 135 f.

43 RsprGH X/453 ff.

44 RsprGH XI/616 f. — Diese Entscheidung verdient insoweit keine Zustimmung, als der erste Vorwurf, wie Generalanwalt *Roemer* in den Schlußanträgen zutreffend ausgeführt hat (RsprGH XI/624), als Verfahrensmißbrauch hätte aufgefaßt werden können.

Vertragsverletzung und *Ermessensmißbrauch* ist aber auch in diesen Rechtssachen nicht zu übersehen.

Die Verwandtschaft dieser beiden Klagegründe wird schließlich ferner in den Rechtssachen deutlich, in denen der Gerichtshof die dem gerügten *Ermessensmißbrauch* zugrunde liegende Vertragsverletzung bejaht hat. Er nimmt nur insofern eine andere Haltung ein, als er den angefochtenen Organakt wegen dieser Vertragsverletzung aufhebt, ohne im allgemeinen auf den *Ermessensmißbrauch* überhaupt noch einzugehen[45]. Eine Ausnahme dieser Praxis ist jedoch die Rechtssache 20/59, wo er sich nicht davon hat abhalten lassen, außer der Vertragsverletzung noch einen *Ermessensmißbrauch* anzunehmen[46]. Die enge Verbindung beider Klagegründe kommt dabei aber besonders klar zum Ausdruck[47].

Aus der dargelegten Rechtsprechung können mehrere Schlüsse gezogen werden. In erster Linie hat sich erwiesen, daß eine klare Trennung zwischen Rechtsverletzung und *Ermessensmißbrauch* nicht durchgeführt werden kann. Vielmehr überschneiden sich beide Tatbestände insofern, als der *Ermessensmißbrauch* stets eine Vertragsverletzung in der Form eines Verstoßes gegen Zielnormen einschließt. Nichts anderes dürfte *Moser* im Auge haben, wenn er ausführt[48], daß eine Abgrenzung schwierig sei, da sich jeder Fall von *Ermessensmißbrauch* streng genommen gleichzeitig als ein solcher der Vertragsverletzung darstelle. Die gesetzliche Bindung der Gemeinschaftsorgane an die Vertragsziele schafft somit einen notwendigen Zusammenhang zwischen beiden Klagegründen. Dieser besteht jedoch — und darauf ist in der Literatur wiederholt zu Recht hingewiesen worden[49] — nicht darin, daß dann, wenn der Zweck durch die Verträge festgelegt ist, ein *Ermessensmißbrauch* überhaupt, also begrifflich, ausgeschlossen wäre.

---

[45] Verb. Rechtssachen 4 bis 13/59, RsprGH VI/268 und 292 f.; 30/59, VII/22 f. und 60 f.; verb. 42 und 49/59, VII/140 ff. und 174 f.; verb. 106 und 107/63, XI/554 f. und 556 ff.

[46] RsprGH VI/706 ff., 713 f.; siehe dazu die ausführliche Behandlung dieser Rechtssache unter B. I. a) im vorigen Kapitel.

[47] Siehe die wörtliche Wiedergabe des Urteils oben unter B. I. a) im vorigen Kapitel.

[48] Die überstaatl. Gerichtsbarkeit der Montanunion S. 40; Überschneidungen hält offenbar auch *Roemer* für möglich (Schlußanträge zur Rechtssache 18/57, RsprGH V/153); in demselben Sinne haben sich bereits *Reuter* (a.a.O. S. 91) und *Schlochauer* (in ArchVR Bd. 3 [1951/52] S. 403) in bezug auf die Art. 2 bis 5 MV geäußert. Abzulehnen ist daher die Ansicht von *Jaenicke* (in ZaöRV Bd. 14 [1951/52] S. 780), daß die Übereinstimmung der Akte der Hohen Behörde mit den Zielen der Art. 2 bis 5 MV nur unter dem Gesichtspunkt des détournement de pouvoir geprüft werden könne.

[49] *Lagrange* in den Schlußanträgen zu den Rechtssachen 8/55, RsprGH II/257 f. und 8 bis 13/57, IV/375 f.; *Roblot* a.a.O. S. 77.

Vielmehr tritt nur eine Häufung von Vertragsverletzung und *Ermessensmißbrauch* ein. Daraus folgt, daß der Unterschied zwischen beiden Aufhebungstatbeständen *nicht in qualitativen* Kriterien gesucht werden kann. Er hängt daher ebenso nicht, wie *Bebr* m. E. überzeugend nachgewiesen hat[50], mit ihrem Verhältnis zum Ermessen zusammen. Ein solcher Erklärungsversuch verspricht schon deshalb keinen Erfolg, weil der *Ermessensmißbrauch* im Gemeinschaftsrecht gar kein Ermessen voraussetzt[51]. Gleichwohl ist den zitierten Urteilen des Gerichtshofs zu entnehmen, daß er im allgemeinen nicht von einer Identität zwischen *Ermessensmißbrauch* und der einfachen Verletzung von Zielnormen ausgeht; denn immer wieder läßt er erkennen, daß ihm ein Verstoß gegen solche Vorschriften für die Annahme eines *Ermessensmißbrauchs* schlechthin nicht genügt, sondern daß noch etwas hinzukommen muß. Der *Ermessensmißbrauch* erscheint folglich gegenüber der Vertragsverletzung *nicht als ein aliud, sondern als ein Mehr.* Der zwischen ihnen bestehende Unterschied ist also *quantitativer* Art. Er läßt sich wiederum auf die Formel bringen:

Vertragsverletzung = *negative Vereinbarkeitskontrolle;*
Ermessensmißbrauch = *positive Zweckverfolgungsprüfung.*

Jedoch ist hierbei zu berücksichtigen, daß, anders als in der Beziehung von détournement de pouvoir und Ermessensmißbrauch, die — objektive — Finalität der Maßnahme auch innerhalb des *Ermessensmißbrauchs* eine Rolle zu spielen begonnen hat[52]. Soweit dies der Fall ist, deckt sich der *Ermessensmißbrauch* daher vollständig mit der Vertragsverletzung. Da der Gerichtshof aber im allgemeinen an der Konzeption des détournement de pouvoir festgehalten hat, stellt die schlichte Unvereinbarkeit der angefochtenen Entscheidung mit den Vertragszielen, mag sie auf Rechts- oder Tatsachenirrtum, auf falschem Subsumtionsschluß oder der Unrichtigkeit der zugrunde liegenden tatsächlichen Umstände beruhen, lediglich eine Vertragsverletzung dar[53]. Ein *Ermessensmißbrauch* kommt daneben normalerweise nur dann in Betracht, wenn eine unzulässige Absicht des Organs festgestellt werden kann[54].

Damit ergibt sich, daß zwischen *Ermessensmißbrauch* und Vertragsverletzung dasselbe Mehr — Weniger — Verhältnis besteht wie im

---

[50] A.a.O. S. 106 ff.

[51] Siehe oben unter C. im vorigen Kapitel. Abzulehnen ist somit die Ansicht von *Bonaert u. a.* a.a.O. S. 71 f. und *Daig* in AöR 83/174.

[52] Vgl. dazu oben unter B. II. im vorigen Kapitel.

[53] Vgl. dazu die im 2. Teil, 1. Kap., Anm. 57 angegebenen Beispiele.

[54] In diesem Sinne auch *Steindorff* in ArchVR Bd. 8 (1959/60) S. 69 f.

französischen Recht zwischen détournement de pouvoir und inexactitude des motifs[55]. Letztere wird infolge der gesetzlichen Zielbindung vom Klagegrund der Vertragsverletzung ersetzt, innerhalb dessen der Gerichtshof dieselbe Prüfung vornimmt wie der Conseil d'Etat im Rahmen der Kontrolle der motifs. Deshalb ist im Gemeinschaftsrecht kein Bedürfnis für eine selbständige Behandlung dieses französischen Aufhebungsgrundes vorhanden[56]. Die Problematik des französischen Verwaltungsrechts kann insoweit gar nicht erst entstehen. Ferner folgt daraus, daß im Prinzip auch keine Notwendigkeit dafür gegeben ist, den Begriff des *Ermessensmißbrauchs* über das détournement de pouvoir hinaus zu erweitern und ihn zu einem objektiven Tatbestand zu machen; denn es können alle Fälle bereits mit dem Klagegrund der Vertragsverletzung erfaßt werden. Es ist daher naheliegend, hierin den entscheidenden Grund für die zögernde Haltung des Gerichtshofs und den in der Fortentwicklung seiner Objektivierungstendenzen eingetretenen Stillstand zu suchen[57].

Angesichts der vorstehend gewonnenen Ergebnisse stellt sich nunmehr die Frage, ob dem *Ermessensmißbrauch* überhaupt noch ein selbständiger Anwendungsbereich verbleibt. Sie ist grundsätzlich zu verneinen; denn mag der Tatbestand des *Ermessensmißbrauchs* auch begrifflich gegenüber dem der Vertragsverletzung ein Mehr verlangen, so bedeutet das jedoch in der praktischen Wirkung, daß er im Rechtsschutzsystem der Europäischen Gemeinschaften überflüssig ist, da das Weniger, das heißt die Vertragsverletzung, bereits zu demselben Erfolg führt. Der Bemerkung von *Tizzano*[58], die Prüfung einer Vertragsverletzung sei für den Gerichtshof so bequem, das insbesondere der *Ermessensmißbrauch* aufgesogen werde, ist daher zuzustimmen.

Indessen ist zu berücksichtigen, daß dem *Ermessensmißbrauch* im Montanvertrag unter zwei Gesichtspunkten eine besondere Rolle zugedacht ist, und zwar einmal gem. Art. 33 Abs. 2 für das Klagerecht Privater gegen allgemeine Entscheidungen der Hohen Behörde und zum andern in bezug auf den Umfang der gerichtlichen Nachprüfung

---

[55] Vgl. dazu die Darstellung im 1. Teil, 1. Kap. C. II. a) a. E.

[56] Dies haben *Becker* (a.a.O. S. 126) und *Bonaert u. a.* (a. a.O. S. 71 f.) anscheinend nicht erkannt. Siehe auch *Schlochauer* a.a.O. S. 404 f. Andeutungen in dieser Richtung finden sich bei *Börner* a.a.O. S. 155, 182 und 191 ff. Auch *Börner* erkennt jedoch das Verhältnis von motif und mobile nicht richtig und verwendet dafür unzutreffenderweise den deutschen Ausdruck Motiv (a.a.O. S. 192; vgl. insoweit oben 1. Teil, 1. Kap., Anm. 60 dieser Untersuchung). Schließlich ist auch nicht einzusehen, aus welchem Grunde nur eine besonders schwere Vertragsverletzung gleichzeitig einen *Ermessensmißbrauch* darstellen kann (a.a.O. S. 193).

[57] Vgl. oben B. IV. im vorigen Kapitel.

[58] *Quadri - Monaco - Trabucchi - Tizzano* Art. 173 Bem. 13 S. 1263.

gem. Art. 33 Abs. 1 Satz 2. Da allgemeine Entscheidungen von den Unternehmen ausschließlich mit dem Klagegrund des *Ermessensmißbrauchs* angegriffen werden können, ist ihm hier in der Tat ein Anwendungsgebiet vorbehalten, auf dem der Aufhebungstatbestand der Vertragsverletzung zu ihm nicht in Konkurrenz treten kann[59]. Es hat sich jedoch herausgestellt, daß dem Klageverfahren nach Art. 33 Abs. 2 MV für den Rechtsschutz der Unternehmen nur geringe Bedeutung zukommt; denn die Unternehmen ziehen es vor, die vom Gerichtshof bereits in den Rechtssachen 9 und 10/56[60] generell zugelassene Einrede der Rechtswidrigkeit gegen allgemeine Entscheidungen zu erheben[61]. Diese Möglichkeit hat bewirkt, daß Klagen gem. Art. 33 Abs. 2 MV, nachdem sie in den ersten Jahren noch relativ häufig eingebracht worden waren, heute kaum noch vorkommen[62].

Andererseits spielt der *Ermessensmißbrauch* auch für den Umfang der gerichtlichen Nachprüfung nach Art. 33 Abs. 1 Satz 2 MV keine andere Rolle als der Klagegrund der Vertragsverletzung. Diese Bestimmung berührt das Mehr — Weniger — Verhältnis von *Ermessensmißbrauch* und Vertragsverletzung überhaupt nicht, sondern verlangt nur ein besonders grobes Fehlverhalten. Aus seiner, das heißt aus französischer Sicht, spricht Generalanwalt *Lagrange* hier zutreffend von subjektivem und objektivem Mißbrauch[63]. Daher kann festgestellt werden, daß auch die Sonderstellung des *Ermessensmißbrauchs* innerhalb des Montanvertrages zu keiner anderen Beurteilung führt. Im Rahmen der Verträge von Rom bestehen demgegenüber solche Vorschriften nicht, so daß sich für den *Ermessensmißbrauch* nicht einmal theoretisch eine vom Klagegrund der Vertragsverletzung verschiedene Anwendungsmöglichkeit eröffnet[64].

---

[59] Das wird von *Tizzano* (a.a.O.) nicht genügend beachtet.

[60] RsprGH IV/26 f.

[61] So schon die weiter oben in diesem Abschnitt behandelte Rechtssache 15/57; ferner verb. Rechtssachen 15 und 29/59, RsprGH VI/19 ff.; verb. 41 und 50/59, VI/1033 ff.; 18/62, IX/601 ff.; 1/63, IX/670 ff.; 39/64, XI/1000 ff.; 3/65, XI/1417; 30/65, XII/64 ff. Ob auf diese Weise ein unter rechtsstaatlichen Gesichtspunkten ausreichender Rechtsschutz gewährleistet ist, ist eine andere Frage, die hier keiner Erörterung bedarf. Vgl. dazu *Riese* in EuR 1966/28 und dort Anm. 8 mit Übersicht über die verschiedenen Meinungen. Siehe auch *Geisseler* in KSE 1, S. 600 f. und *Weizmann*, Die Europ. Gemeinschaften und ihr Rechtsschutz S. 209 f. Für den EWG-Vertrag siehe *Ehle*, Klage- und Prozeßrecht Art. 173 Rdnr. 49 mit weiteren Hinweisen.

[62] Ausnahmen bilden lediglich die verb. Rechtssachen 55 bis 59 und 61 bis 63/63, RsprGH X/453 ff., Entscheidungsgründe S. 491 ff. — ihre Entstehung dürfte aber nicht zuletzt darauf zurückzuführen sein, daß die Klägerinnen davon ausgingen, es liege eine individuelle Entscheidung vor — und die verb. Rechtssachen 3 und 4/64, RsprGH XI/595 ff.

[63] Schlußanträge zur Rechtssache 3/54, RsprGH I/181.

[64] Vgl. dazu die verb. Rechtssachen 16 bis 17 und 19 bis 22/62, RsprGH VIII/961 ff.; ferner *Pinay* in Revue du Marché Commun 1959/144 und *Roemer* in den Schlußanträgen zur Rechtssache 34/62, RsprGH IX/334.

Die vorstehenden Untersuchungen lassen sich mithin zu dem Ergebnis zusammenfassen, daß dem *Ermessensmißbrauch* trotz seiner begrifflichen Selbständigkeit und sogar in Ansätzen vorhandenen Erweiterung die praktische Bedeutung fehlt. Ähnlich wie im französischen Recht das détournement de pouvoir von der Kontrolle der motifs verdrängt worden ist, läßt der Klagegrund der Vertragsverletzung dem *Ermessensmißbrauch* im Gemeinschaftsrecht von vornherein keinen eigenen Anwendungsbereich[65]. Im Gegensatz zur französischen Lösung bleibt nicht einmal die Erscheinungsform des Verfahrensmißbrauchs hiervon ausgenommen; denn *jedem Ermessensmißbrauch* liegt eine Vertragsverletzung als Verstoß gegen eine Zielnorm zugrunde und entscheidet infolgedessen stets gleichzeitig über ihn. Die Urteile des Gerichtshofs erwecken daher weitgehend den Eindruck, daß der *Ermessensmißbrauch* in dem Bemühen, auf das Vorbringen der Parteien erschöpfend einzugehen, nur als ein im Grunde überflüssiges Anhängsel mitläuft. Dort aber, wo der Gerichtshof die Vertragsverletzung bejaht, verliert sein Urteil nicht an Überzeugungskraft, wenn er auf die weitere Untersuchung des *Ermessensmißbrauchs* verzichtet. Lediglich in der bereits mehrfach erwähnten Rechtssache 20/59[66] hat er ausnahmsweise neben der Vertragsverletzung auch den *Ermessensmißbrauch,* obschon nicht ausdrücklich, geprüft und angenommen. Dies war jedoch nur darum naheliegend, weil gegenüber der Vertragsverletzung keine weitere Nachprüfung erforderlich war. Der *Ermessensmißbrauch* ergab sich eindeutig aus dem Inhalt der Entscheidung und stand schon mit der Ablehnung der von der Hohen Behörde vorgenommenen Vertragsauslegung fest. Indessen läßt gerade dieses Urteil das Mehr — Weniger — Verhältnis von *Ermessensmißbrauch* und Vertragsverletzung besonders klar hervortreten.

b) Die Auswirkungen der gewonnenen Ergebnisse auf das System der Abwägungsfehler

Nachdem der Begriff des *Ermessensmißbrauchs* bereits an anderer Stelle zum System der Abwägungsfehler in Beziehung gesetzt worden ist[67], bleibt nunmehr noch übrig, die vorstehenden Erkenntnisse unter diesem Gesichtspunkt zu vervollständigen. Dabei zeigt sich sofort, daß der Klagegrund der Vertragsverletzung hier eben den Platz einnimmt, den die Kontrolle der motifs im französischen Verwaltungsrecht inne-

---

[65] Vgl. dazu auch *Wall,* The Court of Justice of the Europ. Communities S. 97.

[66] Siehe oben B. I. a) im vorigen Kapitel.

[67] Oben unter D. im vorigen Kapitel.

hat[68]. Er beherrscht alle Fallgestaltungen des Systems und läßt den *Ermessensmißbrauch* nicht selbständig zur Entfaltung kommen. Nur soweit dieser als objektiver Tatbestand aufgefaßt wird, umfaßt er dasselbe Anwendungsgebiet wie die Vertragsverletzung. Einen Bereich, in dem er ausschließlich anwendbar wäre, gibt es hingegen nicht. Damit werden die im vorigen Abschnitt gewonnenen Ergebnisse in vollem Umfange bestätigt. Besonders aufschlußreich in diesem Zusammenhang sind die Ausführungen des Gerichtshofs in seinem Urteil zur Rechtssache 15/57[69]. Dort stellt er im Rahmen der Prüfung des Vorwurfs der Vertragsverletzung bedeutende Grundsätze zur Wirtschaftsgesetzgebung auf, die eingangs des Urteils in den folgenden Leitsätzen zusammengefaßt sind:

Leitsatz 5 (Zur Beeinträchtigung der normalen Wettbewerbsbedingungen)
Die öffentliche Gewalt ist bei der Wirtschaftsgesetzgebung verpflichtet, mit Umsicht zu handeln, erst nach sorgfältiger Abwägung aller betroffenen Interessen einzugreifen und eine vorhersehbare Benachteiligung Dritter — soweit möglich — in Grenzen zu halten.

Leitsatz 6 (Zur Verletzung der allgemeinen Vertragsziele)
Wenn die Hohe Behörde befugt ist, Maßnahmen „im gemeinsamen Interesse“ zu erlassen, so bedeutet dies, daß sie von ihrer Rechtssetzungsbefugnis in der Weise Gebrauch machen kann, wie es die Umstände erfordern, selbst zum Nachteil einzelner besonderer Interessen, jedoch nur im Rahmen des unbedingt Erforderlichen. (Vertrag, Art. 3)

Hier wird ganz deutlich, daß der Gerichtshof typische Abwägungsfehler bei der Verfolgung der allgemeinen Vertragsziele[70] als Vertragsverletzungen ansieht, so daß dieser Klagegrund eine weite Ausdehnung erfährt und mit dem deutschen Ermessensmißbrauch zusammenfällt[71].

Demgegenüber hat sich der Generalanwalt *Roemer* in den Schlußanträgen zur Rechtssache 34/62 auf den Standpunkt gestellt[72], die Prüfung der Abwägung gehöre nicht mehr zur Legalitätskontrolle und könne daher nur mit dem Vorwurf des *Ermessensmißbrauchs* der gerichtlichen Überprüfung unterworfen werden. Andererseits faßt er jedoch die Gesichtspunkte des Art. 29 EWGV als Ermessensrichtlinien auf, deren Nichtberücksichtigung unter der Rüge der Vertragsverletzung zu behandeln sei. Diese Argumentation erscheint in sich widerspruchsvoll. *Roemer* verkennt zunächst, daß auch hier die Feststellung eines

---

[68] Vgl. dazu 1. Teil, 3. Kap., 2. Abschn. B. III.

[69] RsprGH IV/163 f. (Leitsätze 5 und 6) und S. 193 ff.

[70] Vgl. die ausdrückliche Erwähnung von Art. 3 MV.

[71] Vgl. auch *Boulouis* a.a.O. S. 322; *Bülow* in AWD 1963/278 u. 279; *Ehle*, Klage- und Prozeßrecht Art. 173 Rdnr. 63.

[72] RsprGH IX/335.

Ermessensmißbrauchs keine Opportunitätsprüfung bedeutet. Darüber hinaus übersieht er aber insbesondere, daß es sich bei den Gesichtspunkten des Art. 29 EWGV gerade um die Faktoren handelt, die im Zuge einer echten Abwägung berücksichtigt werden müssen und somit zum eigentlichen Ermessensraum gehören. Die Urteile des Gerichtshofs in dieser Rechtssache sowie in den Rechtssachen 8 bis 13/57 lassen daran keinen Zweifel[73]. Die Auffassung *Roemers* beruht darauf, daß er die Vertragsziele infolge ihrer Normierung wie sonstige gesetzliche Voraussetzungen ansieht und in ihrer Außerachtlassung daher eine Vertragsverletzung erblickt, die die Form der deutschen Ermessensüberschreitung annimmt[74]. Diese Betrachtung liegt mithin ganz auf der Ebene der deutschen Theorie. Sie führt jedoch nicht zu einer befriedigenden Lösung, da Kriterien, die den Gegenstand einer echten Abwägung bilden, diesen Charakter nicht schon dadurch verlieren, daß sie in Gesetzesvorschriften aufgenommen werden. Dies ist an anderer Stelle ausführlich erläutert worden, daher kann hier auf jene Darlegungen verwiesen werden[75]. In der deutschen Unterscheidung von Ermessensmißbrauch und Ermessensüberschreitung darf überdies auch grundsätzlich nicht, wie *Daig*[76] es tun will, eine Parallele zum Verhältnis von *Ermessensmißbrauch* und Vertragsverletzung gesehen werden; denn Ermessensmißbrauch und Ermessensüberschreitung werden nach qualitativen Merkmalen voneinander abgegrenzt, wobei es allein um die Frage geht, welche Tatbestände welchem Begriff zuzuordnen sind. Sie schließen sich gegenseitig aus und stehen nicht in einem Mehr — Weniger — Verhältnis zueinander.

II. Die Ausübung einer materiellen Kontrolle der motifs innerhalb des Klagegrundes der Verletzung wesentlicher Formvorschriften

Mit den Untersuchungen der vorigen Abschnitte ist aber erst eine Seite der eingangs des zweiten Teils dieser Abhandlung aufgeworfenen Frage[77], welche Rolle die Kontrolle der motifs in der Rechtsprechung des Gerichtshofs spielt, beantwortet. Bisher nämlich ist ausschließlich das materielle Kriterium des französischen Klagegrundes[78] betrachtet worden. Sein formeller Anknüpfungspunkt, die von der Verwaltung gegebene Begründung[79], ist dagegen gar nicht besonders in Erschei-

---

[73] Siehe oben unter A. II. in diesem Kapitel.

[74] In diesem Sinne auch *Steindorff* a.a.O. S. 70.

[75] Siehe dazu oben 1. Teil, 3. Kap., 2. Abschn. unter B. I.

[76] In JZ 1955/369.

[77] Oben 1. Kap. A. I. a. E.

[78] Vgl. dazu 1. Teil, 1. Kap. B. III. a) und C. II. a) dieser Untersuchung.

[79] Vgl. dazu oben 1. Teil, 1. Kap. B. III. a) und C. II. b).

nung getreten. Gleichwohl ergibt sich aus der vorstehend behandelten Rechtsprechung, daß auch der Gerichtshof die Begründung einer Maßnahme zur Grundlage der Beurteilung ihrer Rechtmäßigkeit macht. Nur betont er dies innerhalb der Sachprüfung nicht ausdrücklich, da ihm hierbei stets eine ausreichend begründete Entscheidung vorliegt. Wegen der im Gemeinschaftsrecht bestehenden generellen Begründungspflicht[80] sieht er nämlich nicht nur in dem Fehlen, sondern ebenso in der Unvollständigkeit der Begründung einen formellen Verstoß, den er unter dem Gesichtspunkt der Verletzung wesentlicher Formvorschriften sanktioniert, so daß er dann überhaupt nicht mehr zu einer Sachentscheidung kommt. Diese Möglichkeit nutzt er jedoch in einer Weise aus, die erheblich über die deutsche und auch noch über die französische Lösung hinausgeht[81], indem er solch hohe Anforderungen an den Umfang der Begründung stellt, daß er den Rahmen einer rein formellen Prüfung verläßt. Die maßgeblichen Grundsätze dazu finden sich in den Entscheidungsgründen zu den Rechtssachen 6/54 und 2/56. Dort heißt es[82]:

> „Nach vernünftiger Auslegung ist die Hohe Behörde verpflichtet, in ihre Begründung die wesentlichen tatsächlichen Feststellungen aufzunehmen.
>
> Die Begründung soll die Überlegungen angeben, auf denen die Entscheidung beruht, um deren richterliche Nachprüfung zu gewährleisten ... Sie ist als ausreichend anzusehen, da sie die tatsächlichen und rechtlichen Überlegungen, auf die sich die Verwerfung der Klausel stützt, unzweideutig und vollständig erkennen läßt.
>
> Im Rahmen der Prüfung der Frage, ob eine Verletzung wesentlicher Formvorschriften vorliegt, braucht nicht auf die Frage eingegangen zu werden, ob die Rechtsauffassungen der Hohen Behörde zutreffen; hier kommt es lediglich auf ihre *logische Vereinbarkeit* mit der getroffenen Entscheidung an."

Wie weit der Gerichtshof nun in der Anwendung der Formel von der „logischen Vereinbarkeit" geht, soll an Hand von drei Beispielen verdeutlicht werden. Das erste ist das Urteil in den Rechtssachen 9 und 10/56, in dem der Gerichtshof die angefochtene Entscheidung auf Grund der folgenden Feststellungen für nichtig erklärt[83]:

> „Der Betrag, den die Klägerin nach der Entscheidung der Hohen Behörde ... zu entrichten hätte, stimmt mit der Summe der Einzelbeträge der Rechnungsauszüge nicht überein, welche die Ausgleichskasse der Klägerin für den genannten Zeitraum übermittelt hat; er weicht von dieser Summe insbesondere insofern ab, als Verzugszinsen hinzugerechnet

---

[80] Siehe oben 1. Teil, 1. Kap. C. II. b) und dort Anm. 154.

[81] Vgl. dazu 1. Teil, 3. Kap., 2. Abschn. B. II. und III. dieser Untersuchung.

[82] RsprGH I/232 und III/37 f.; ähnlich schon Rechtssache 4/54, RsprGH I/208. Vgl. ferner 21/64, XI/260; 111/63, XI/920; 39/64, XI/1017.

[83] RsprGH IV/30 ff.

und gewisse von der Klägerin geleistete Zahlungen abgezogen worden sind.

... Die Entscheidung wäre aber nur dann ordnungsmäßig begründet gewesen, wenn sie eine genaue und aufgegliederte Berechnung aller Einzelposten der Forderung enthalten hätte, für welche sie den vollstreckbaren Titel darstellt. Lediglich eine solche Berechnung hätte die richterliche Nachprüfung der Entscheidung gestattet.

In der Entscheidung ist (ferner) nicht erwähnt, daß der geforderte Betrag pauschal festgesetzt worden sei; es ist aus ihr auch nicht zu entnehmen, auf Grund welcher Vorschrift die Ausgleichskasse ermächtigt wäre, mangels entsprechender Meldung eine Schätzung von Amts wegen vorzunehmen.

Soweit der Forderungsbetrag ... lediglich geschätzt worden ist, fehlt es mithin an einer Begründung. Dieser Mangel, der die Klägerin darüber im ungewissen läßt, auf welche Weise ihre Schuld errechnet worden ist, stellt eine Verletzung wesentlicher Formvorschriften dar."

Für ungenügend hielt der Gerichtshof auch die Begründung in der Rechtssache 18/57. In der angegriffenen Entscheidung, einer Genehmigung gem. Art. 65 § 2 MV, hatte die Hohe Behörde bestimmte Mindesttonnengrenzen für die Anerkennung als Großhändler erster Hand festgesetzt. Hier der wesentliche Inhalt ihrer Begründung[84]:

Die gewählte Abgrenzung entspreche den Kriterien der genannten Vorschrift. Sie trage nämlich zu einer merklichen Verbesserung des Vertriebs der Brennstoffe bei, sehe nicht weitergehende Einschränkungen vor, als dies der Zweck erfordere, und gebe weder dem Händler noch dem Produzenten die Möglichkeit, für einen wesentlichen Teil der Brennstoffe den Absatz zu kontrollieren oder einzuschränken, und widerspreche schließlich nicht dem Verbot der Diskriminierung. Sie trage vielmehr zu einer den Eigenarten des Kohlenhandels entsprechenden Abgrenzung der Tätigkeitsbereiche der verschiedenen Kategorien von Großhändlern und damit zu einer merklichen Verbesserung des Vertriebs der Verteilung bei. Die gewählte Abgrenzung der Verkaufsbezirke habe weder diskriminierende Wirkungen noch werde sie dazu führen, daß einige wenige Händler eine Stellung erhielten, die den Wettbewerb in einer mit Art. 65 § 2 nicht zu vereinbarenden Weise einschränkten.

Dem gegen diese Begründung erhobenen Vorwurf, sie sei unvollständig, da sie nur die einschlägigen Vertragsbestimmungen wiederhole, hat der Gerichtshof wie folgt stattgegeben[85]:

„Die Hohe Behörde hat das Recht der Großhändler auf unmittelbare Belieferung durch die Verkaufsgesellschaften von der Erfüllung der drei ... Mengenkriterien abhängig gemacht, ohne anzugeben, in welcher Weise die Festsetzung dieser Tonnengrenzen zu einer merklichen Verbesserung der Verteilung von Brennstoffen beitragen kann, und ohne sich zu der Frage zu äußern, ob diese Tonnengrenzen nicht weitergehende Einschränkungen vorsehen, als dies der Zweck der Vereinbarung erfordert.

---

[84] ABlEG 1956/34.
[85] RsprGH V/114 f.

... Diese Begründung sowie das Fehlen jeglicher Rechtfertigung für die eingeführten mengenmäßigen Begrenzungen lassen nicht erkennen, daß die Hohe Behörde bei Erlaß der angegriffenen Entscheidungen auch geprüft hätte, ob die genannten Abgrenzungen nicht weitergehende Einschränkungen vorsehen, als es die merkliche Verbesserung der Verteilung erfordert, die Gegenstand und Zweck von Art. 65 § 2 b ist."

Auf Grund dieses Urteils erließ die Hohe Behörde eine neue Entscheidung[86], in der sie unter ausführlicher Angabe von Gründen die für eine unmittelbare Belieferung von Kohlengroßhändlern erforderlichen Voraussetzungen abschwächte. Auch diese Entscheidung hob der Gerichtshof zum Teil wegen unzureichender Begründung auf[87]. In den Entscheidungsgründen führt er unter anderem aus[88]:

„... Die Ausübung der Befugnis nach Art. 65 § 2 wird davon abhängig gemacht, daß die Hohe Behörde das Vorliegen aller in § 2 Buchstaben a, b und c aufgezählten Voraussetzungen feststellt. Eine derartige Feststellung schließt ihrem Wesen nach eine Würdigung der aus den wirtschaftlichen Tatsachen oder Umständen sich ergebenden Gesamtlage ein und ist daher der richterlichen Nachprüfung teilweise entzogen. Wegen dieser Begrenzung der richterlichen Nachprüfbarkeit und mit Rücksicht darauf, daß die Genehmigung von der Feststellung der Hohen Behörde abhängig ist, daß sämtliche in Art. 65 § 2 genannten Voraussetzungen erfüllt sind, ist eine substantiierte Begründung unerläßlich, und dieses Gebot muß unbedingt beachtet werden. Die Begründung muß den Betroffenen und gegebenenfalls dem Richter die Feststellung der Umstände ermöglichen, auf Grund deren die Hohe Behörde zu dem Schluß gelangt ist, die erforderlichen Voraussetzungen für die Erteilung der Genehmigung seien gegeben, damit die Stichhaltigkeit dieser Erwägungen sowohl in tatsächlicher als auch in rechtlicher Hinsicht nachgeprüft werden kann."

Wie *Bebr* in seiner Kritik zu dieser Rechtsprechung zutreffend bemerkt[89], widerspricht sich der Gerichtshof in dem zuletzt behandelten Urteil selbst; denn seine Erklärung, die Würdigung der wirtschaftlichen Gesamtlage sei der richterlichen Nachprüfung teilweise entzogen, steht im Gegensatz zu der Kontrolle, die er im Rahmen des Klagegrundes der Verletzung wesentlicher Formvorschriften tatsächlich durchführt. Diese schließt eine rechtliche Beurteilung ein, von der man in der Tat zu sagen versucht ist, daß sie die von der Hohen Behörde vorgenommene ersetze und die Beschränkung des Art. 33 Abs. 1 Satz 2 MV nicht mehr einhalte. Weniger weit geht der Gerichtshof in der Rechtssache 18/57, in der es sich um den typischen Fall einer die Voraussetzungen eines Ermessensmißbrauchs erfüllenden Pauschal-

---

[86] ABlEG 1959/736.

[87] Verb. Rechtssachen 36 bis 38 und 40/59, RsprGH VI/921 ff.

[88] A.a.O. S. 921 f.

[89] A.a.O. S. 84 ff. auf S. 86 f. mit Berücksichtigung der Ausführungen der Generalanwälte.

begründung handelt[90]. Aber auch dort ist seine Nachprüfung, ebenso wie in den Rechtssachen 9 und 10/56, materielle Kontrolle der motifs. Um nämlich die Mangelhaftigkeit der Begründung feststellen zu können, ist eine rechtliche Würdigung in der Sache erforderlich, die gewissermaßen vorher vollzogen worden ist und dem Gerichtshof als Maßstab dafür dient, ob er die Begründung überzeugend findet oder nicht[91]. Diese Urteile erinnern stark an die autoritative Stellung des Conseil d'Etat. Sie können jedoch nur als Ansätze in dieser Richtung gewertet werden, da der Gerichtshof hierbei keine konsequente Haltung angenommen hat. Zu Recht weist *Bebr* darauf hin[92], daß die Urteile in den Rechtssachen 18/57 und 36 bis 38 und 40/59 schwerlich mit den Rechtssachen 6/54 und 2/56 in Einklang gebracht werden können. In den letzteren hat der Gerichtshof die Begründungen nicht beanstandet, obwohl sie keineswegs ausführlicher sind als in jenen. Dasselbe gilt im übrigen von der Rechtssache 18/57, in welcher der Gerichtshof die von der Hohen Behörde eingeführten Mengenkriterien zu einem Teil als hinreichend begründet angesehen hat, und trifft ebenso für die Rechtssachen 31/59[93] und 66/63[94] zu. Das ist darauf zurückzuführen, daß er sich — insoweit wiederum ganz im Einklang mit der sonstigen Ausübung seiner richterlichen Befugnisse — auf eine Nachprüfung im Wege abstrahierender Betrachtungsweise beschränkt, die auch hier seine allgemeine Haltung kennzeichnet[95]. Wenn er daher glaubt, unter dem Gesichtspunkt der Verletzung wesentlicher Formvorschriften nur die logische Vereinbarkeit der Begründung mit den Vertragsvorschriften zu prüfen, nicht aber deren materielle Richtigkeit, so ist dem entgegenzuhalten, daß er die Richtigkeit von Subsumtionsschlüssen — denn darum geht es ausschließlich, weil bei reinen Auslegungsfragen die von der Verwaltung gegebene Begründung

---

[90] Vgl. oben 1. Teil, 3. Kap., 2. Abschn. B. II. — Ähnlich Rechtssache 24/62, RsprGH IX/155 ff.; vgl. auch das Urteil in den verb. Rechtssachen 56 und 58/64, RsprGH XII/392 f. sowie in der Rechtssache 2/65, RsprGH XII/571 f.

[91] *Boulouis* a.a.O. S. 319 f.; *Münch* in Festschrift für Laun zu seinem 80. Geb. S. 329.

[92] A.a.O. S. 88.

[93] RsprGH VI/180 f., wo der Vorwurf jedoch als Vertragsverletzung, und zwar als Verstoß gegen den die Begründungspflicht normierenden Art. 15 MV, geprüft wird. Zur Frage der Abgrenzung der Klagegründe Vertragsverletzung und Verletzung wesentlicher Formvorschriften durch den Gerichtshof vgl. im übrigen *Valentine* (a.a.O. S. 126), der zu Recht feststellt, daß der Gerichtshof die Unterscheidung des Art. 33 MV insoweit nicht klar beibehalten habe.

[94] RsprGH X/1174 f.; siehe ferner Rechtssache 36/64, RsprGH XI/461 f.

[95] Vgl. ferner die verb. Rechtssachen 3 bis 18 und 25 bis 26/58, RsprGH VI/417 f.; 19/58, VI/507 f.; 14/61, VIII/552 ff.; 34/62, IX/314 ff. im Gegensatz zu 24/62, IX/155 ff.; 13/63, IX/379 f.; 1/63, IX/677 f.; 67/63, X/352; 108/63, XI/H. 1, 14; verb. 56 und 58/64, XII/396 ff.

ohnehin nicht von Belang ist — normalerweise überhaupt keiner konkreten Würdigung unterwirft, sondern daß sich seine Kontrolle in der Form einer Vereinbarkeitsprüfung vollzieht. Dadurch, daß er sie im vorliegenden Zusammenhang als „logische“ bezeichnet, vermag er ihr den Chartkter des Rechtlichen nicht zu nehmen.

Eine Abweichung von dieser Rechtsprechung stellt jedoch das Urteil in der Rechtssache 8/65 dar[96]. Darin ging es um die Rechtmäßigkeit einer Entscheidung der Hohen Behörde, mit der die Klägerin im Rahmen des Preisausgleichs für Einfuhrschrott zu einer Beitragszahlung veranlagt worden war. Nachdem der Gerichtshof zunächst die Rüge der unzureichenden Begründung abgelehnt hat, da die wesentlichen Erwägungen, wenn auch in knapper Form angegeben worden seien, fährt er fort, die sachliche Richtigkeit sei nicht unter dem Gesichtspunkt der Verletzung wesentlicher Formvorschriften zu prüfen[97]. Unter welchem Gesichtspunkt der Gerichtshof die anschließende Sachprüfung vornimmt, sagt er indessen nicht. Er prüft lediglich den von der Klägerin erhobenen Vorwurf nach, die Hohe Behörde (= Beklagte) habe den Schrottverbrauch in der Eisengießerei der Klägerin mißbräuchlich und ohne zureichende Begründung auf eine bestimmte Tonnenzahl festgesetzt. Dazu führt der Gerichtshof folgendes aus[98]:

„Die Beklagte nimmt zu diesem Vorbringen (der Klägerin) nicht substantiiert Stellung, sondern beschränkt sich darauf, das Fehlen einer vollständigen Buchführung für die Eisengießerei geltend zu machen. Sie begründet auch die von ihr angenommenen Zahlen nicht im einzelnen. Die Behauptungen der Klägerin sind daher nicht ausreichend widerlegt. Somit fehlt es der angefochtenen Entscheidung an einer Grundlage für die Anwendung der Vorschriften über die Schätzung der Ausgleichsbeiträge von Amts wegen ... Mit ihrer Auffassung, daß die fraglichen Vorratserhöhungen in jedem Fall zu den Ausgleichsbeiträgen herangezogen werden müßten, verkennt die Beklagte, daß die Differenz sich möglicherweise durch Eigenaufkommen der Klägerin erklären läßt ... Mit Rücksicht hierauf durfte die Beklagte die von der Klägerin gegebene Erklärung nicht von vornherein zurückweisen, sondern mußte sie prüfen. Die Beklagte beschränkt sich jedoch auf die Bemerkung, es sei Sache der Klägerin, sie zu überzeugen, sie sei jedoch nicht überzeugt worden. Das auf Anordnung des Gerichtshofs vorgelegte Dokument läßt zwar Widersprüche erkennen, belegt aber keinesfalls die von der Beklagten festgelegten Tonnenzahlen. Die Erhöhung der Ausgleichsgrundlage um diese 9200 t ist also nicht hinreichend begründet.“

Die vom Gerichtshof hier vorgenommene Nachprüfung ist ihrem Wesen nach dieselbe, wie er sie in den zuvor besprochenen Urteilen

---

[96] RsprGH XII/1 ff.

[97] A.a.O. S. 10 f.

[98] A.a.O. S. 11 f.

unter dem Gesichtspunkt der Verletzung wesentlicher Formvorschriften durchgeführt hat. Es handelt sich wiederum um den Fall einer Pauschalbegründung, und der Gerichtshof hebt die angefochtene Entscheidung auch wegen unzureichender Begründung auf. Nur hat er vorher klargestellt, daß sein Ausspruch auf einer Sachprüfung beruht und daher allein den materielle Fehler betreffenden Tatbeständen der Rechtsverletzung oder des *Ermessensmißbrauchs* zugeordnet werden kann. Darüber gibt das Urteil aber keine Aufklärung, sondern der Gerichtshof nimmt wiederum ganz selbstverständlich eine Kontrolle der motifs vor. Indem er ausführt, die Entscheidung der Hohen Behörde habe keine Grundlage bzw. sei nicht hinreichend begründet, bedient er sich der Formulierungen des Conseil d'Etat zur Feststellung einer inexactitude des motifs: Die Begründung vermag die angefochtene Entscheidung nicht zu rechtfertigen. Damit könnte der Gerichtshof in eine neue Phase seiner Rechtsprechung eingetreten sein, die ihn zu einer autoritativen Entscheidungsweise führen könnte, welche der des französischen Conseil d'Etat vergleichbar wäre. Es würden dann dieselben Zuordnungsprobleme entstehen wie im französischen Recht[99]. Ihre Lösung wäre wegen des numerus clausus der Klagegründe im Gemeinschaftsrecht[100] und angesichts der besonderen Bedeutung des *Ermessensmißbrauchs* im Montanvertrag von erheblicher praktischer Bedeutung. Eine Beantwortung der Frage, ob der Gerichtshof mit diesem Urteil bereits den Schritt zu einer materiellen Kontrolle der motifs im Sinne des französischen Verwaltungsrechts vollzogen hat, erscheint jedoch auf Grund dieses vereinzelten Beispiels noch verfrüht. Darüber kann erst die weitere Rechtsprechung des Gerichtshofs Klarheit bringen[101].

Einstweilen kann daher festgestellt werden, daß der Gerichtshof die materielle Prüfung der Begründung im Sinne der französischen Kontrolle der motifs weitgehend in den Klagegrund der Verletzung wesentlicher Formvorschriften hineinzieht[102]. Auf diese Weise hat er ein Mittel in die Hand bekommen, das ihm unter Umständen eine sehr wirksame richterliche Nachprüfung ermöglicht, ohne daß er sich mit den Beschränkungen des Art. 33 Abs. 1 Satz 2 MV auseinanderzu-

---

99 Siehe 1. Teil, 1. Kap. B. III. c) dieser Untersuchung.

100 Vgl. dazu oben 2. Teil, 1. Kap. A. I.

101 Siehe insoweit die bereits weiter fortgeschrittene Entwicklung der Rechtsprechung auf dem Gebiet des Dienst- und Beamtenrechts im folgenden Abschnitt.

102 So im Ergebnis auch *Becker* a.a.O. S. 120 f. und S. 126, der jedoch auf die Tragweite dieser Rechtsprechung nicht weiter eingeht. Auch *Quadri - Monaco - Trabucchi - Tizzano* stellen materielle Elemente in der vom Gerichtshof unter dem Gesichtspunkt der Verletzung wesentlicher Formvorschriften vorgenommenen Begründungsprüfung fest (a.a.O. Art. 173 Bem. 12).

setzen braucht[103]. Dort, wo er mit Hilfe dieses Mittels eine Maßnahme aufhebt, tritt es an die Stelle einer Sachentscheidung. Damit überlagert der Aufhebungsgrund der Verletzung wesentlicher Formvorschriften nicht nur den der Vertragsverletzung, sondern wird gleichzeitig zu einem weiteren Konkurrenztatbestand für den *Ermessensmißbrauch* und ergänzt die in den vorigen Abschnitten dargelegten Auswirkungen auf dessen Anwendungsmöglichkeiten.

C. Die rein französische Lösung auf dem Gebiet des Dienst- und Beamtenrechts

Es ist bereits im Rahmen der Untersuchung über den Begriff des *Ermessensmißbrauchs* angedeutet worden[104], daß es sich hierbei um eine Rechtsmaterie handelt, welche im Gemeinschaftsrecht denselben Platz einnimmt wie in den Rechtsordnungen der Mitgliedstaaten. So konnte die Tatsache erklärt werden, daß in den dienst- und beamtenrechtlichen Urteilen die begriffliche Übereinstimmung des *Ermessensmißbrauchs* mit dem détournement de pouvoir besonders deutlich geworden ist. Keinerlei Erweiterungstendenzen sind in diesem Bereich in Erscheinung getreten. Es ist daher nunmehr die gesamte Stellung des *Ermessensmißbrauchs* unter diesem Gesichtspunkt zu betrachten.

An jenen Urteilen ist zunächst auffallend, daß die Vorwürfe des *Ermessensmißbrauchs* sich nicht auf eine Rechtsverletzung zurückführen lassen, sondern von ihr unabhängig sind. Dieser Unterschied zum eigentlichen Bereich des Gemeinschaftsrechts hat seinen Grund darin, daß es an der Normierung von Zielen fehlt, auf der dort der Zusammenhang zwischen *Ermessensmißbrauch* und Vertragsverletzung beruht. Das ungeschriebene Ziel jeglicher Maßnahmen gegenüber den Beamten und Angestellten der Gemeinschaften muß die Wahrung des Dienstinteresses sein[105]. Daraus folgt einerseits, daß eine rechtlich freie Zweckwahl ausgeschlossen ist, und zum andern, daß es auch ein Mehr — Weniger — Verhältnis zwischen *Ermessensmißbrauch* und Rechtsverletzung in dem zuvor dargelegten Sinne nicht gibt. Mithin liegen beide Merkmale, die bisher als Hauptursache für die Bedeutungslosigkeit des *Ermessensmißbrauchs* erkannt worden sind, nicht vor, so daß die eigenständige Lösung des Gemeinschaftsrechts hier entfällt.

---

[103] Vgl. *Münch* a.a.O., der darum zutreffend ausführt, daß der Gerichtshof auf diese Weise mit der Beschränkung seines Nachprüfungsrechts fertig werde, ohne nach einem *Ermessensmißbrauch* zu suchen.

[104] Für das Folgende vgl. insgesamt die Ausführungen unter B. I. a) im vorigen Kapitel. Siehe auch *Bondil* a.a.O. S. 122 f.

[105] Vgl. verb. Rechtssachen 43, 45 und 48 sowie 44/59, RsprGH VI/989 f.; 25/60, VIII/63 ff.; 15/63, X/78 f.

Der Gerichtshof mußte also auf die nationalen Rechtsordnungen zurückgreifen. Dabei haben wiederum die französischen Vorstellungen — und dieses Mal in bezug auf seine gesamte Konzeption — in eindeutiger Weise den Ausschlag gegeben. Der Gerichtshof ist nämlich dazu übergegangen, dienst- und beamtenrechtliche Verfügungen, so als sei es selbstverständlich, einer echten Kontrolle der motifs zu unterwerfen. Er hat sie in den verbundenen Rechtssachen 43, 45 und 48/59 sowie in der im wesentlichen gleichliegenden Rechtssache 44/59 erstmals ausgeübt, und zwar unter dem Gesichtspunkt der fehlenden Begründung[106]. Die Kläger hatten sich dagegen gewandt, daß sie ohne Angabe von Gründen entlassen worden waren. Keine Vorschrift sah jedoch eine Begründungspflicht vor. Der Gerichtshof stand daher der Schwierigkeit gegenüber, eine solche erst aus allgemeinen Prinzipien ableiten zu müssen. Dazu hat er sich auf den Grundsatz von Treu und Glauben bezogen, der für öffentliche Behörden immer gelte, unabhängig davon, ob es sich um hoheitliche Tätigkeit oder um die Ausführung eines Vertrages handele. Im Anschluß daran heißt es in seinen Entscheidungsgründen:

> „... Hieraus folgt, daß ... die Auslösung jener Verträge *durch Gründe gerechtfertigt sein muß*, die im Zusammenhang mit den dienstlichen Interessen stehen und jede Willkür ausschließen, so z. B. durch die Notwendigkeit, auf die Leistungen eines Bediensteten zu verzichten, der nicht die erforderliche Befähigung besitzt oder dessen Stelle im Interesse des Dienstes aufgehoben wurde."

Dieses Urteil liegt ganz auf der Ebene der im vorigen Abschnitt erörterten Rechtsprechung: Die Kontrolle der motifs erfolgt unter formellen Gesichtspunkten. Neu ist lediglich, daß die verletzte Formvorschrift vom Gerichtshof erst noch gefunden werden mußte. Eine ähnliche Konstruktion wendet der Gerichtshof auch in der Rechtssache 21/65 an[107], während er in den verbundenen Rechtssachen 18 und 35/65[108] ohne eine solche auskommt, da sich die Begründungspflicht aus Art. 25 Abs. 1 des Statuts der Beamten ergab. Hier stellt er lediglich fest, die lakonische und unbestimmte Begründung enthalte keinen konkreten Anhaltspunkt für die behauptete schwere Dienstverfehlung, die zur vorläufigen Dienstenthebung des Klägers geführt hatte. Die Begründung gestatte nicht, Art und Schwere des dem Kläger zur Last gelegten Verhaltens festzustellen.

Demgegenüber tritt in der Rechtssache 25/60[109] nicht der formelle, sondern der materielle Charakter der motifs in den Vordergrund. Es

---

[106] RsprGH VI/989 f.
[107] RsprGH XI/1369 f.
[108] RsprGH XII/175.
[109] RsprGH VIII/63 ff.

ging wiederum um eine unbegründete Entlassungsverfügung. Anders als in den gerade erörterten verbundenen Rechtssachen 43, 45 und 48/59 sowie in der Rechtssache 44/59 hat es der Gerichtshof hier jedoch dahingestellt sein lassen, ob eine Begründungspflicht bestand. In unmittelbarer Anknüpfung an seine aus den obigen Rechtssachen zitierten Überlegungen hat er unter der Überschrift „Rechtswidrigkeit der Entlassungsverfügung" ausgeführt:

„... Aus Vorstehendem ergibt sich jedenfalls der Schluß, daß eine solche Verfügung auf *rechtlich stichhaltigen Gründen beruhen muß.*

An diese Verpflichtung sind noch strengere Anforderungen zu stellen, wenn die Entlassungsverfügung in offensichtlichem Widerspruch zu der von den verantwortlichen Stellen abgegebenen Beurteilung der Probezeit steht. Dieser Widerspruch — in Verbindung mit der Äußerung des Herrn X, daß ‚ein ungünstiges Urteil nicht abgegeben werden kann', was den Schluß nahelegt, daß an höherer Stelle ein solches Urteil möglicherweise erwartet wurde — ist im vorliegenden Falle als Beweis des ersten Anscheins dafür anzusehen, daß diese Entlassung auf rechtlich nicht stichhaltigen Gründen beruhte."

Hier fehlt jede Beziehung zu einer bestimmten Gesetzesvorschrift. Die Verfügung ist ganz einfach rechtswidrig, weil sie nicht durch ein zulässiges motif gerechtfertigt ist. Sie ist im deutschen Sinne ermessensmißbräuchlich. Kann deshalb aber gesagt werden, der Gerichtshof habe den numerus clausus der Klagegründe außer acht gelassen und einen selbständigen Tatbestand der inexactitude des motifs entwickelt[110]? Betrachtet man nur dieses Urteil, so muß man in der Tat annehmen, daß er, wie der Conseil d'Etat, in dem Erfordernis, jede Maßnahme müsse auf rechtlich stichhaltigen Gründen beruhen, ein Prinzip erblickt, dessen Nichtbeachtung ohne Rücksicht auf einen Zusammenhang mit den klassischen Klagegründen jedes Verwaltungshandeln rechtswidrig macht. Indessen wird man daraus nicht schließen dürfen, daß der Gerichtshof die Verletzung dieses Prinzips als einen fünften Klagegrund auffaßt. Zieht man nämlich die zuvor erörterten Rechtssachen hinzu, auf die der Gerichtshof ja ausdrücklich verweist, so läßt sich in diesem Falle die Aufhebung letztlich auf eine Rechtsverletzung, einen Verstoß gegen den allgemeinen Rechtsgrundsatz von Treu und Glauben, zurückführen. Im Ergebnis kann daher festgestellt werden, daß der Gerichtshof die Kontrolle der motifs wiederum entweder im Rahmen des Klagegrundes der Verletzung wesentlicher Formvorschriften oder der Rechtsverletzung ausübt. Dabei besteht im Verhältnis zum eigentlichen Bereich des Gemeinschaftsrechts lediglich der Unterschied, daß sie wegen des Fehlens der dort vorhandenen

---

110 Vgl. dazu oben 2. Teil, 1. Kap. unter A. I.

Besonderheiten auch innerhalb der Rechtsverletzung in Erscheinung tritt.

An den zitierten Entscheidungsgründen in der Rechtssache 25/60 ist nun ferner bemerkenswert, daß die vom Gerichtshof geäußerte Vermutung stark für das Vorliegen eines *Ermessensmißbrauchs* klassisch französischer Prägung spricht. Es handelt sich um eine vom *Ermessensmißbrauch* „gefärbte" Nichtigerklärung[111]. Dies wird in der Rechtssache 15/63[112] noch deutlicher, die zugleich das gerade gewonnene Ergebnis, daß der Gerichtshof die Kontrolle der motifs dem Klagegrund der Rechtsverletzung zuordnet, bekräftigt. Das Europäische Parlament als Anstellungsbehörde hatte infolge eines Rechtsirrtums mit der angefochtenen Maßnahme eine zugestandene rechtswidrige Absicht verfolgt. Nicht einmal hier hat der Gerichtshof aber einen *Ermessensmißbrauch* angenommen, sondern die Rechtswidrigkeit der Entscheidung wegen Verstoßes gegen verschiedene Artikel des Statuts der Beamten ausgesprochen. In Wahrheit waren diese Bestimmungen jedoch gar nicht direkt verletzt, das heißt, nicht das Ergebnis der Entscheidung als solches war zu beanstanden, sondern der Gerichtshof hat einen typischen Fehler in den Erwägungen, eine inexactitude des motifs, festgestellt. Wie eindeutig dieses Urteil der französischen Lösung entspricht, zeigen die Schlußanträge des Generalanwalts *Lagrange*, in denen er ausführt, es handele sich *eher* um eine Verletzung des Statuts als um einen *Ermessensmißbrauch*, da die Beklagte ihre rechtswidrige Absicht zugebe[113]. Ein weiteres Beispiel für die Aufhebung wegen nicht ausreichender rechtlicher Grundlage ist die Rechtssache 18/63[114], in der der Gerichtshof eine Verfügung der Kommission der EWG für offensichtlich unverhältnismäßig gehalten hat. Er nimmt also wiederum eine Rechtsverletzung an, dieses Mal in Form eines Verstoßes gegen den Grundsatz der Verhältnismäßigkeit. Generalanwalt *Lagrange* plädierte hier sogar für einen klassischen Fall von *Ermessensmißbrauch*[115]. Schließlich sind noch mehrere Rechtssachen zu nennen, in denen unzweideutig zum Ausdruck kommt, daß der Gerichtshof ganz allgemein Abwägungsfehler im Sinne der französischen Kontrolle der motifs als Rechtsverletzungen behandelt. Es sind dies einerseits die Rechtssachen 27/63[116], 94 und 96/63 (verbundene)[117] und 97/63[118], die Organakte zum Gegenstand haben, bei

---

[111] Siehe dazu die Ausführungen im 1. Teil, 1. Kap. unter C. II. a).
[112] RsprGH X/77 ff.
[113] A.a.O. S. 88 f.
[114] RsprGH X/203 f.
[115] A.a.O. S. 227 f.
[116] RsprGH X/294 f.
[117] RsprGH X/672 ff.
[118] RsprGH X/1135 f.

deren Erlaß überhaupt keine bzw. nur unzureichende Erwägungen angestellt worden waren, und andererseits die verbundenen Rechtssachen 32/62 und 16/63[119], 27 und 30/64[120] sowie die Rechtssachen 10/64[121], 23/64[122], 35/64[123], 11/64[124] und die verbundenen Rechtssachen 48/64 und 1/65[125]. In den letzteren enthält sich der Gerichtshof jeglicher Würdigung, da es um umfassende Werturteile gehe, die schon ihrer Natur nach der richterlichen Nachprüfung entzogen seien (35/62 und 16/63; 27 und 30/64), bzw. beschränkt sich auf die Untersuchung der Vertretbarkeit (10/64; 23/64; 35/64; 11/64; 48/64 und 1/65)[126]. In all diesen Urteilen tritt der formelle Charakter der motifs in den Hintergrund, da eine gesetzliche Begründungspflicht bestand, an die der Gerichtshof jedoch sehr geringe Anforderungen gestellt hat. Dafür hat er aber eine umso strengere Beachtung der die Bediensteten der Gemeinschaften schützenden Garantien verlangt[127].

Faßt man nunmehr die vorstehenden Ausführungen zusammen, so ergibt sich, daß der Gerichtshof auf dem Gebiet des Dienst- und Beamtenrechts eine materielle Kontrolle der motifs ganz überwiegend innerhalb des Klagegrundes der Rechtsverletzung vornimmt. Dies ist darauf zurückzuführen, daß er den Umfang seiner Nachprüfungsbefugnisse hier, wie der Conseil d'Etat es tut, selbst bestimmt. Soweit er gleichwohl wegen Verletzung wesentlicher Formvorschriften aufhebt, offenbart sich darin nur die fließende Grenze zwischen beiden Klagegründen[128]. Dagegen ist die Notwendigkeit entfallen, auf eine Untersuchung unter angeblich formellen Gesichtspunkten auszuweichen, mit der sich der Gerichtshof, wie soeben dargelegt worden ist, im Bereich der Wirtschaftsverwaltung weitgehend geholfen hat, weil er sich dort infolge der diesem Gebiet innewohnenden Eigentümlichkeiten daran gehindert sieht, innerhalb einer Sachentscheidung rechtsschöpferische Funktionen auszuüben. Demgegenüber scheut er sich bei der Nachprüfung beamtenrechtlicher Verfügungen nicht, dort,

---

[119] RsprGH IX/445.
[120] RsprGH XI/676.
[121] RsprGH XI/H. 5, 7 f.
[122] RsprGH XI/229.
[123] RsprGH XI/364.
[124] RsprGH XI/406 f.
[125] RsprGH XI/485.
[126] Vgl. dazu die hier mit der Rechtsprechung des Gerichtshofs übereinstimmenden Lösungen der deutschen Lehre vom Beurteilungsspielraum (oben 1. Teil, 2. Kap. C. II. c) und des franz. Conseil d'Etat (oben 1. Teil, 3. Kap., 2. Abschn. A. I. b). — Siehe auch die Rechtssachen 19 und 65/63 (verb.), RsprGH XI/717 ff.; 68/63, XI/802; 110/63, XI/878 f.
[127] Vgl. die Rechtssache 27/63, RsprGH X/294.
[128] Vgl. dazu die Ausführungen im 1. Teil, 3. Kap., 2. Abschn. unter B. III.

wo er es für erforderlich hält, sogar bis zu dem Werturteil der Verwaltung vorzudringen. Das hat er in den verbundenen Rechtssachen 18 und 19/64[129] deutlich gemacht. In diesem Rechtsstreit ging es darum, ob, wie es der zuständige Prüfungsausschuß bestimmt hatte, bei einer Stellenausschreibung eine sechsjährige Berufserfahrung als einem abgeschlossenen Hochschulstudium gleichwertig angesehen werden könne. Dies hat der Gerichtshof im wesentlichen mit folgender Begründung abgelehnt[130]:

> „Mit dieser Verfahrensweise hat der Ausschuß sowohl den Wortlaut der Ausschreibung als auch den Begriff der Gleichwertigkeit gröblich verletzt. Die Tatsache der Ausübung einer Berufstätigkeit, die in ihrem Niveau den Aufgaben eines Beamten vergleichbar ist, der ein abgeschlossenes Hochschulstudium nachweisen kann ..., beweist schon für sich allein, daß der Beamte im Sinne der Anforderungen des öffentlichen Dienstes eine Berufserfahrung besitzt, die einem abgeschlossenen Hochschulstudium vergleichbar ist.
>
> Der Prüfungsausschuß wollte durch die sechsjährige Berufserfahrung ein gewisses Gleichgewicht mit dem Hochschulstudium erzielen. Sechs Jahre Dauer eines normalen Studiums ist aber nicht nur übertrieben, sondern der Ausschuß hat auch einen völlig sachfremden Maßstab angelegt[131].“

Wenn die vom Gerichtshof hier vorgenommene Nachprüfung auch sehr weitgehend erscheint, so muß doch andererseits betont werden, daß er sich auch auf dem Gebiet des Dienst- und Beamtenrechts eine gewisse Zurückhaltung auferlegt[132].

Ein besonders bezeichnendes Beispiel für die Anlehnung an die Rechtsprechung des französischen Conseil d'Etat stellt ferner das bereits an anderer Stelle[133] besprochene Urteil in den verbundenen Rechtssachen 18 und 35/65 dar[134]. Wenn man sich die im ersten Teil der Abhandlung zum französischen Recht gemachten Ausführungen[135] noch einmal vergegenwärtigt, so ist unschwer einzusehen, warum der Gerichtshof hier zu einer Aufhebung der angefochtenen Versetzungsverfügung wegen *Ermessensmißbrauchs* gekommen ist: Es bedurfte, so stellt der Gerichtshof fest[136], für eine Versetzung aus dienstlichen

---

[129] RsprGH XI/1032 ff.

[130] RsprGH XI/1064 f.

[131] Interessanterweise sieht der Gerichtshof darin, wie auch Generalanwalt *Gand* (RsprGH XI/1059 f.) eine Ermessensüberschreitung, die aber nichts anderes bedeutet als eine Rechtsverletzung (siehe dazu oben 1. Teil, 3. Kap., 2. Abschn. unter B. I. b).

[132] Siehe die in den Anm. 119 bis 126 zitierten Rechtssachen. So im Ergebnis auch *Dubouis* in Revue trimestrielle de droit europ. S. 685 f.

[133] Siehe oben unter B. I. a) im vorigen Kapitel.

[134] RsprGH XII/153.

[135] Oben 1. Kap. C. II. a) a. E. und E.

[136] A.a.O. S. 176.

Gründen keiner Begründung. Daraus folgt, daß eine Nachprüfung unter dem Gesichtspunkt der Kontrolle der motifs nicht möglich war, es sei denn, der Gerichtshof hätte sich auch der vom Conseil d'Etat in der affaire Barel eingeleiteten Entwicklung angeschlossen[137]. Diesen Schritt hat er aber bisher nicht vollzogen. Das vorliegende Urteil zeigt vielmehr, daß er bereit ist, in Ermangelung einer Nachprüfungsmöglichkeit unter objektiven Gesichtspunkten auf den Klagegrund des *Ermessensmißbrauchs* zurückzugreifen. Wegen der allgemeinen Begründungspflicht im Gemeinschaftsrecht sind derartige Fälle jedoch seltene Ausnahmen[138].

Die verbundenen Rechtssachen 18 und 35/65 verdienen aber noch unter einem weiteren Gesichtspunkt besondere Aufmerksamkeit. An ihnen wird deutlich, daß der Gerichtshof von einem einheitlichen Ermessensbegriff ausgeht und damit das in anderem Zusammenhang gewonnene Ergebnis bestätigt[139]. Während nämlich für den deutschen Juristen die Frage der Versetzung aus dienstlichen Gründen ein Problem der Anwendung eines unbestimmten Rechtsbegriffs wäre, hat der Gerichtshof dieses Problem gar nicht erst aufgeworfen, obwohl er nach den Ausführungen von Generalanwalt *Roemer* dazu Anlaß gehabt hätte. Denn *Roemer* vertrat in seinen Schlußanträgen die Ansicht[140], daß die angefochtene Entscheidung rechtswidrig sei, weil die Behörde den Beweis für das Vorliegen dienstlicher Gründe für die Versetzung nicht erbracht habe. Demgegenüber zeigen die Entscheidungsgründe, daß die deutsche Problematik den Vorstellungen des Gerichtshofs völlig fremd ist. Er folgt insoweit der Praxis des Conseil d'Etat und kann daher im Falle der unrichtigen Anwendung unbestimmter Rechtsbegriffe einen *Ermessensmißbrauch* annehmen[141].

Ein weiterer Gesichtspunkt aus der Rechtsprechung des Conseil d'Etat begegnet uns in der Rechtssache 11/64[142]. Hier hat der Gerichtshof ein nicht ausreichend begründetes motif als überflüssig angesehen, weil die Entscheidung durch andere Gründe gerechtfertigt sei[143]. Dieses entspricht der französischen Auffassung vom motif surabondant[144].

---

137 Siehe dazu im 1. Teil, 1. Kap. C. I. und C. II. a) sowie 3. Kap., 2. Abschn. B. III.

138 Vgl. oben 1. Teil, 1. Kap. C. II. b) und dort Anm. 154.

139 Siehe dazu 2. Teil, 1. Kap. B. I. b).

140 RsprGH XII/194 ff.

141 Vgl. dazu oben 1. Teil, 3. Kap., 2. Abschn. unter A. I. a).

142 RsprGH XI/385.

143 A.a.O. S. 407.

144 Vgl. dazu die Ausführungen im 1. Teil, 1. Kap. B. III. a) dieser Untersuchung.

Zum Abschluß muß noch kurz auf zwei Urteile eingegangen werden, in denen der Gerichtshof eine von der französischen Lösung ein wenig abweichende Haltung eingenommen hat. In der oben genannten Rechtssache 10/55 hat er den Vorwurf des *Ermessensmißbrauchs* noch geprüft, obwohl er die angefochtene Entscheidung schon wegen einer Rechtsverletzung annulliert hatte. Außerdem hat er in der bereits erwähnten Rechtssache 44/59 zum Beweise des *Ermessensmißbrauchs* Zeugen vernommen, was der Praxis des Conseil d'Etat ebenfalls nicht entspricht[145]. Damit hat er zwar in gewissem Umfang bessere Bedingungen dafür geschaffen, daß der *Ermessensmißbrauch* zum Zuge kommen kann; indessen ändert das nichts an dem Ergebnis, daß auf dem Gebiet des Dienst- und Beamtenrechts nicht nur der Begriff, sondern auch die gesamte Stellung des *Ermessensmißbrauchs* der französischen Konzeption entspricht.

---

145 So zutreffend *Becker* a.a.O. S. 133.

Schlußbetrachtung

Die Ergebnisse dieser Abhandlung lassen sich abschließend dahingehend zusammenfassen, daß der *Ermessensmißbrauch* im Gemeinschaftsrecht eine noch geringere Rolle spielt als das détournement de pouvoir in der Rechtsprechung des Conseil d'Etat français. Trotz verschiedener Ansätze, diesen Klagegrund über den französischen Begriff hinaus zu erweitern und ihm einen objektiveren Inhalt zu geben, ist der Gerichtshof der Europäischen Gemeinschaften doch weit davon entfernt, daraus auch praktische Konsequenzen zu ziehen. Dies ist darauf zurückzuführen, daß das Gemeinschaftsrecht auf dem Gebiet der Wirtschaftsverwaltung, seinem eigentlichen Gegenstand also, eine eigenständige Lösung anbietet. Einerseits kann nämlich die Rechtmäßigkeit der verfolgten Ziele wegen ihrer Normierung bereits innerhalb des Aufhebungsgrundes der Rechts- bzw. Vertragsverletzung nachgeprüft werden; andererseits verfügen die Gemeinschaftsorgane in dieser Hinsicht über solch umfangreiche Ermessensbefugnisse, daß sie nur dann rechtswidrig handeln, wenn sie den Rahmen der Verträge gänzlich verlassen. Aber auch dort, wo der Gerichtshof versucht, diese Befugnisse zu begrenzen, tut er dies nicht mit Hilfe des *Ermessensmißbrauchs,* sondern weicht auf den an sich formelle Verstöße betreffenden Tatbestand der Verletzung wesentlicher Formvorschriften aus. Ein selbständiger Anwendungsbereich verbleibt dem *Ermessensmißbrauch* daher nicht. Gleichwohl hat der Gerichtshof gezeigt, daß er immerhin bereit ist, diesen Klagegrund im Falle eines besonders schweren Fehlverhaltens anzuwenden. Ein praktisches Bedürfnis hierfür besteht jedoch nach der Ausgestaltung des Rechtsschutzes durch die Gemeinschaftsverträge grundsätzlich nicht.

Infolgedessen brauchte sich der Gerichtshof nicht für eine der am Ende des ersten Teils dieser Abhandlung aufgezeigten Möglichkeiten zu entscheiden. Die besonderen Gegebenheiten des Gemeinschaftsrechts haben es ihm sowohl erspart, den französischen Aufhebungsgrund des détournement de pouvoir für den Rechtsschutz effektiv zu machen, als auch eine dem deutschen Ermessensmißbrauch entsprechende Richtung einzuschlagen. Im Ergebnis aber deckt sich diese Lösung mit der französischen, ja sie geht sogar noch darüber hinaus. Daher muß jedem Versuch, die Verhältnisse im Gemeinschaftsrecht mit deutschen Maßstäben zu messen und sie etwa mit Hilfe der Ermessensfehlerlehre und der Theorie von Freiheit und Gebundenheit der Verwaltung zu erklären, von vornherein der Erfolg versagt bleiben. Wie fremd dem Gerichtshof solche Vorstellungen sind, beweist seine Rechtsprechung im Bereich des Dienst- und Beamtenrechts, einer Materie, die in den nationalen Rechtsordnungen zu den herkömmlichen Gebieten des Verwaltungsrechts gehört. Hier hat der Gerichtshof die französische Konzeption im ganzen übernommen, die sich, wie dargelegt worden ist, von der deutschen grundlegend unterscheidet.

Die geringe praktische Bedeutung des *Ermessensmißbrauchs* ist jedoch bisher kaum erkannt worden[146]. Auch heute noch wird dieser Klagegrund immer wieder vorgebracht. Zwar gibt es eine Anzahl von Rechtssachen, in denen die klagenden Parteien darauf verzichtet haben, ihn geltend zu machen, obwohl sie das ohne weiteres hätten tun können[147]. Indessen kann bislang nicht davon gesprochen werden, daß sich diese Einstellung bereits durchzusetzen beginnt. Dies wird auch schwerlich eintreten, da der Kläger gem. Art. 38 und 42 der Verfahrensordnung des Gerichtshofs, die insoweit der von dem französischen Conseil d'Etat geübten Praxis folgt[148], gezwungen ist, sein Klagebegehren mit den verschiedenen Klagegründen auszufüllen, wenn er nicht Gefahr laufen will, mit seinem Vorbringen ausgeschlossen zu werden[149]. Es entspricht daher einem natürlichen Sicherheitsbedürfnis der klagenden Parteien, möglichst alle Klagegründe vorzutragen. Auch mit der Rüge des *Ermessensmißbrauchs* wird der Gerichtshof folglich immer wieder befaßt werden.

---

146 Siehe aber *Riese* in EuR 1966/39 f., der die Unbrauchbarkeit des *Ermessensmißbrauchs* jedoch ausschließlich auf die zu enge Auslegung des Begriffs durch den Gerichtshof zurückführt.

147 Rechtssachen 2/56, RsprGH III/26 ff.; 14/59, V/474 ff.; verb. 15 und 29/59, VI/19 ff.; verb. 27 bis 29/58, VI/527 ff.; 13/60, VIII/199 ff. (die Klägerinnen haben hier in der Klageerwiderung auf den *Ermessensmißbrauch* verzichtet); 24/62, IX/150 ff.; 14/63, IX/776 ff.; 3/65, XI/1415 ff.; 8/65, XII/7 ff.; verb. 56 und 58/64, XII/347 ff.; 54/65, XII/538, 543 f.

148 Siehe dazu die Darstellung von *Börner* a.a.O. S. 144 ff., wo zutreffend auf die Unterschiede gegenüber dem deutschen Verwaltungsprozeß hingewiesen wird.

149 Ebenso *Bülow* in AWD 1963/278.

Literaturverzeichnis

Alibert, Raphaël: Le contrôle juridictionnel de l'administration au moyen du recours pour excès de pouvoir, Paris 1926 (zit.: Le contrôle juridictionnel de l'administration).

Auby, J. M.: La procédure administrative non contentieuse, in: Recueil Dalloz 1956 Chronique, S. 27 bis 32.

Auby, J. M. et *Drago,* R.: Traité de contentieux administratif Band II und III, Paris 1962.

Bachof, Otto: Die verwaltungsgerichtliche Ermessenskontrolle, in: Süddeutsche Juristen-Zeitung 1948, S. 742 bis 750.

— Beurteilungsspielraum, Ermessen und unbestimmter Rechtsbegriff im Verwaltungsrecht, in: Juristenzeitung 1955, S. 97 bis 102.

— Die Rechtsprechung des Bundesverwaltungsgerichts, in: Juristenzeitung 1962, S. 701 bis 708.

Bebr, Gerhard: Judicial Control of the European Communities, London 1962.

Becker, Peter: Der Einfluß des französischen Verwaltungsrechts auf den Rechtsschutz in den Europäischen Gemeinschaften, Hamburg 1963.

Bernatzik, Edmund: Rechtsprechung und materielle Rechtskraft, Neudruck der Ausgabe Wien 1886, Aalen 1964.

Berthélemy, H.: Traité élémentaire de droit administratif, 11. Auflage, Paris 1926.

Börner, Bodo: Die Entscheidungen der Hohen Behörde, Tübingen 1965.

Bonaert, A. - *Frohwein,* F. M. - *Galland,* J. - *Houben,* M. J. R. - *Michotte,* F. -

Wieacker, H. A.: Fragen der Nichtigkeits- und Untätigkeitsklagen nach dem Recht der Europäischen Gemeinschaft für Kohle und Stahl, Frankfurt a. M. 1961 (zit.: *Bonaert u. a.,* Fragen).

Bondil, Robert: Le détournement de pouvoir en droit international public. Thèse, Aix - en - Provence 1966.

Bonnard, Roger: Le pouvoir discrétionnaire des autorités administratives et le recours pour excès de pouvoir, in: Revue du droit public 1923, S. 365 bis 392.

— Le détournement de pouvoir, in: Revue du droit public 1938, S. 138 bis 144.

Boulouis, Jean: Cour de Justice de la Communauté européenne du Charbon et de l'Acier ,in: Annuaire Français de Droit International 1958, S. 309 bis 324.

— Cour de Justice des Communautés européennes, in: Annuaire Français de Droit International 1961, S. 267 bis 279.

Breitner, Franz: Der Gerichtshof der Montangemeinschaft und seine Anrufung bei fehlerhaften Organakten, 2. Auflage 1954, Hektographierte Veröffentlichung der Forschungsstelle für Völkerrecht und ausländisches öffentliches Recht der Universität Hamburg — Nr. 16 a.

— Die Bilanz des Montangerichtshofs, in: Europa-Archiv, 14. Jahrgang 1959, S. 515 bis 520.

Bülow: Zollkontingente und Zollaussetzungen nach dem EWG-Vertrag, Brennwein- und Apfelsinen-Urteil des Gerichtshofes der Europäischen Gemeinschaften, in: Außenwirtschaftsdienst des Betriebs-Beraters 1963, S. 274 bis 281.

Cartou, Louis: Der Gemeinsame Markt und das öffentliche Recht, Baden-Baden, Bonn 1960. Schriftenreihe zum Handbuch für Europäische Wirtschaft — Band 18.

Catalano, Nicola: Manuel de Droit des Communautés européennes, Paris 1962, Eurolibri Band 9.

Czermak, Fritz: Verwaltungsgerichtliche Nachprüfbarkeit der unbestimmten Rechtsbegriffe, in: Neue Juristische Wochenschrift 1961, S. 1905 bis 1907.

Daig, Hans-Wolfram: Die vier ersten Urteile des Gerichtshofes der Europäischen Gemeinschaft für Kohle und Stahl, in: Juristenzeitung 1955, S. 361 bis 371.

— Weitere Urteile des Gerichtshofes der Europäischen Gemeinschaft für Kohle und Stahl, in: Juristenzeitung 1956, S. 276 bis 279.

— Die Rechtsprechung des Gerichtshofes der Europäischen Gemeinschaft für Kohle und Stahl in den Jahren 1956 und 1957, in: Juristenzeitung 1958, S. 204 bis 207.

— Die Gerichtsbarkeit in der Europäischen Wirtschaftsgemeinschaft und der Europäischen Atomgemeinschaft, in: Archiv des öffentlichen Rechts, Band 83 (1958), S. 132 bis 208.

Danner, Wolfgang: Die Klagemöglichkeit privater Personen gegen Maßnahmen der Kommission, die an Mitgliedstaaten gerichtet sind, nach Art. 173 Abs. 2 EWG-Vertrag, Dissertation, Tübingen 1965.

Deringer, A.: Monnet-Rabatt unzulässig. Die ersten Urteile des Gerichtshofs der Montanunion, in: Der Betriebs-Berater 1955, S. 78 bis 79.

Drews, Bill - *Wacke*, Gerhard: Allgemeines Polizeirecht, 7. Auflage, Berlin - Köln - München - Bonn 1961.

Dubisson, Michel: La distinction entre la légalité et l'opportunité dans la thérie du recours pour excés de pouvoir, Thèse, Paris 1958 (zit.: Légalité et opportunité).

Dubouis, Louis: Commentaire de la Jurisprudence de la Cour sur la Fonction publique européenne, in: Revue trimestrielle de Droit européen 1965, S. 666 bis 686.

Duez, Paul - *Debeyre*, Guy: Traité de droit administratif, Paris 1952, mit Nachtrag 1955.

Duguit, Léon: Traité de droit constitutionnel, 2. und 3. Auflage in 4 Bänden, Band I, II und III, Paris 1923 bis 1927.

Duverger, Maurice: Droit public, 3. Auflage, Paris 1963.

Ehle, Dietrich: Nichtigkeitsklage privater Personen nach dem EWG-Vertrag, in: Neue Juristische Wochenschrift 1963, S. 2193 bis 2198.

— Klage- und Prozeßrecht des EWG-Vertrages mit Entscheidungssammlung, Herne - Berlin 1966 (zit.: Klage- und Prozeßrecht).

Ehmke, Horst: „Ermessen" und „unbestimmter Rechtsgriff" im Verwaltungsrecht, in: Recht und Staat Heft 230/231, Tübingen 1960.

Eyermann, Erich - *Fröhler*, Ludwig: Verwaltungsgerichtsgesetz für Bayern, Bremen, Hessen und Württemberg-Baden, Kommentar, München und Berlin 1950 (zit.: südd. VGG).

— Verwaltungsgerichtsordnung, Kommentar, 4. Auflage, München und Berlin 1965 (zit.: VwGO).

Fachinger, Josef: Überschreitung und Fehlgebrauch des Verwaltungsermessens, in: Neue Juristische Wochenschrift 1949, S. 244 bis 248.

Feld, Werner: The Court of the European Communities: New Dimension in International Adjudication, The Hague 1964.

Fleiner, Fritz: Institutionen des Deutschen Verwaltungsrechts, 8. Auflage, Tübingen 1928.

Flume, Werner: Steuerwesen und Rechtsordnung, in: Rechtsprobleme in Staat und Kirche, Festschrift für Rudolf Smend zum 70. Geburstag, Göttingen 1952, S. 59 bis 101.

Forsthoff, Ernst: Lehrbuch des Verwaltungsrechts, Erster Band: Allgemeiner Teil, 8. Auflage, München und Berlin 1961.

Fournier, Jacques et *Braibant*, Guy: Recours pour excès de pouvoir, in: Dalloz Encyclopédie Juridique, Répertoire de droit public et administratif, Band II, Paris 1959, S. 673 bis 739.

Gasparri, Pietro: Le „détournement de pouvoir" dans le droit de la CECA, in: Actes officiels du Congrès international d'Etudes sur la Communauté européenne du Charbon et de l'Acier, Mailand - Stresa, 31. Mai bis 9. Juni 1957, Band IV — La Communauté et les Entreprises, S. 153 bis 177 (zit.: AO Bd. IV).

Gazier, François: Essai de présentation nouvelle des ouvertures du recours pour excès de pouvoir en 1950, in: Conseil d'Etat — Etudes et Documents Nr. 5 (1951), S. 77 bis 83.

Giese, Friedrich: Grenzen der verwaltungsgerichtlichen Ermessensnachprüfung, in: Juristenzeitung 1952, S. 585 bis 587.

Grassetti, Cesare: Protection judiciaire, Chapitre V du rapport Grassetti, in: Actes officiels du Congrès international d'Etudes sur la Communauté européenne du Charbon et de l'Acier, Mailand - Stresa 31. Mai bis 9. Juni 1957, Band IV — La Communauté et les Entreprises, S. 80 bis 95 (zit.: AO Bd. IV).

von der Groeben, Hans - *von Boeckh*, Hans: Handbuch für Europäische Wirtschaft, Loseblatt-Ausgabe in laufender Folge, Baden-Baden, Band 7, Kommentar zu Art. 137 bis 209 (zit.: z. B. *Mühlenhöver*, in: Handbuch für Europ. Wirtschaft).

— Kommentar zum EWG-Vertrag, 2. Band, Baden-Baden, Bonn 1960.

de Grooth, G.: Die Befugnisse der Hohen Behörde der Montanunion zur Verwirklichung des Art. 70 Abs. 3 EGKS-Vertrag, in: Zeitschrift für das Gesamte Handelsrecht und Wirtschaftsrecht, 126. Band (1964), S. 274 bis 302.

Haas, Diether: Unbestimmter Rechtsbegriff oder Ermessen?, in: Monatsschrift für deutsches Recht 1953, S. 651 bis 655.

Handbuch der Montanunion: herausgegeben von Hubert Armbruster, Band V, Frankfurt a. M. 1953.

Hauriou, Maurice: Précis de droit administratif et de droit public, 11. Auflage, Paris 1927 (zit.: Précis).

Huber, Ernst-Rudolf: Wirtschaftsverwaltungsrecht, II. Band, 2. Auflage, Tübingen 1954.

L'Huillier, Jean: Une conquête du droit administratif français: Le contentieux de la Communauté européenne du Charbon et de l'Acier, in: Recueil Dalloz 1953, Chronique XII, S. 63 bis 66.

Imbert, Louis: L'évolution du recours pour excès de pouvoir 1872 bis 1900, Paris 1952.

Jaenicke, Günter: Die Europäische Gemeinschaft für Kohle und Stahl, Struktur und Funktionen ihrer Organe, in: Zeitschrift für ausländisches öffentliches Recht und Völkerrecht, Band 14 (1951/52), S. 727 bis 788.

Jeantet, Fernand-Charles: Les Communautés européennes — Institutions communes aux troix Communautés européennes — La Cour de Justice, in: Juris-Classeur de Droit International I. Band, Fascicule 161-C, 2e cahier 1960, S. 1 bis 24.

Jellinek, Walter: Gesetz, Gesetzesanwendung und Zweckmäßigkeitserwägung, Tübingen 1913 (zit.: Gesetz).

— Verwaltungsrecht, 3. Auflage Nachtrag, Offenburg 1950.

Jerusalem, Franz-W.: Das Recht der Montanunion, Berlin und Frankfurt a. M. 1954.

Jesch, Dietrich: Unbestimmter Rechtsbegriff und Ermessen in rechtstheoretischer und verfassungsrechtlicher Sicht, in: Archiv des öffentlichen Rechts, Band 82 (1957), S. 163 bis 249.

Jèze, Gaston: Les principes généraux du droit administratif, III Bände, 3. Auflage, Paris 1926.

— Théorie générale des motifs déterminants, in: Revue du droit public 1922, S. 377 bis 444.

— La Jurisprudence du Conseil d'Etat et le détournement de pouvoir, in: Revue du droit public 1944, S. 58 bis 63.

Kellner, Hugo: Zum Beurteilungsspielraum, in: Die öffentliche Verwaltung 1962, S. 572 bis 583.

Klein, Rüdiger: Die Kongruenz des verwaltungsrechtlichen Ermessensbereichs und des Bereichs rechtlicher Mehrdeutigkeit, in: Archiv des öffentlichen Rechts, Band 82 (1957), S. 75 bis 122.

Klinger, Hans: Die Verordnung über die Verwaltungsgerichtsbarkeit in der Britischen Zone, Kommentar, 2. Auflage, Göttingen 1953 (zit.: Brit. Zone VGG).

— Kommentar zur Verwaltungsgerichtsordnung, 2. Auflage, Göttingen 1964 (zit.: VwGO).

Knöpfle, Robert: Das Klagerecht Privater vor dem Gerichtshof der Europäischen Gemeinschaften, in: Neue Juristische Wochenschrift 1959, S. 553 bis 556.

Koehler, Alexander: Gesetz über das Bundesverwaltungsgericht, Kommentar, Berlin und Frankfurt a. M. 1952 (zit.: BVerwGG).

— Verwaltungsgerichtsordnung, Kommentar, Berlin und Frankfurt a. M. 1960 (zit.: VwGO).

Korbmacher, Günther: Ermessen — unbestimmter Rechtsbegriff — Beurteilungsspielraum, in: Die öffentliche Verwaltung 1965, S. 696 bis 704.

Krönig, Ernst: Verwaltungsgerichtliche Nachprüfung von Ermessensentscheidungen, in: Monatsschrift für deutsches Recht 1948, S. 130 bis 132.

Laferrière, E.: Traité de la juridiction administrative et des recours contentieux, II. Band, 2. Auflage, Paris et Nancy 1896 (zit.: Traité).

Lagrange, Maurice: La Cour de Justice de la Communauté européenne du Charbon et de l'Acier, in: Revue du droit public 1954, S. 417 bis 435.

— La protection juridique des entreprises dans la Communauté et dans les Etats membres, in: Actes officiels du Congrès international d'Etudes sur la Communauté européenne du Charbon et de l'Acier / Mailand - Stresa 31. Mai bis 9. Juni 1957, Band IV — La Communauté et les Entreprises, S. 179 bis 194 (zit.: AO Bd. IV).

de Laubadère, André: Manuel de droit administratif, 7. Auflage, Paris 1963 (zit.: Manuel).

— Traité élémentaire de droit administratif, 3. Auflage, Paris 1963 (zit.: Traité).

von Laun, Rudolf: Das freie Ermessen und seine Grenzen, Leipzig und Wien 1910.

— Bemerkungen zum freien Ermessen und zum détournement de pouvoir im staatlichen und im Völkerrecht, in: Mensch und Staat in Recht und Geschichte, Festschrift für Herbert Kraus, Kitzingen 1954, S. 128 bis 155.

Lederer, Heino: Verwaltungsgerichtsbarkeit und Justiz in Frankreich, in: Archiv des öffentlichen Rechts, Band 81 (1956), S. 449 bis 466.

Lemasurier, Jeanne: La preuve dans le détournement de pouvoir, in: Revue du droit public 1959, S. 36 bis 66.

Lerche, Peter: Verbot des Übermaßes und Gerichtsschutz, in: Bayerische Verwaltungsblätter 1957, S. 321 bis 322.

— Übermaß und Verfassungsrecht, Köln - Berlin - München - Bonn 1961.

Letourneur, M.: Les „principes généraux du droit" dans la jurisprudence du Conseil d'Etat, in: Conseil d'Etat — Etudes et Documents Nr. 5 (1951), S. 19 bis 31.

Long, M. - *Weil*, P. - *Braibant*, G.: Les grands arrêts de la jurisprudence administrative, 3. Auflage, Paris 1962 (zit.: GA).

Loppuch: Die verwaltungsbehördliche Ermessensentscheidung und Ermessenshandlung, in: Deutsches Verwaltungsblatt 1955, S. 377 bis 380 und 416 bis 420.

Mathijsen, Pierre: Le droit de la CECA — Une étude des sources, La Haye 1957.

Mayer, Otto: Theorie des französischen Verwaltungsrechts, Straßburg 1886.

Menger, Christian - Friedrich: System des verwaltungsgerichtlichen Rechtsschutzes, Tübingen 1954 (zit.: System).

Merk, Wilhelm: Deutsches Verwaltungsrecht, Erster Band, Berlin 1962.

Moser, Berthold: Die überstaatliche Gerichtsbarkeit der Montanunion, Wien 1955.

Mosler, Hermann: Der Vertrag über die Europäische Gemeinschaft für Kohle und Stahl, Entstehung und Qualifizierung, in: Zeitschrift für ausländisches öffentliches Recht und Völkerrecht, Band 14 (1951/52), S. 1 bis 45.

Münch, Fritz: Die Gerichtsbarkeit im Schumanplan, in: Gegenwartsprobleme des internationalen Rechtes und der Rechtsphilosophie, Festschrift für Rudolf Laun zu seinem 70. Geburtstag, Hamburg 1953, S. 123 bis 144.

— Die Entwicklung der europäischen Gerichtsbarkeit, in: Festschrift für Rudolf Laun zu seinem 80. Geburtstag, Göttingen 1962, S. 324—338.

Nebinger, Robert: Verwaltungsrecht — Allgemeiner Teil, 2. Auflage, Stuttgart 1949.

de *Nova,* Rodolfo: Le recours des entreprises contre les décisions générales de la Haute Autorité, in: Actes officiels du Congrès international d'Etudes sur la Communauté européenne du Charbon et de l'Acier, Mailand - Stresa, 31. Mai bis 9. Juni 1957, Band IV — La Communauté et les Entreprises, S. 113 bis 127 (zit.: AO Bd. IV).

Obermayer, Klaus: Das Verwaltungsermessen der Verwaltungsbehörden, in: Neue Juristische Wochenschrift 1963, S. 1177 bis 1185.

Odent, Raymond: Contentieux administratif, Les Cours de droit, 3 Bände, Paris 1957—1958.

Ophüls, Carl Friedrich: Gerichtsbarkeit und Rechtsprechung im Schuman-Plan, in: Neue Juristische Wochenschrift 1951, S. 693 bis 696.

Peters, Hans: Lehrbuch der Verwaltung, Berlin - Göttingen - Heidelberg 1949.

Pinay, Pierre: La Cour de Justice des Communautés européennes, in: Revue du Marché Commun 1959, S. 138 bis 148.

Poppitz, Johannes: Die Anfänge der Verwaltungsgerichtsbarkeit, in: Archiv des öffentlichen Rechts, Band 73 (1943), S. 158 bis 221 und Band 74 (1944), S. 3 bis 40.

P. R.: Quelques aspects institutionnels du plan Schuman, in: Revue du droit public 1951, S. 105 bis 124.

Quadri, Rolando - *Monaco,* Riccardo - *Trabucchi,* Alberto: Trattato institutivo della Comunità economica europea, Commentario, Vol. III Art. 137—248, Milano 1965 (zit.: z. B. *Quadri - Monaco - Trabucchi - Tizzano*).

Reuß, Hermann: Das Ermessen, in: Deutsches Verwaltungsblatt 1953, S. 585 bis 589.

— Der unbestimmte Rechtsbegriff, in: Deutsches Verwaltungsblatt 1953, S. 649 bis 655.

— Der unbestimmte Rechtsbegriff (Gegenäußerung zur Kritik von Schütz), in: Die öffentliche Verwaltung 1954, S. 557 bis 559.

— Das Prestige der Verwaltungsgerichtsbarkeit, in: Deutsches Verwaltungsblatt 1959, S. 265 bis 269.

— Freiheit und Bindung der Verwaltung im Rechtsstaat, in: Deutsches Verwaltungsblatt 1959, S. 533 bis 537.

Reuter, Paul: La Communauté européenne du Charbon et de l'Acier, Paris 1953 (zit.: La CECA).

— Aspects de la Communauté économique européenne, in: Revue du Marché Commun 1958, S. 6 bis 14.

Riese, Otto: Erfahrungen aus der Praxis des Gerichtshofs der Europäischen Gemeinschaft für Kohle und Stahl, in: Deutsche Richterzeitung 1958, S. 270 bis 274.

— Über den Rechtsschutz innerhalb der Europäischen Gemeinschaften, in: Europarecht 1966 Heft 1, S. 24 bis 54.

Rivero, Jean: Le problème de l'influence des droits internes sur la Cour de Justice de la C.E.C.A., in: Annuaire Français de Droit International 1958, S. 295 bis 308.

— Droit administratif, 3. Auflage, Paris 1965.

Roblot, René: Le contentieux de l'annulation dans les premiers arrêts de la Cour de Justice de la Communauté européenne du Charbon et de l'Acier, in: Droit Social 1958, S. 1 bis 8 und 72 bis 80.

Rodière, M. R.: Introduction au Droit Comparé, Cours polycopié de la Faculté Internationale pour l'Enseignement du Droit Comparé, Strasbourg 1963.

Rolland, Louis: Précis de droit administratif, 9. Auflage, Paris 1947.

Rupprecht, Wilfried: Die Nachprüfungsbefugnis des Europäischen Gerichtshofes gegenüber Ermessenshandlungen der Exekutive in der Montanunion und der Europäischen Wirtschaftsgemeinschaft, Dissertation, Kiel 1962 (zit.: Die Nachprüfungsbefugnis des Europ. Gerichtshofes).

Scheuner, Ulrich: Zur Frage der Grenzen der Nachprüfung des Ermessens durch die Gerichte, in: Verwaltungsarchiv Band 33 (1928), S. 68 bis 98.

— Der Einfluß des französischen Verwaltungsrechts auf die deutsche Rechtsentwicklung, in: Die öffentliche Verwaltung 1963, S. 714 bis 719.

Schlochauer, Hans - Jürgen: Die Gerichtsbarkeit der EGKS, in: Archiv des Völkerrechts Band 3, (1951/52), S. 384 bis 414.

— Die Zuständigkeiten des Gerichtshofes der Europäischen Gemeinschaften, in: Zur Integration Europas, Festschrift für Carl Friedrich Ophüls, Karlsruhe 1965, S. 167 bis 191.

Schnur, Roman: Le pouvoir discrétionnaire de l'administration, Buchbesprechung des gleichnamigen Werkes von Veli Merikoski, Brüssel 1958, in: Deutsches Verwaltungsblatt 1958, S. 806.

Schütz, Erwin: Der unbestimmte Rechtsbegriff, in: Die öffentliche Verwaltung 1954, S. 556 bis 557.

Schunck, Egon - *De Clerck*, Hans: Das Landesgesetz über die Verwaltungsgerichtsbarkeit für Rheinland-Pfalz, Kommentar, Siegburg 1952 (zit.: rhpf. VGG).

— Gesetz über das Bundesverwaltungsgericht, Kommentar, Siegburg 1953 (zit.: BVerwGG).

— Verwaltungsgerichtsordnung, Kommentar, Siegburg 1961 (zit.: VwGO).

Skaupy, Walther: Europäisches Gemeinschaftsrecht in der Entwicklung, in: Juristische Rundschau 1963, S. 326 bis 330.

de Soto, Jean: Recours pour excès de pouvoir et interventionnisme économique, in: Conseil d'Etat — Etudes et Documents Nr. 6 (1952), S. 64 bis 78.

— La Cour de Justice des Communautés européennes, Cours polycopié de la Faculté Internationale pour l'Enseignement du Droit Comparé, Strasbourg 1963.

Steindorff, Ernst: Die Nichtigkeitsklage im Recht der Europäischen Gemeinschaft für Kohle und Stahl, Frankfurt a. M. 1952 (zit.: Nichtigkeitsklage).

— Der unbestimmte Rechtsbegriff im Lichte der französischen und amerikanischen Verwaltungsrechtsprechung, in: Deutsches Verwaltungsblatt 1954, S. 110 bis 114.

— Die Europäischen Gemeinschaften in der Rechtsprechung, in: Archiv des Völkerrechts Band 8 (1959/60), S. 50 bis 70.

Stern, Klaus: Ermessen und unzulässige Ermessensausübung — Eine Analyse der subjektiven und objektiven Elemente, Berlin 1964.

Strauß, Walter: Der Gerichtshof der Europäischen Gemeinschaften und seine Rechtsprechung, in: Staat und Wirtschaft im nationalen und übernationalen Recht, Schriftenreihe der Hochschule Speyer Band 22, Berlin 1964, S. 203 bis 223 (zit.: *Strauß* in Staat und Wirtschaft im nationalen und übernationalen Recht).

Tezner, Friedrich: Das détournement de pouvoir und die deutsche Rechtsbeschwerde, in: Jahrbuch des öffentlichen Rechts der Gegenwart Band V (1911), S. 67 bis 135.

— Das freie Ermessen der Verwaltungsbehörden, Wiener Staatswissenschaftliche Studien, Neue Folge Band VI, Leipzig und Wien 1924 (zit.: Das freie Ermessen).

Theis, Jean: Die französische Verwaltungsgerichtsbarkeit der Gegenwart, in: Archiv des öffentlichen Rechts Band 77 (1951/52), S. 1 bis 19.

Turegg - *Kraus*: Lehrbuch des Verwaltungsrechts, 4. Auflage, Berlin 1962.

Ule, Carl - Hermann: Der Gerichtshof der Montangemeinschaft als europäisches Verwaltungsgericht, in: Deutsches Verwaltungsblatt 1952, S. 65 bis 72.

— Verwaltungsgerichte überstaatlicher und internationaler Organisationen, in: Deutsches Verwaltungsblatt 1953, S. 491 bis 497.

— Zur Anwendung unbestimmter Rechtsbegriffe im Verwaltungsrecht, in: Gedächtnisschrift für Walter Jellinek, München 1955, S. 309 bis 330 (zit.: Jellinek Gedächtnisschrift).

— Verwaltungsgerichtsbarkeit, 2. Auflage, Köln - Berlin - München - Bonn 1962.

— Verwaltungsprozeßrecht, 4. Auflage, München und Berlin 1966.

Ule, Carl-Hermann: Empfiehlt es sich, die Bestimmungen des europäischen Gemeinschaftsrechts über den Rechtsschutz zu ändern und zu ergänzen? Gutachten für den 46. Deutschen Juristentag, Verhandlungen des sechsundvierzigsten Deutschen Juristentages Essen 1966, Band I Teil 4, München und Berlin 1966.

Valentine, D. G.: The Court of Justice of the European Communities, Volume One, Jurisdiction and Procedure, London 1965.

Vedel, George: Droit administratif, 3. Auflage, Paris 1964.

Venezia, Jean - Claude: Le pouvoir discrétionnaire, Thèse, Paris 1959.

Vidal, Roger: L'évolution du détournement de pouvoir dans la jurisprudence administrative, in: Revue du droit public 1952, S. 275 bis 316.

Waline, Marcel: Etendue et limites du contrôle du juge administratif sur les actes de l'administration, in: Conseil d'Etat — Etudes et Documents Nr. 10 (1956), S. 25 bis 33.

— Droit administratif, 9. Auflage, Paris 1963.

Wall, Edward H.: The Court of Justice of the European Communities, Jurisdiction and Procedure, London 1966.

Weizmann, Christian: Die Europäischen Gemeinschaften und ihr Rechtsschutz durch das formelle und materielle Recht, Dissertation, Würzburg 1966 (zit.: Die Europ. Gemeinschaften und ihr Rechtsschutz).

Wohlfahrt - Everling - Glaesner - Sprung: Die Europäische Wirtschaftsgemeinschaft — Kommentar zum Vertrag, Berlin und Frankfurt a. M. 1960.

Wolff, Hans - J.: Verwaltungsrecht I, 6. Auflage, München und Berlin 1965.

Zehn Jahre Rechtsprechung des Gerichtshofs der Europäischen Gemeinschaften.

Dix Ans de Jurisprudence de la Cour de Justice des Communautés Européennes.

Kölner Schriften zum Europarecht Band 1, Köln - Berlin - Bonn - München 1965, Europäische Arbeitstagung Köln vom 24. bis 26. April 1963 (zit.: z. B. *Rueff* in KSE 1, S. 16).

FSC
www.fsc.org
MIX
Papier | Fördert
gute Waldnutzung
FSC® C083411

Kolibri 360 GmbH
Ferdinand-Jühlke-Straße 7
99095 Erfurt, Deutschland
produktsicherheit@kolibri360.de

Druck:
CPI Druckdienstleistungen GmbH
im Auftrag der
Kolibri 360 GmbH
Ferdinand-Jühlke-Str. 7
99095 Erfurt